3-vallin kara: Ympäri maailmaa kuvioita

Esimerkkejä ammattilaisurheilun turnauksista

Testaa itsesi vastaan ammattilaisjoukkueita

Allan P. Sand
PBIA Sertifioitu biljardin ohjaaja

ISBN 978-1-62505-273-5
PRINT 7x10

ISBN 978-1-62505-427-2
PRINT 8.5x11

First edition

Published by Billiard Gods Productions.

Santa Clara, CA 95051

U.S.A.

For the latest information about books and videos, go to: http://www.billiardgods.com

Acknowledgements

Wei Chao created the software that was used to create these graphics.

Sisällysluettelo

Käyttöönotto ... **1**
Tietoja taulukon asetteluista ... 1
Taulukon asennusohjeet ... 2
Asettelujen tarkoitus ... 2
A: Lyhyt jalka (pitkä vallin) ... **3**
A: Ryhmä 1 ... 3
A: Ryhmä 2 ... 8
A: Ryhmä 3 ... 13
: Ryhmä 4 ... 18
A: Ryhmä 5 ... 23
A: Ryhmä 6 ... 28
A: Ryhmä 7 ... 33
B: Käänteiset kuviot ... **38**
B: Ryhmä 1 ... 38
B: Ryhmä 2 ... 43
B: Ryhmä 3 ... 48
B: Ryhmä 4 ... 53
C: Laajennettu jalka ... **58**
C: Ryhmä 1 ... 58
C: Ryhmä 2 ... 63
C: Ryhmä 3 ... 68
D: Suuri pallo kotikulmassa ... **73**
D: Ryhmä 1 ... 73
D: Ryhmä 2 ... 78
D: Ryhmä 3 ... 83
D: Ryhmä 4 ... 88
D: Ryhmä 5 ... 93
D: Ryhmä 6 ... 98
D: Ryhmä 7 ... 103
D: Ryhmä 8 ... 108
D: Ryhmä 9 ... 113
E: Seuraa kulmaa ... **118**
E: Ryhmä 1 ... 118
E: Ryhmä 2 ... 123
E: Ryhmä 3 ... 128
F: Lyhyt muokattu kuvio ... **133**
F: Ryhmä 1 ... 133
F: Ryhmä 2 ... 138

Other books by the author ...

- 3 Cushion Billiards Championship Shots (a series)
- Carom Billiards: Some Riddles & Puzzles
- Carom Billiards: MORE Riddles & Puzzles
- Why Pool Hustlers Win
- Table Map Library
- Safety Toolbox
- Cue Ball Control Cheat Sheets
- Advanced Cue Ball Control Self-Testing Program
- Drills & Exercises for Pool & Pocket Billiards
- The Art of War versus The Art of Pool
- The Psychology of Losing – Tricks, Traps & Sharks
- The Art of Team Coaching
- The Art of Personal Competition
- The Art of Politics & Campaigning
- The Art of Marketing & Promotion
- Kitchen God's Guide for Single Guys

Käyttöönotto

Tämä on yksi sarjasta 3 tyyny biljardi -kirjoja, jotka osoittavat, kuinka ammattimaiset pelaajat tekevät päätöksiä, jotka perustuvat taulukon asetteluun. Kaikki nämä ulkoasut ovat kansainvälisiltä kilpailuilta.

Nämä asettelut asettavat sinut pelaajan päähän, alkaen pallojen paikoista (ensimmäisessä taulukossa). Toisen taulukon asettelun mukaan pelaaja päätti tehdä.

Tietoja taulukon asetteluista

Nämä ovat pöydän kolme palloa:

(CB) (sinun biljardipallo)

 (OB) (vastustaja biljardipallo)

 (OB) (punainen biljardipallo)

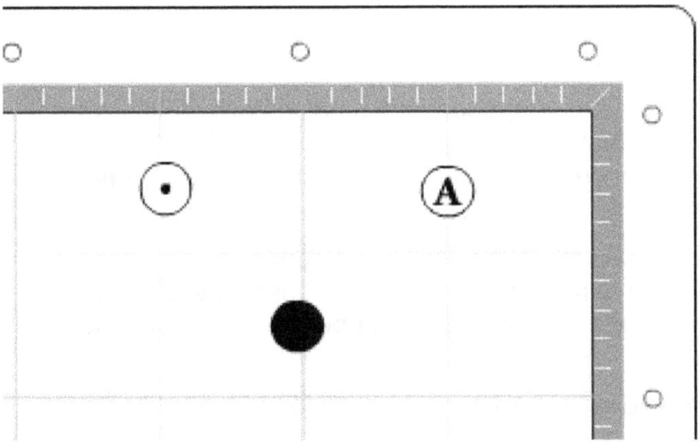

Jokaisessa konfiguraatiossa on kaksi taulukon ulkoasua. Ensimmäinen taulukko on pallopisteitä. Toinen taulukko on, kuinka pallot liikkuvat pöydällä.

Taulukon asennusohjeet

Käytä paperin vahvistusrenkaita merkitsemään pallopisteitä (ostakaa missä tahansa toimistotarvikkeiden myymälässä).

Aseta kolikko jokaiseen pöytätyynyyn, jonka (CB) koskettaa.

Vertaa (CB) polkuasi toisen taulukkon kokoonpanon kanssa. Jos haluat oppia, saatat tarvita useita yrityksiä. Jokaisen vian jälkeen tee säätö ja yritä uudelleen, kunnes olet onnistunut.

Asettelujen tarkoitus

Nämä asettelut on tarkoitettu kahteen tarkoitukseen.

- Analyysisi - Kotona voit pohtia, kuinka pelata kokoonpanoa ensimmäisellä pöydällä. Vertaa ideoita toisen taulukon todelliseen kuvioon. Ajattele ratkaisua ja harkitse vaihtoehtoja. Toisesta taulukosta voit myös analysoida, miten ohjeita noudatetaan. Henkisesti pelata laukaus ja päättää, miten voit onnistua.

- Käytä pöydän kokoonpanoa - Aseta pallot paikoilleen ensimmäisen pöydän kokoonpanon mukaisesti. Yritä kuvata samalla tavoin kuin toinen taulukkokaavio. Saatat tarvita useita yrityksiä ennen kuin löydät oikean tavan pelata. Näin voit oppia ja pelata näitä laukauksia kilpailujen ja turnausten aikana.

Henkisen analyysin ja käytännön käytännön yhdistelmä tekee sinusta älykkäämpää pelaajaa.

A: Lyhyt jalka (pitkä vallin)

Tässä sarjassa pallokokoonpanoja (CB) koskettaa ensin (OB), joka on hyvin lähellä pitkiä vallin. (CB) menee sitten maailmanlaajuisen mallin ympärille.

Ⓐ (CB) (sinun biljardipallo) – ⊙ (OB) (vastustaja biljardipallo) – ● (OB) (punainen biljardipallo)

A: Ryhmä 1

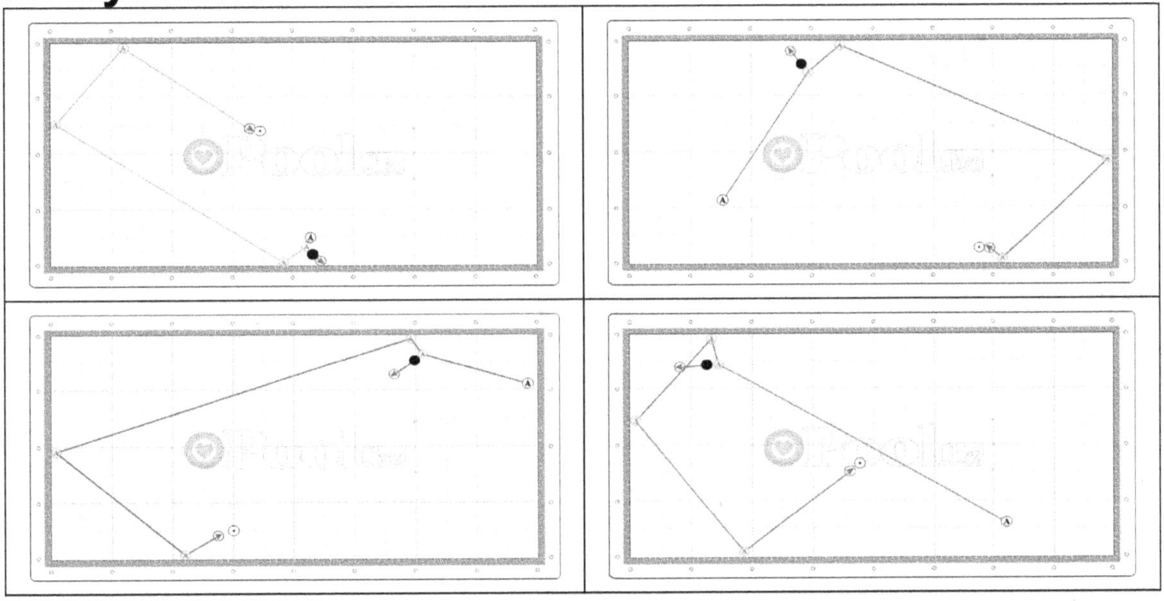

Analyysi:

A:1a. ____

A:1b. ____

A:1c. ____

A:1d. ____

A:1a – Piirustus

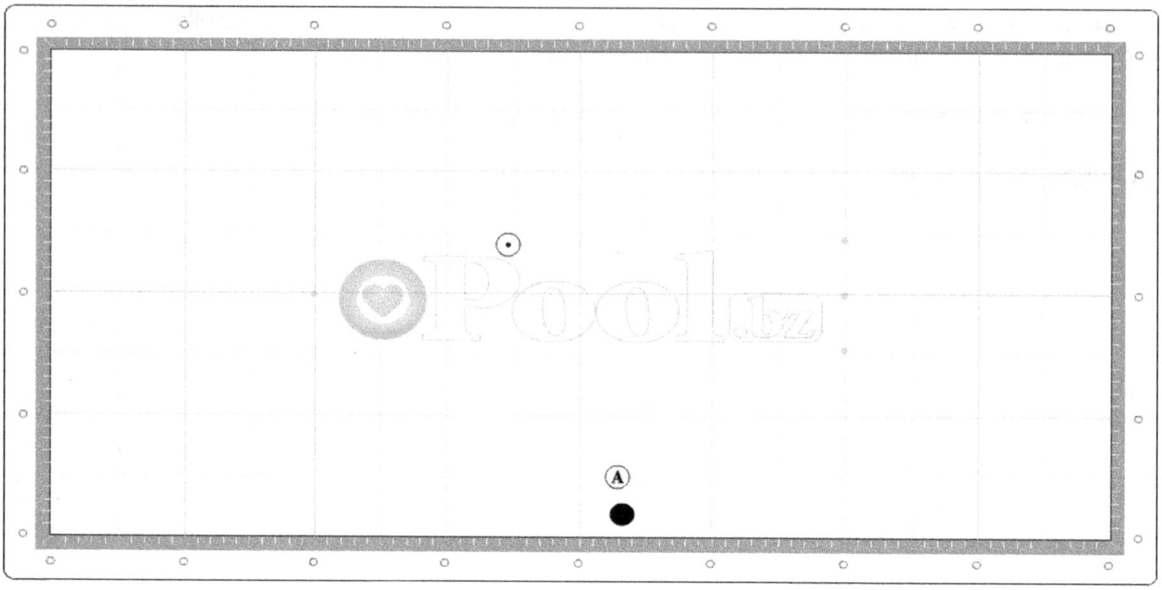

Huomautuksia ja ideoita:

Pallokuviota

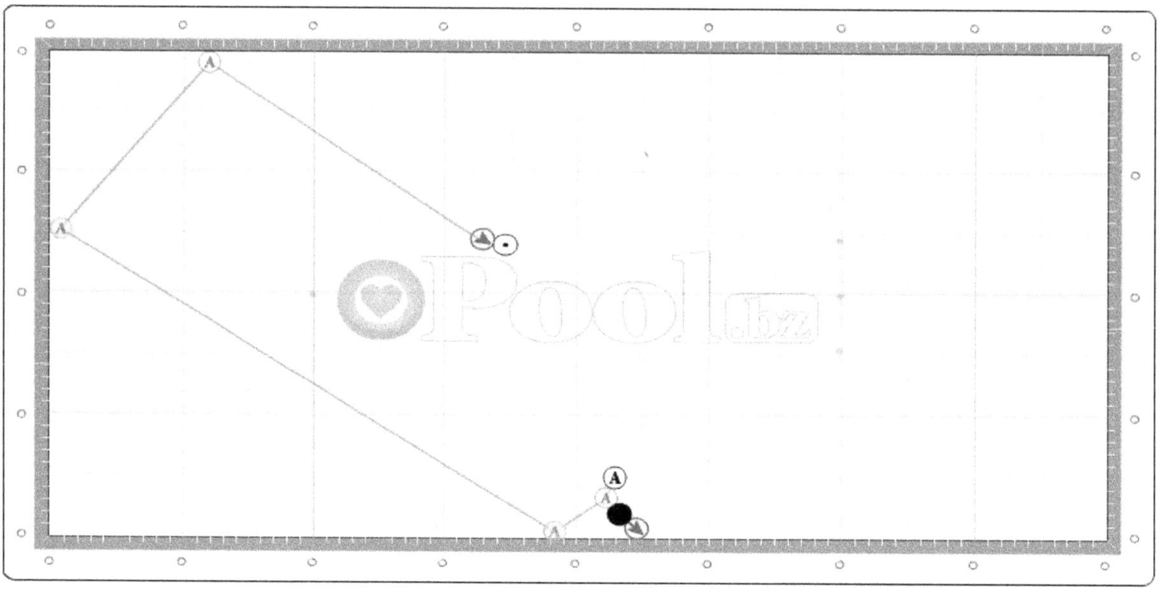

A:1b – Piirustus

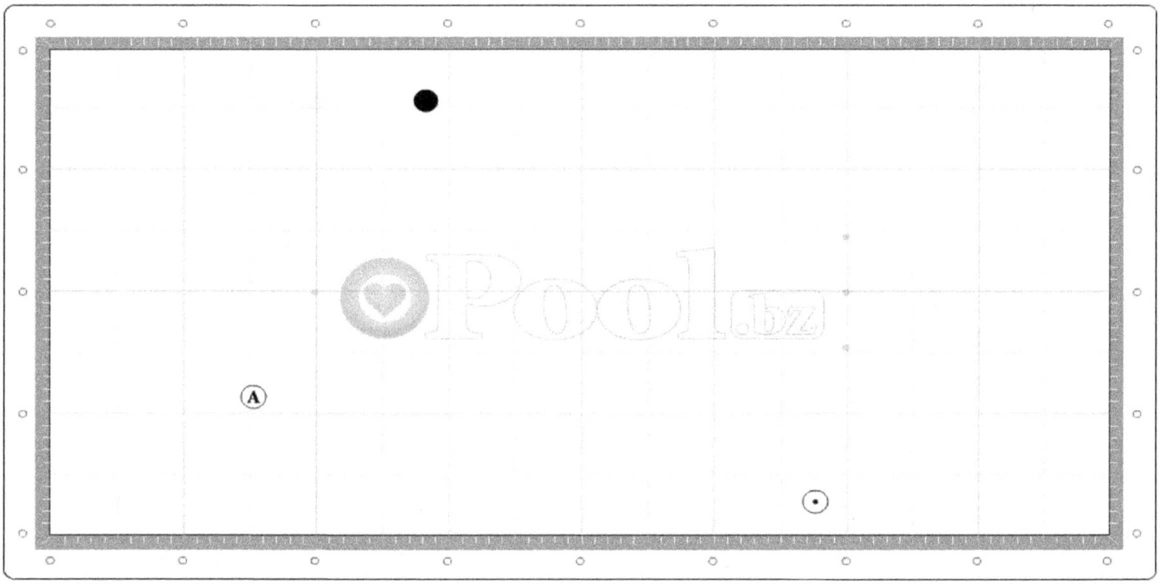

Huomautuksia ja ideoita:

Pallokuviota

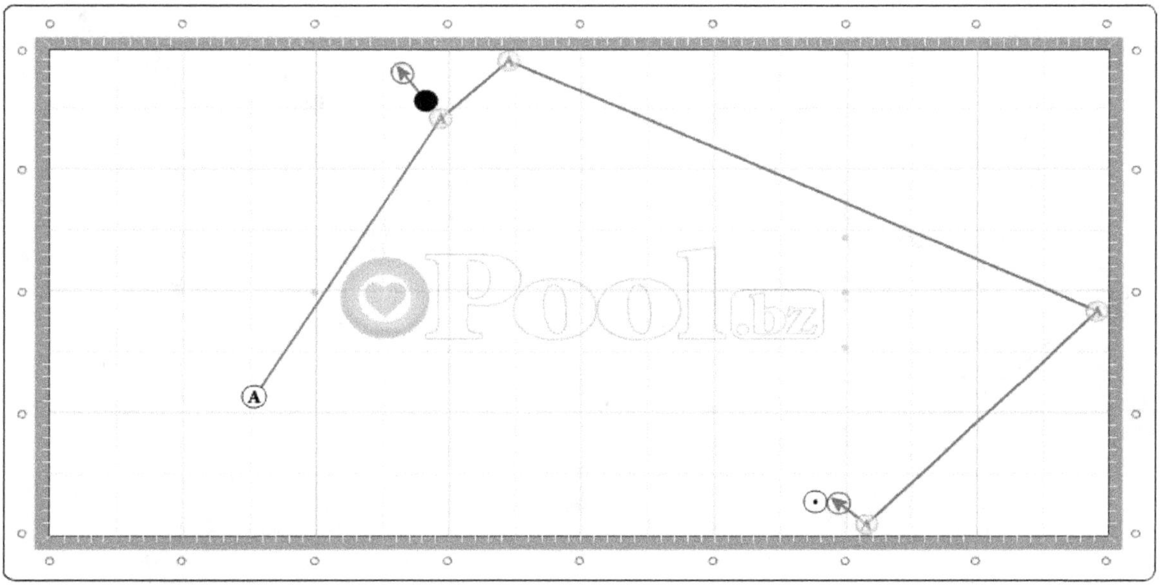

A:1c – Piirustus

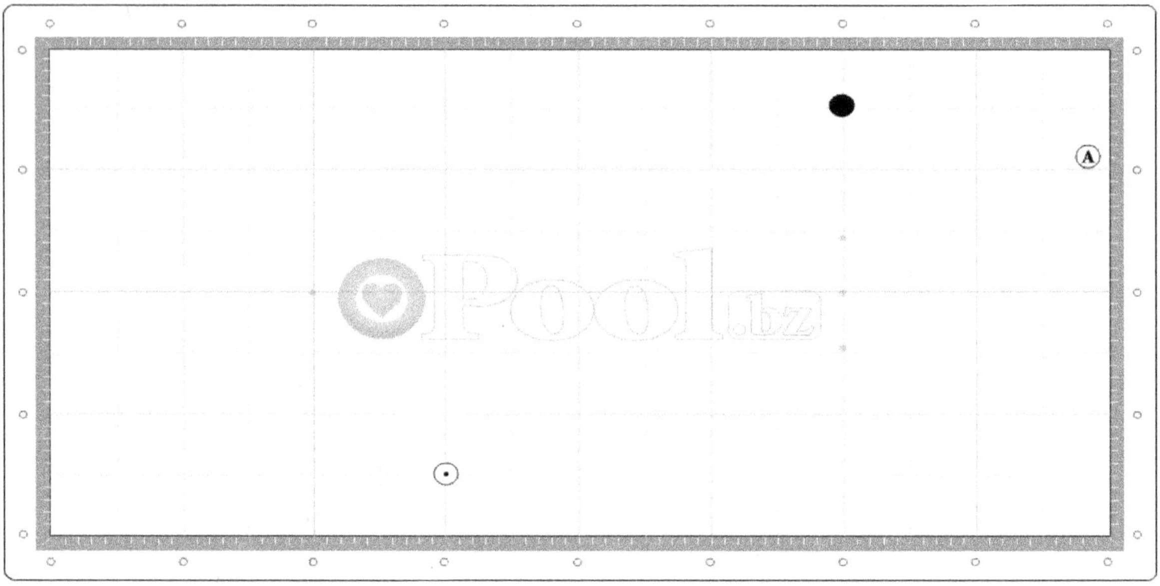

Huomautuksia ja ideoita:

Pallokuviota

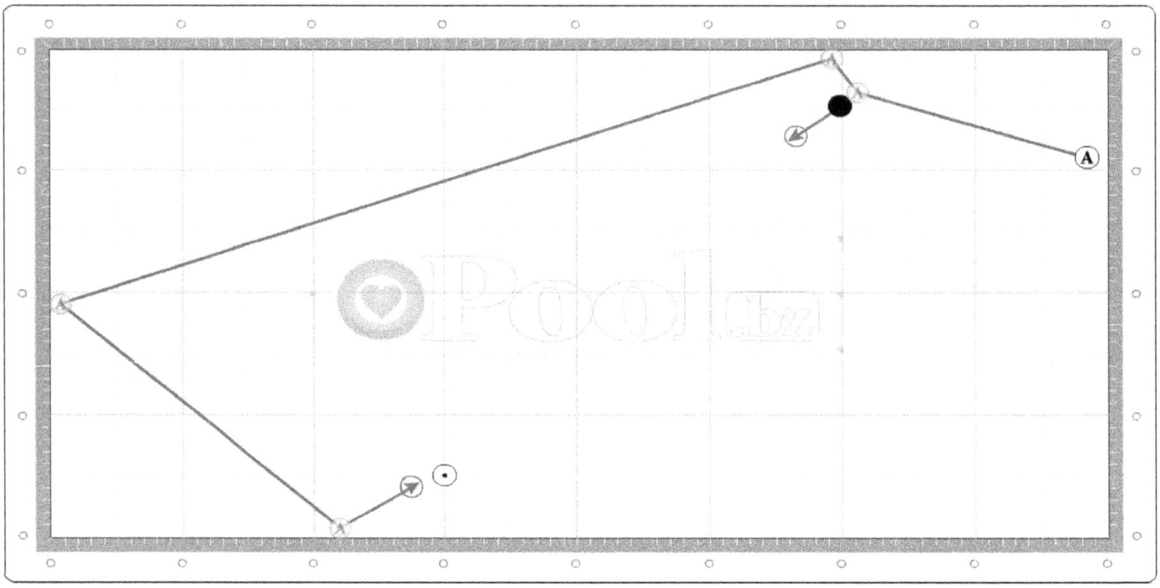

A:1d – Piirustus

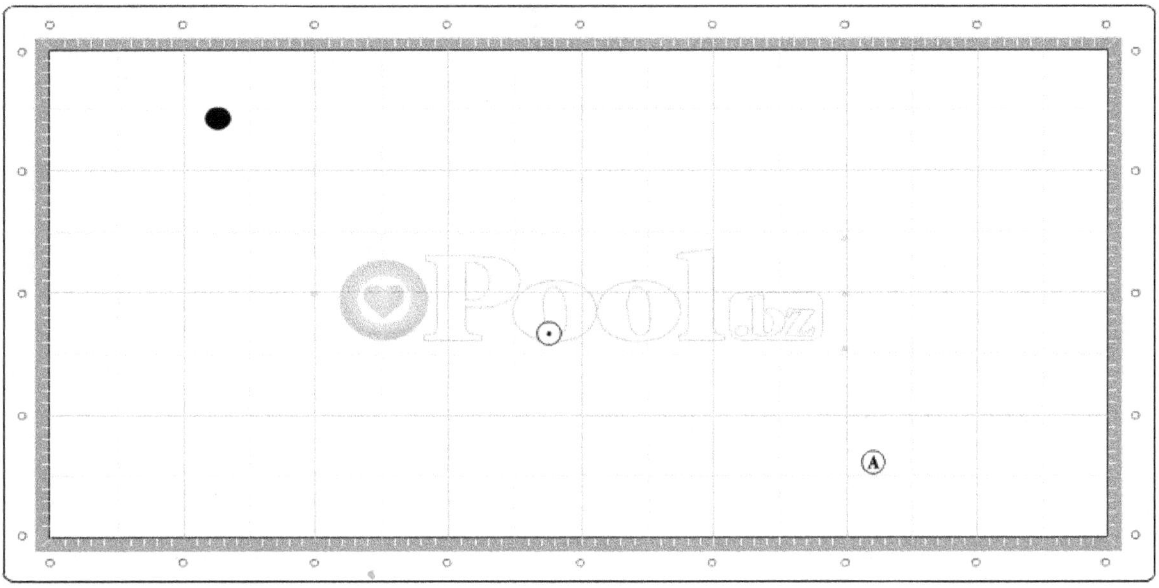

Huomautuksia ja ideoita:

Pallokuviota

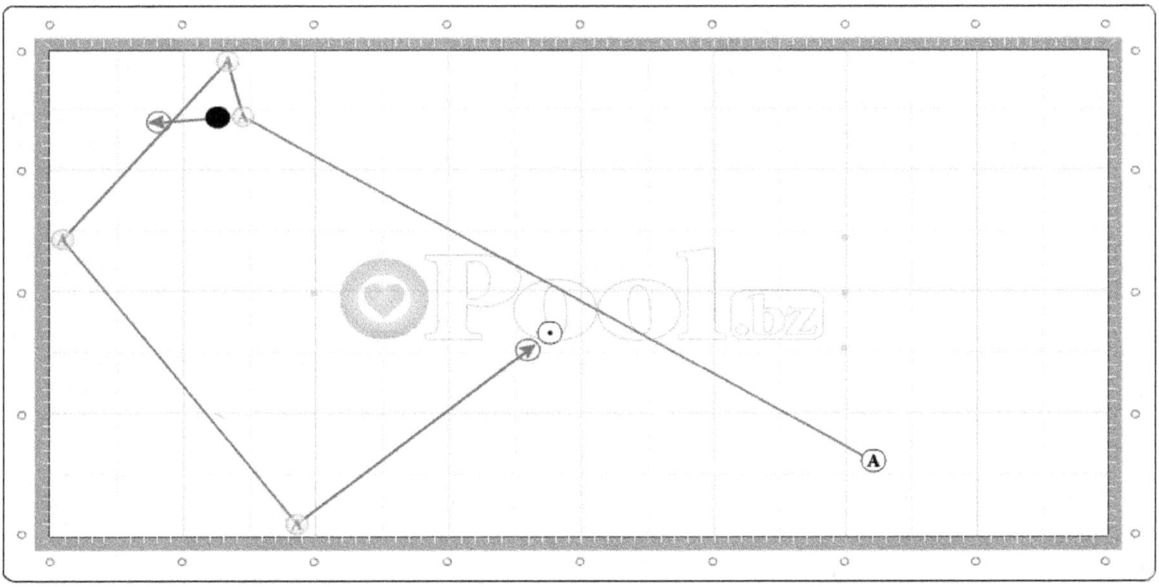

A: Ryhmä 2

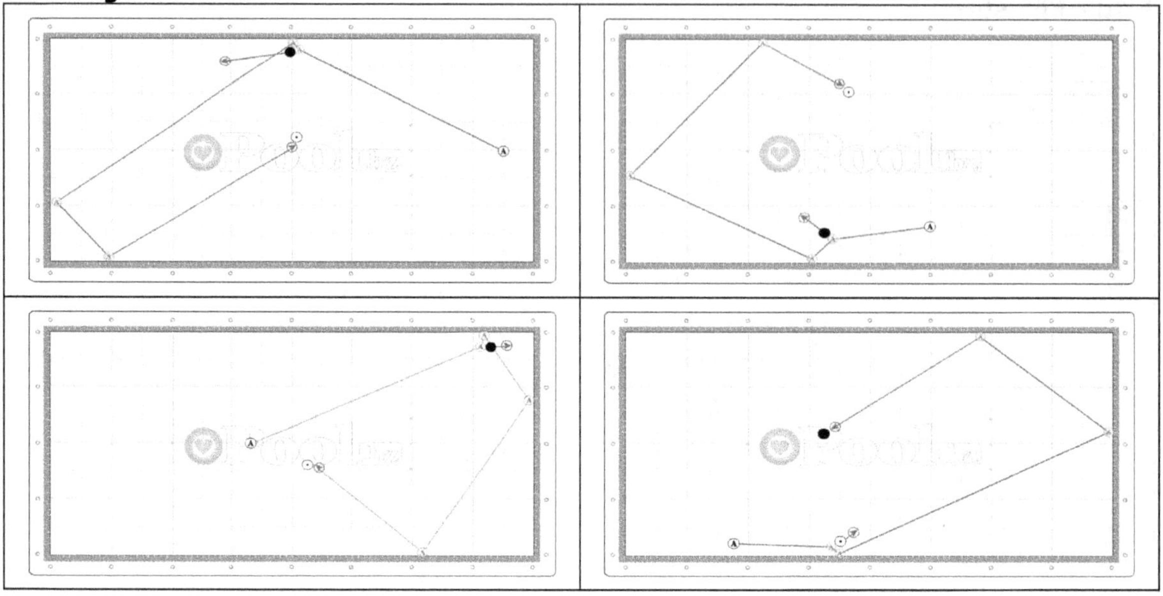

Analyysi:

A:2a. ______________________________

A:2b. ______________________________

A:2c. ______________________________

A:2d. ______________________________

A:2a – Piirustus

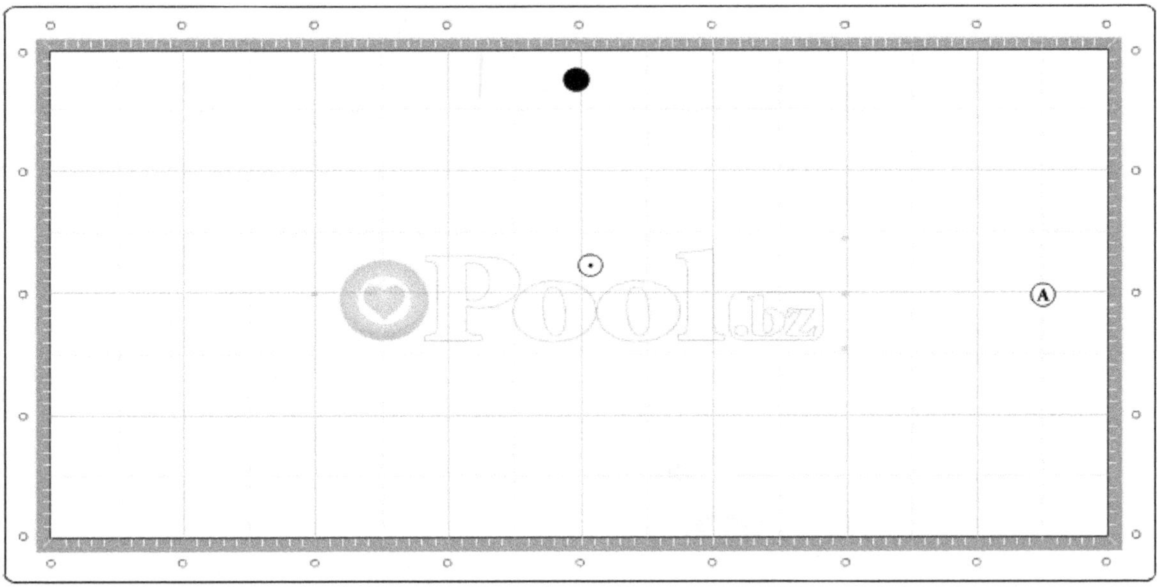

Huomautuksia ja ideoita:

Pallokuviota

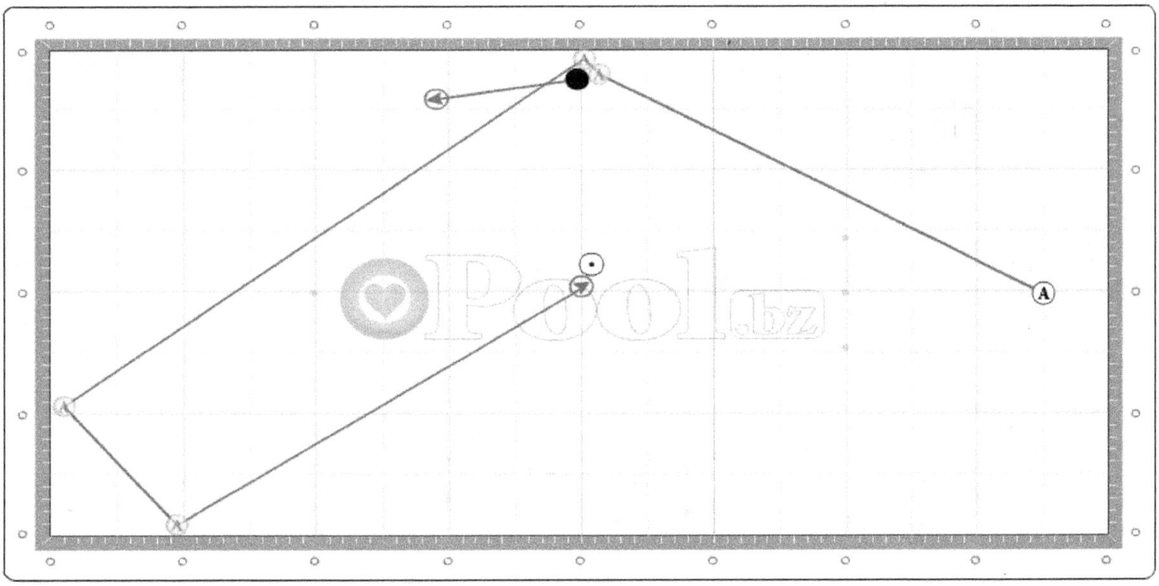

A:2b – Piirustus

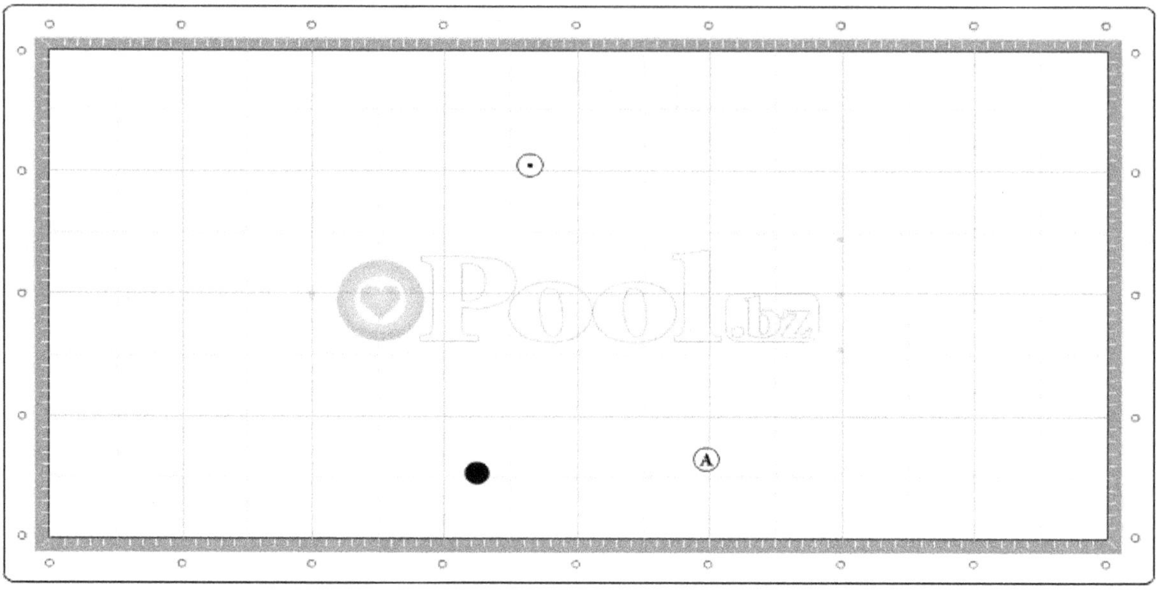

Huomautuksia ja ideoita:

Pallokuviota

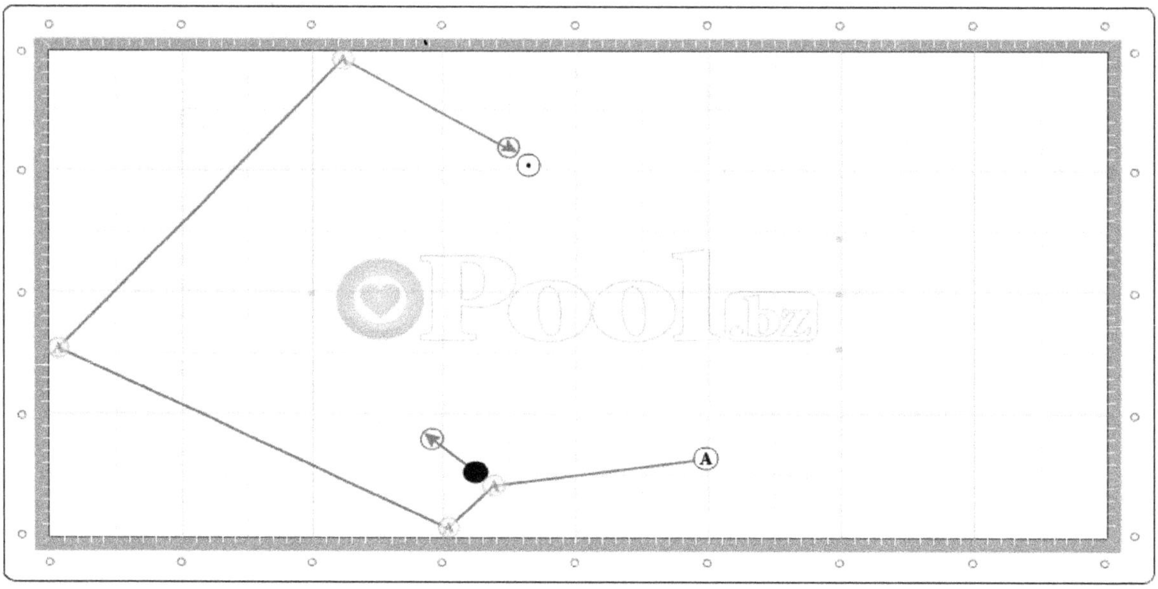

A:2c – Piirustus

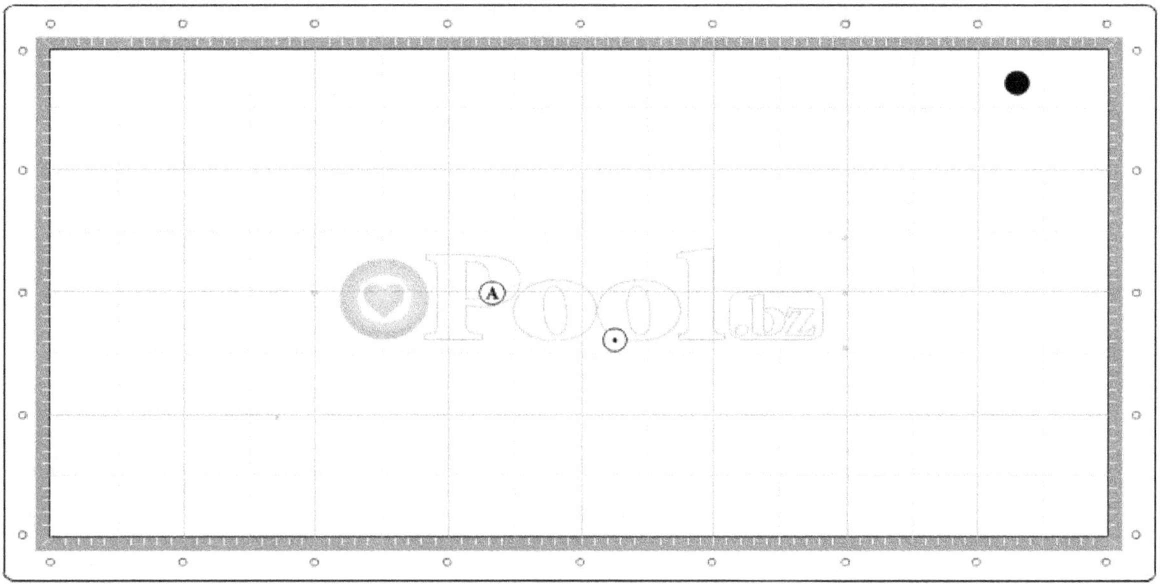

Huomautuksia ja ideoita:

Pallokuviota

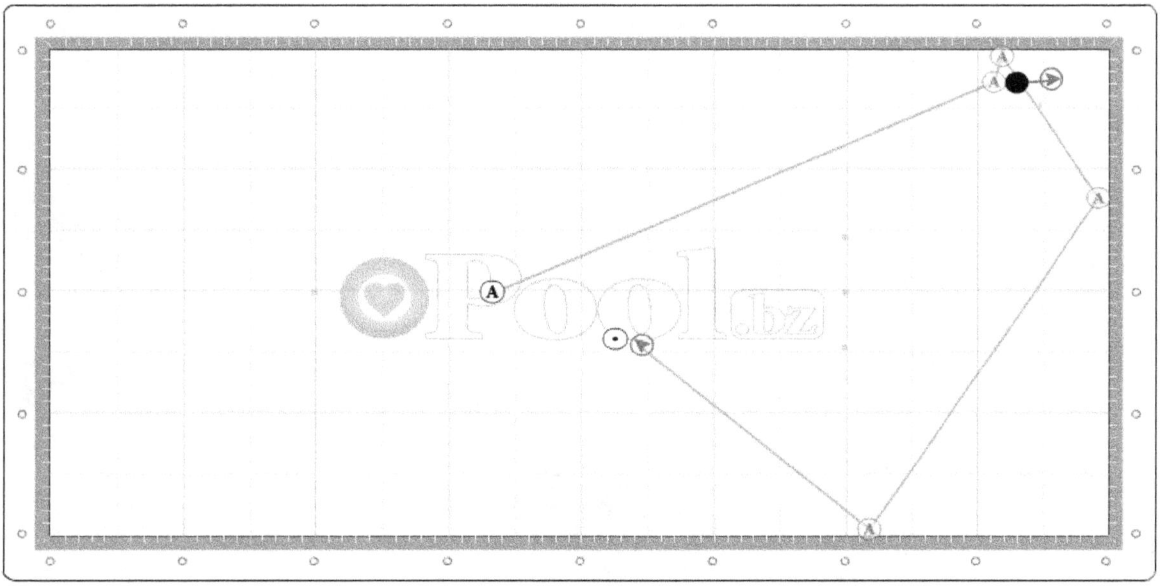

A:2d – Piirustus

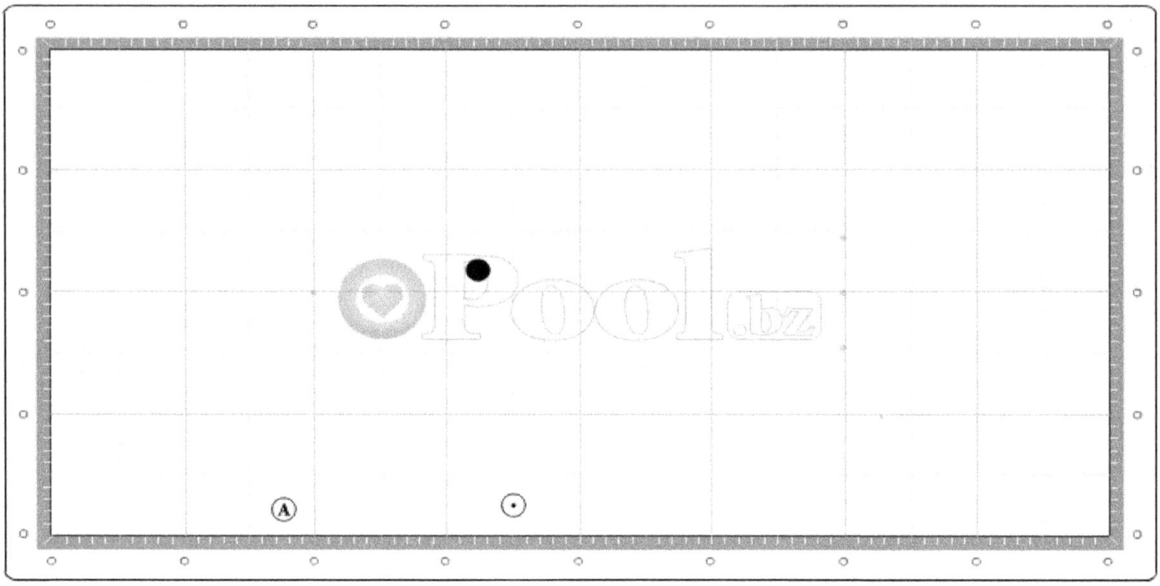

Huomautuksia ja ideoita:

Pallokuviota

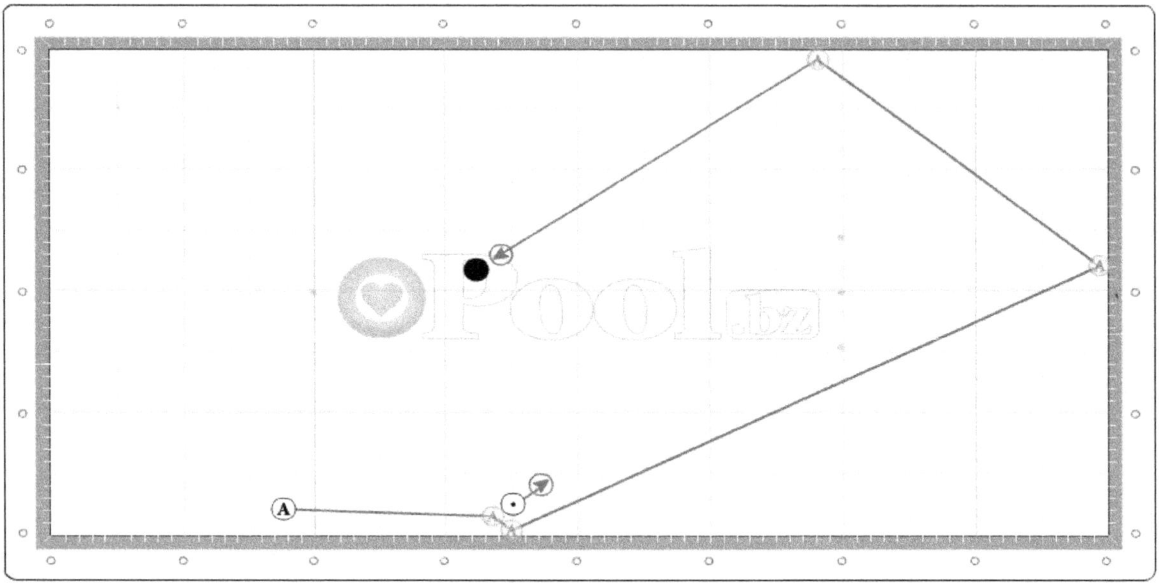

A: Ryhmä 3

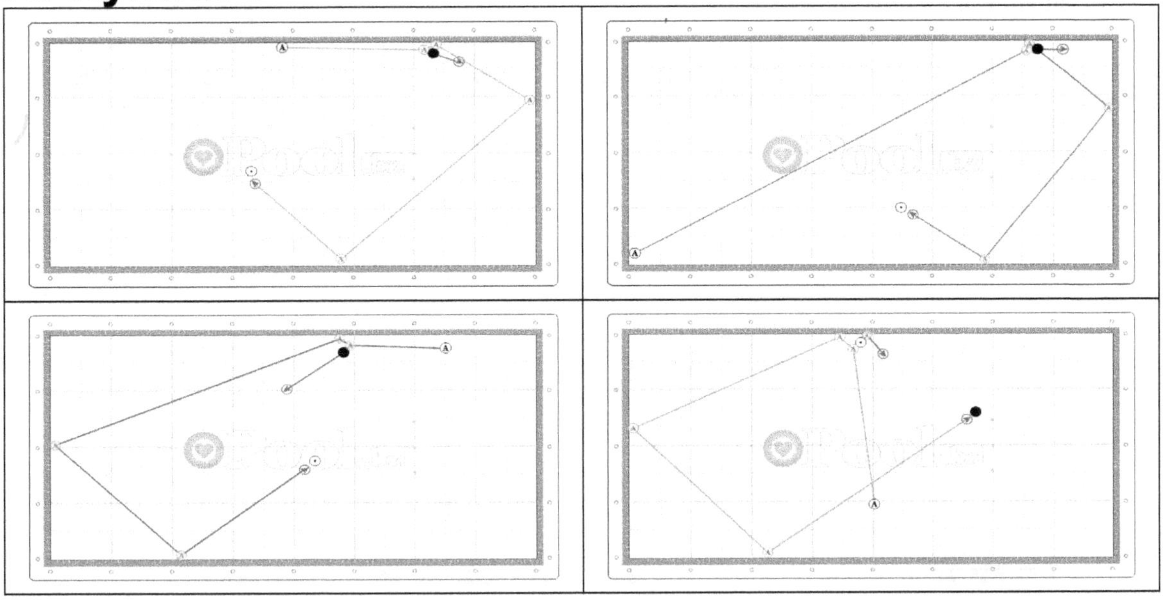

Analyysi:

A:3a. ____________________

A:3b. ____________________

A:3c. ____________________

A:3d. ____________________

A:3a – Piirustus

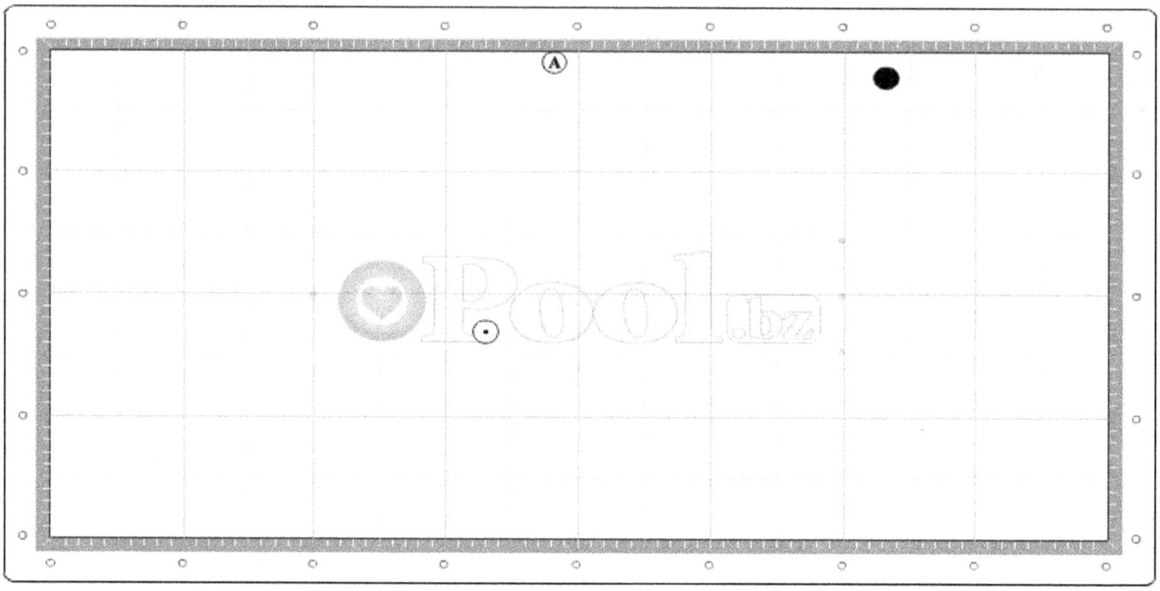

Huomautuksia ja ideoita:

Pallokuviota

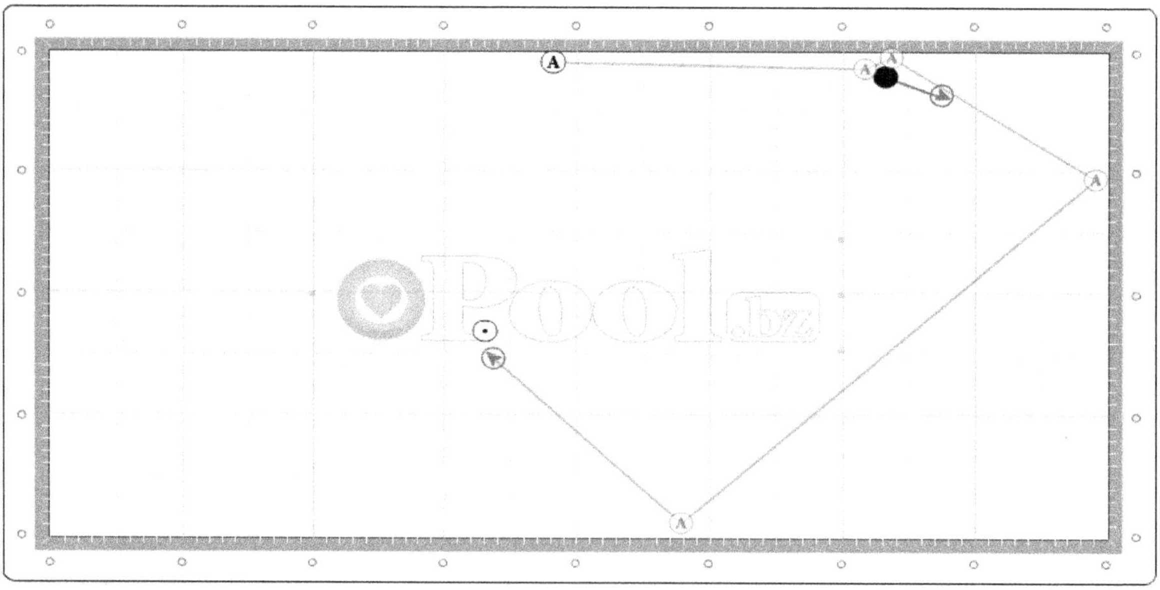

A:3b – Piirustus

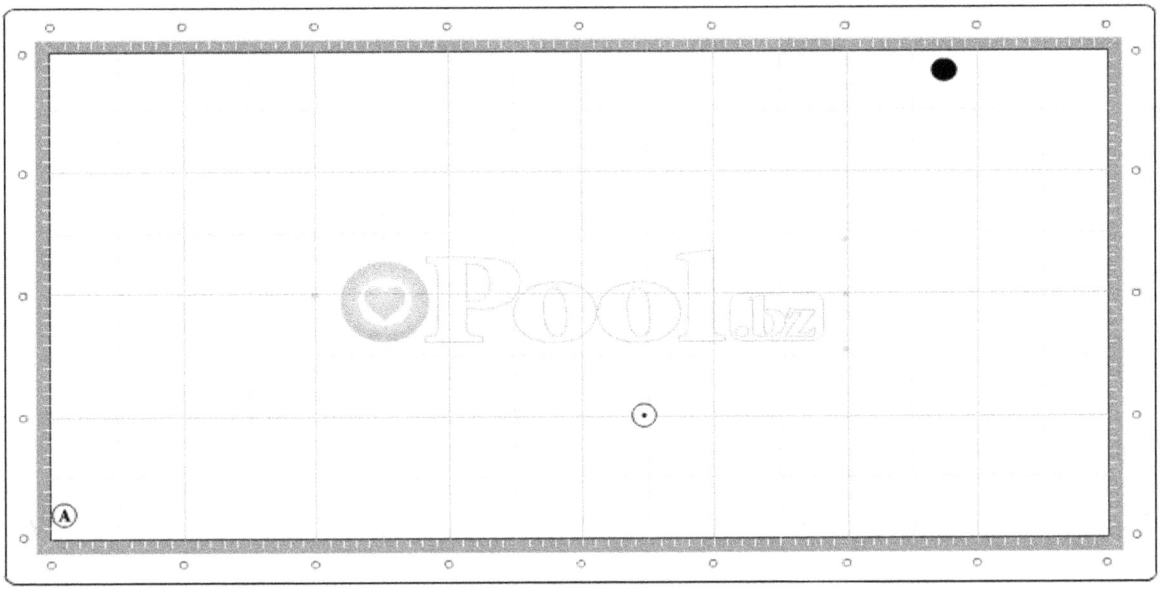

Huomautuksia ja ideoita:

Pallokuviota

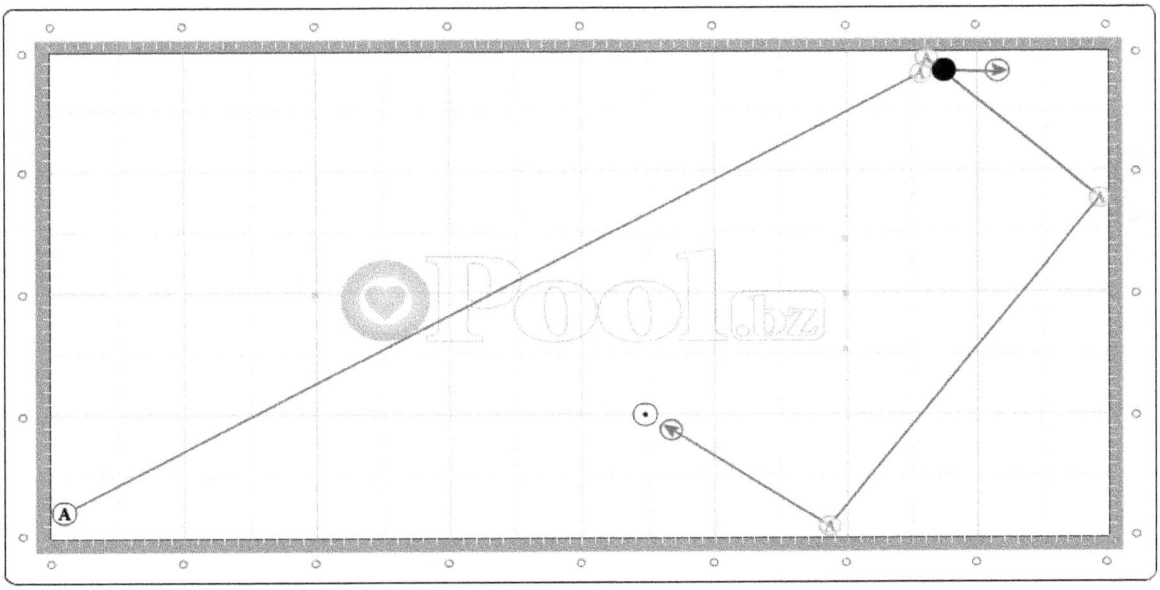

A:3c – Piirustus

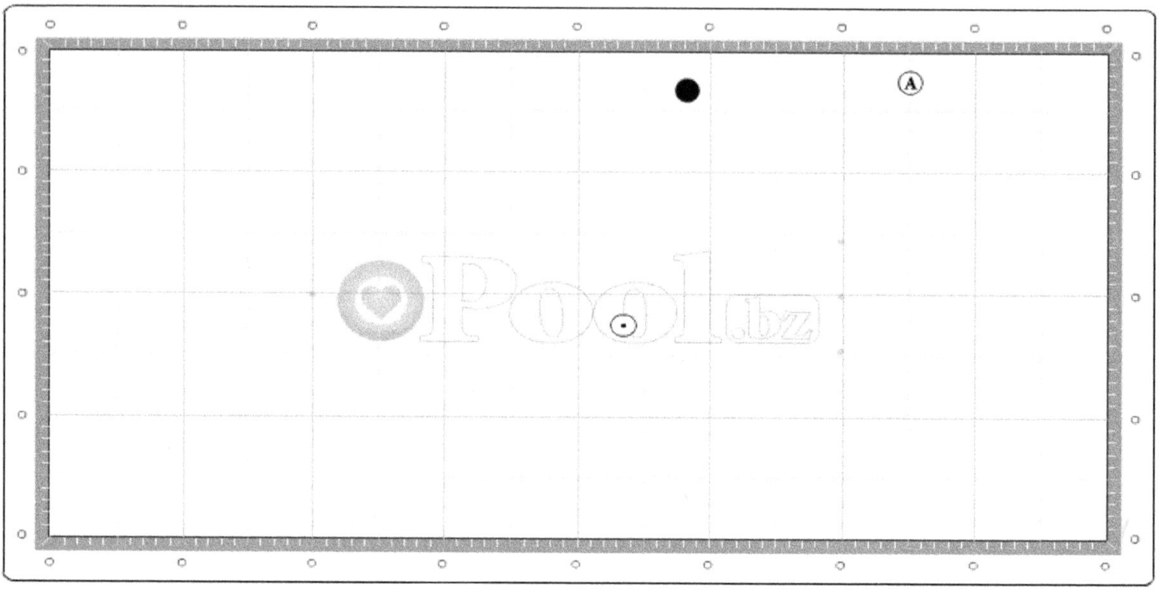

Huomautuksia ja ideoita:

Pallokuviota

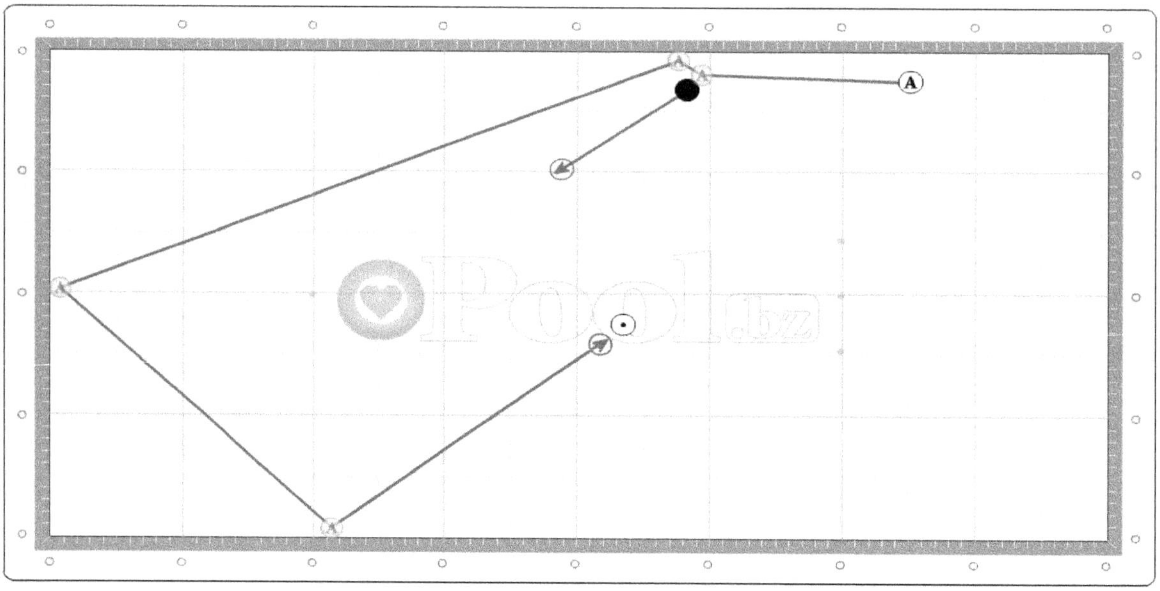

A:3d – Piirustus

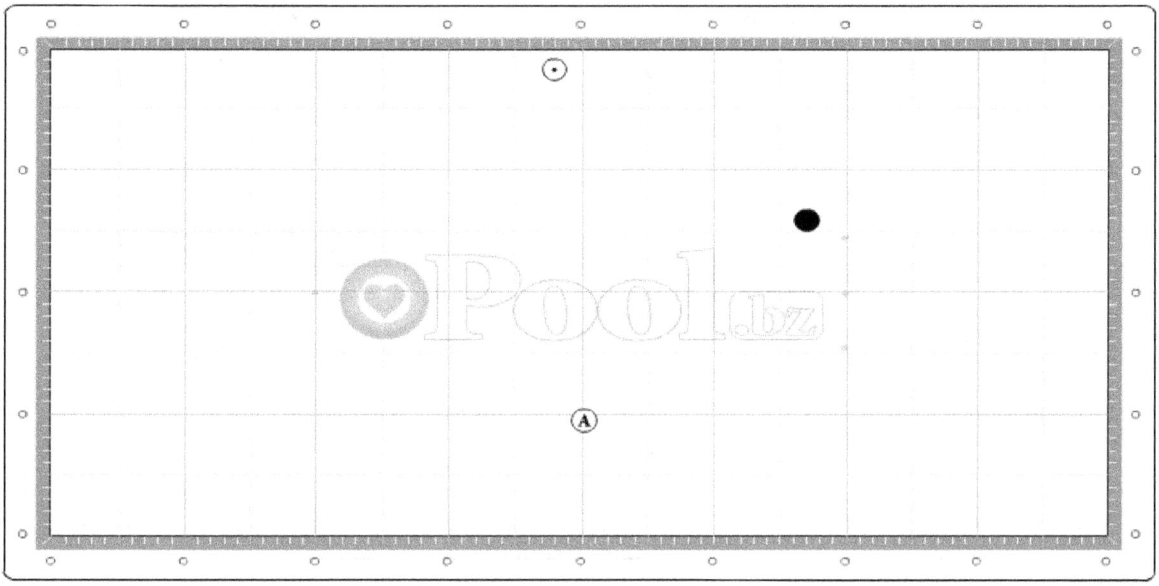

Huomautuksia ja ideoita:

Pallokuviota

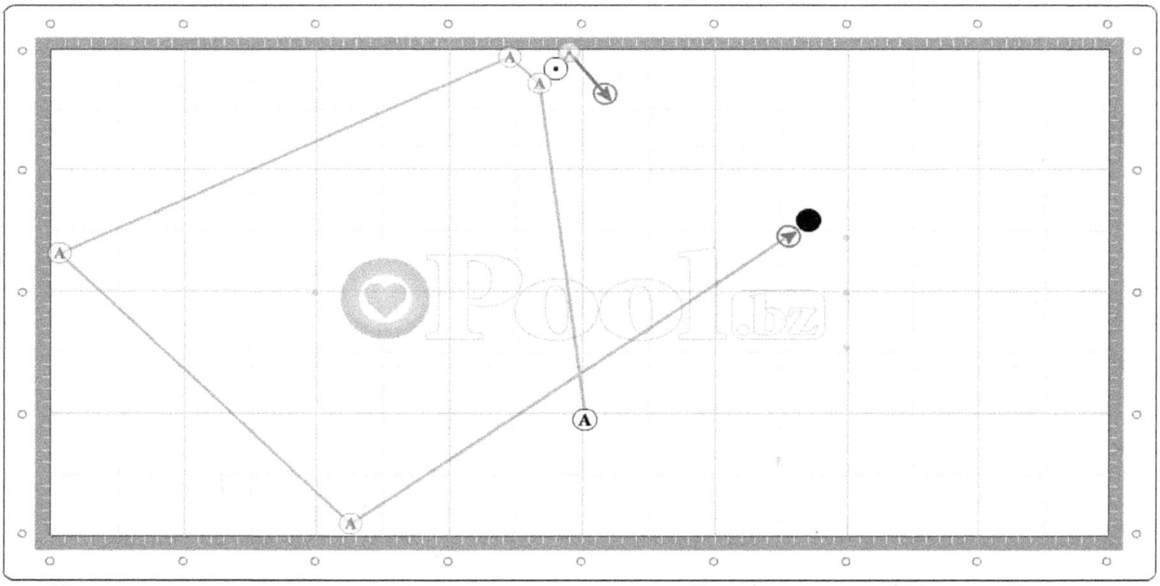

A

: Ryhmä 4

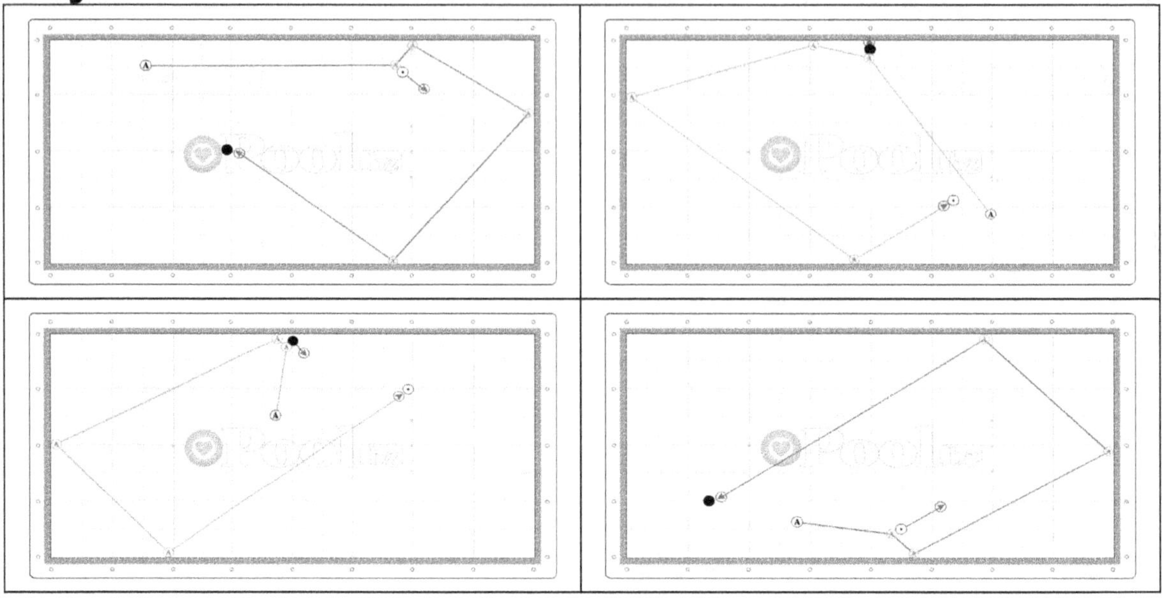

Analyysi:

A:4a. ______________________________

A:4b. ______________________________

A:4c. ______________________________

A:4d. ______________________________

A:4a – Piirustus

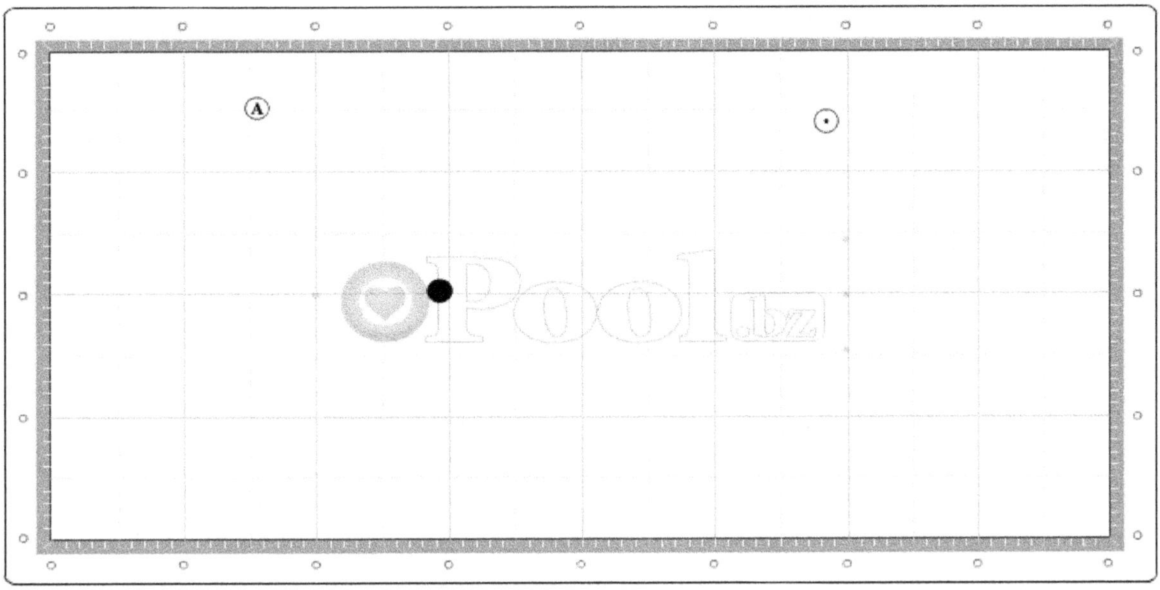

Huomautuksia ja ideoita:

Pallokuviota

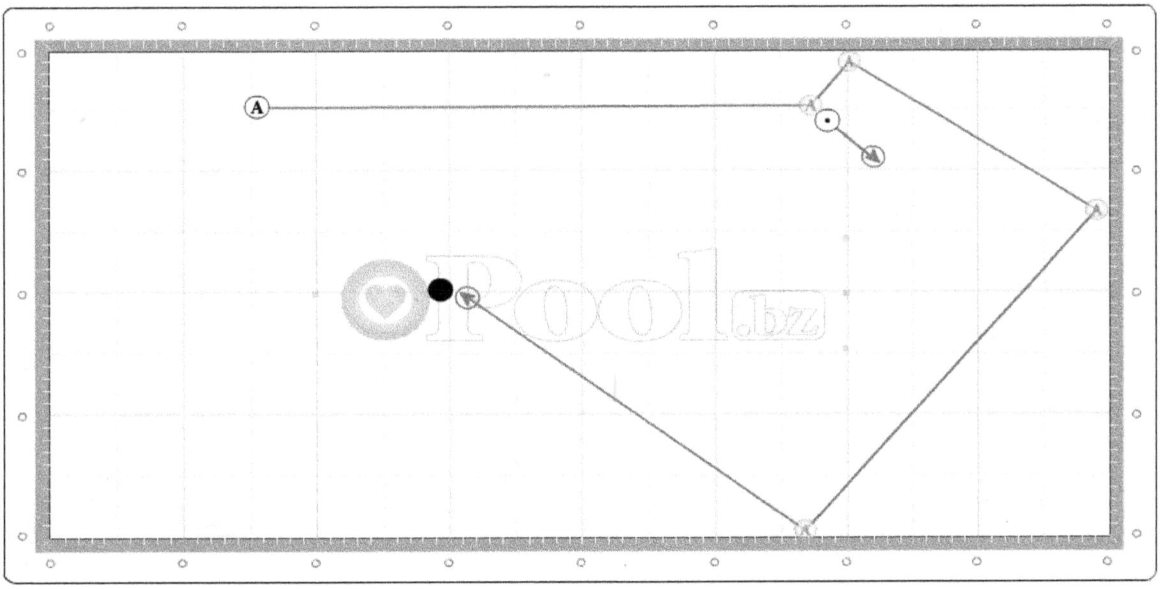

A:4b – Piirustus

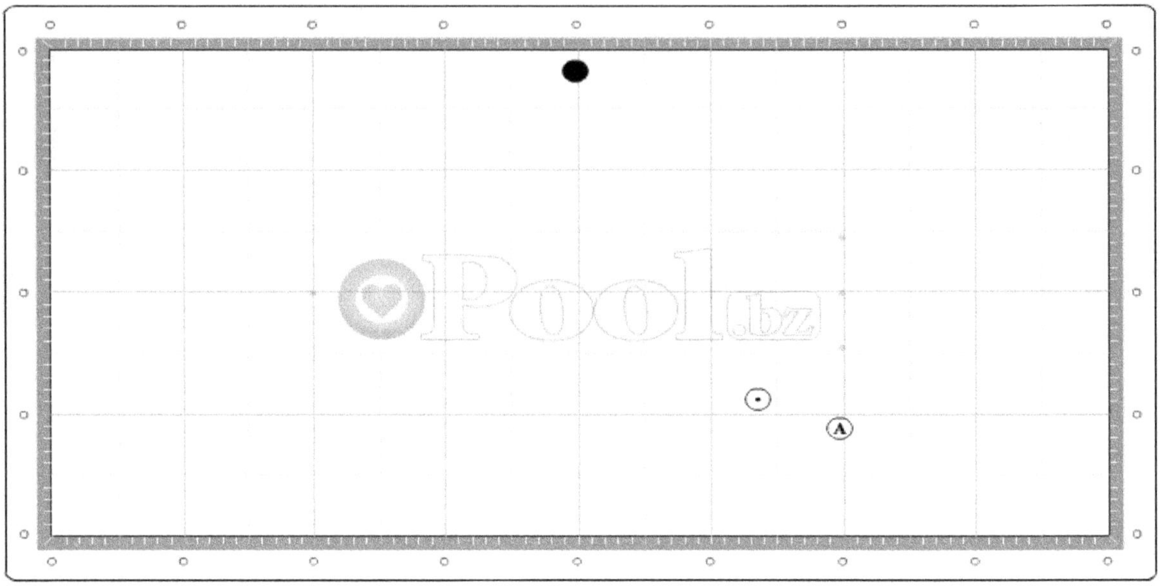

Huomautuksia ja ideoita:

Pallokuviota

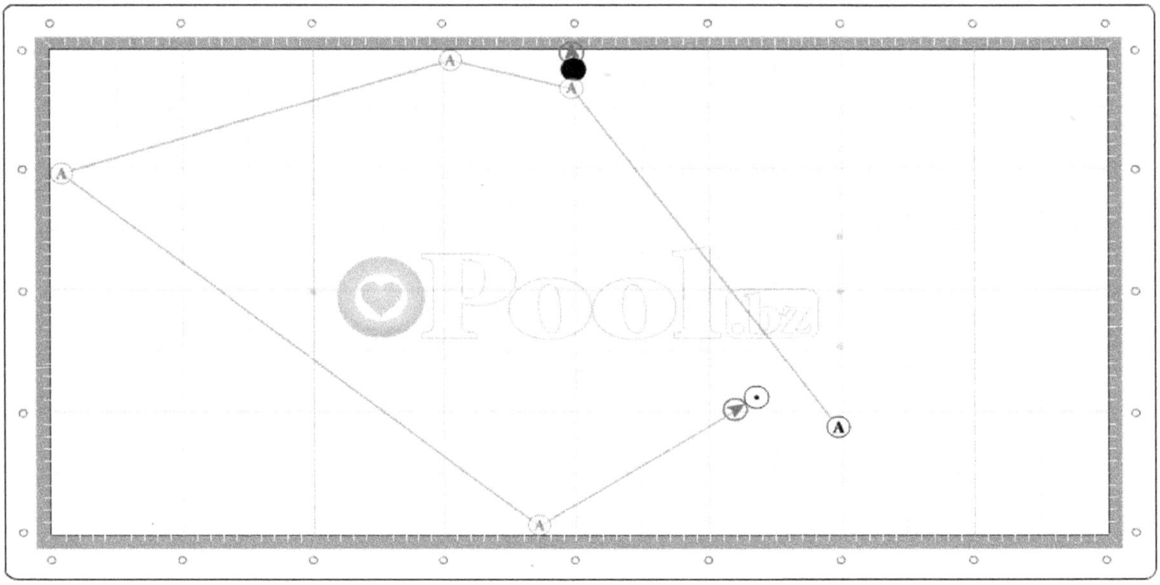

A:4c – Piirustus

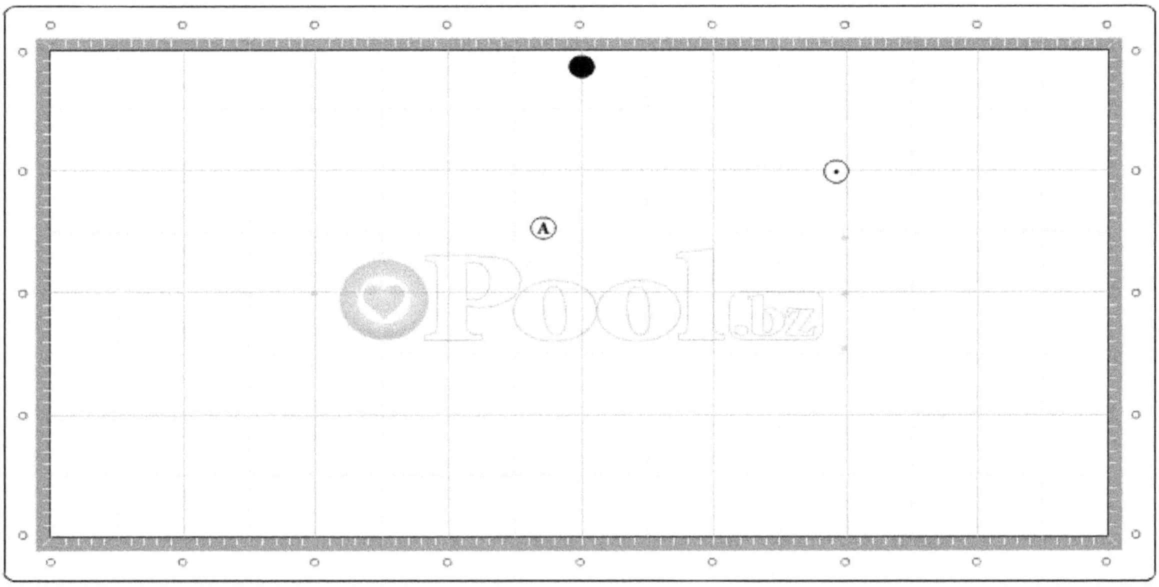

Huomautuksia ja ideoita:

Pallokuviota

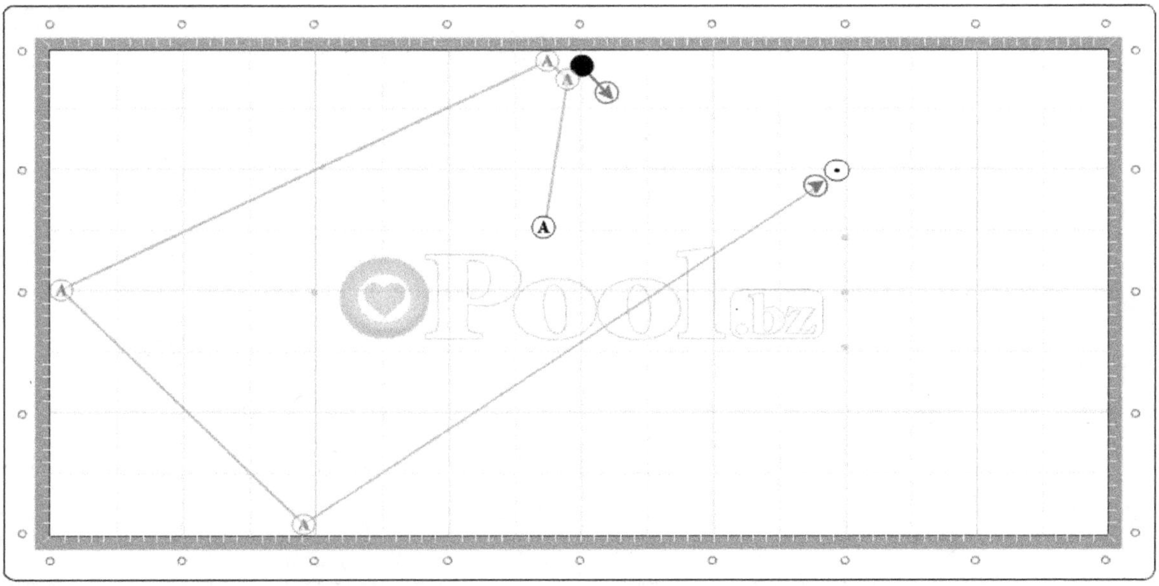

A:4d – Piirustus

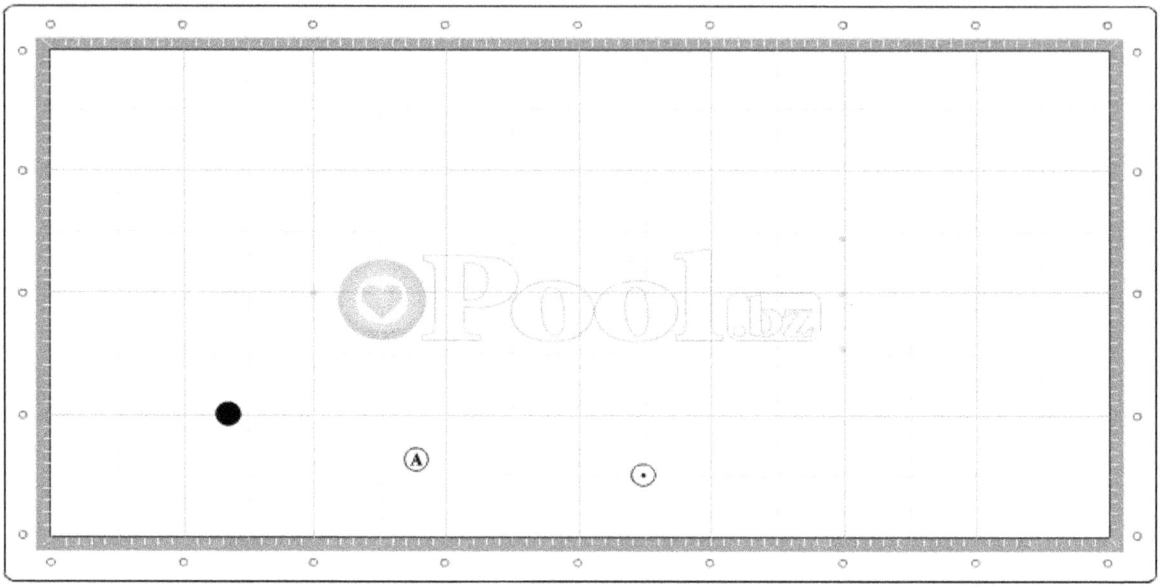

Huomautuksia ja ideoita:

Pallokuviota

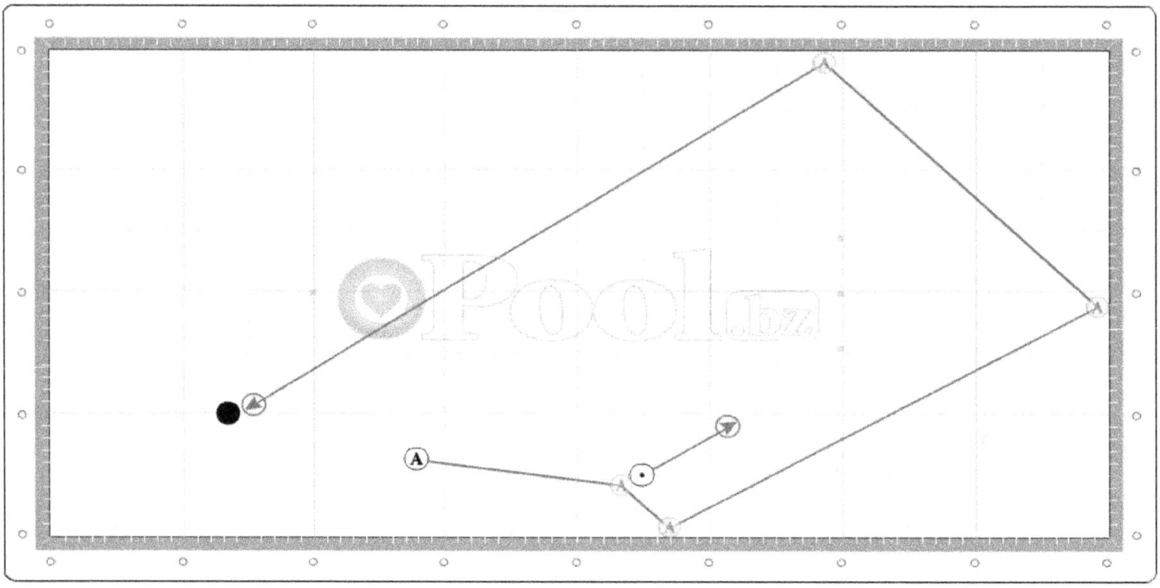

A: Ryhmä 5

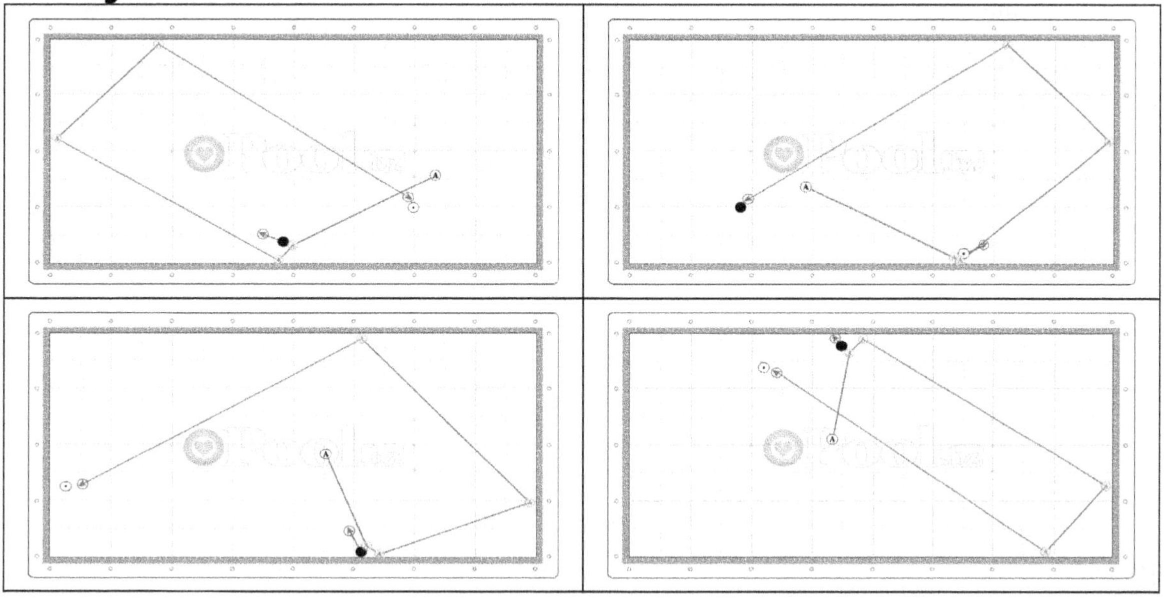

Analyysi:

A:5a. ____

A:5b. ____

A:5c. ____

A:5d. ____

A:5a – Piirustus

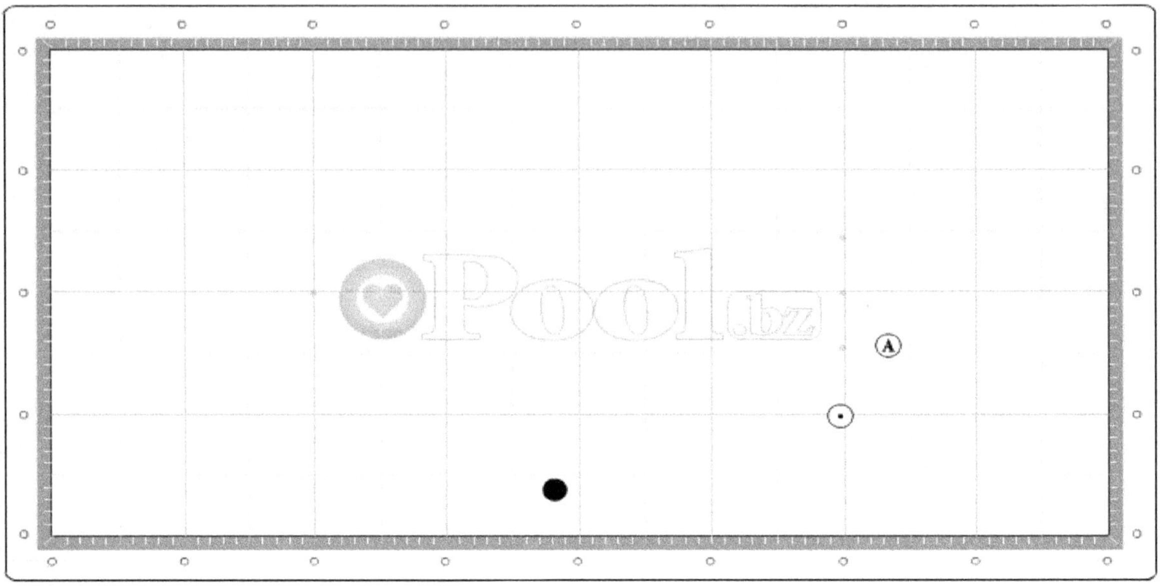

Huomautuksia ja ideoita:

Pallokuviota

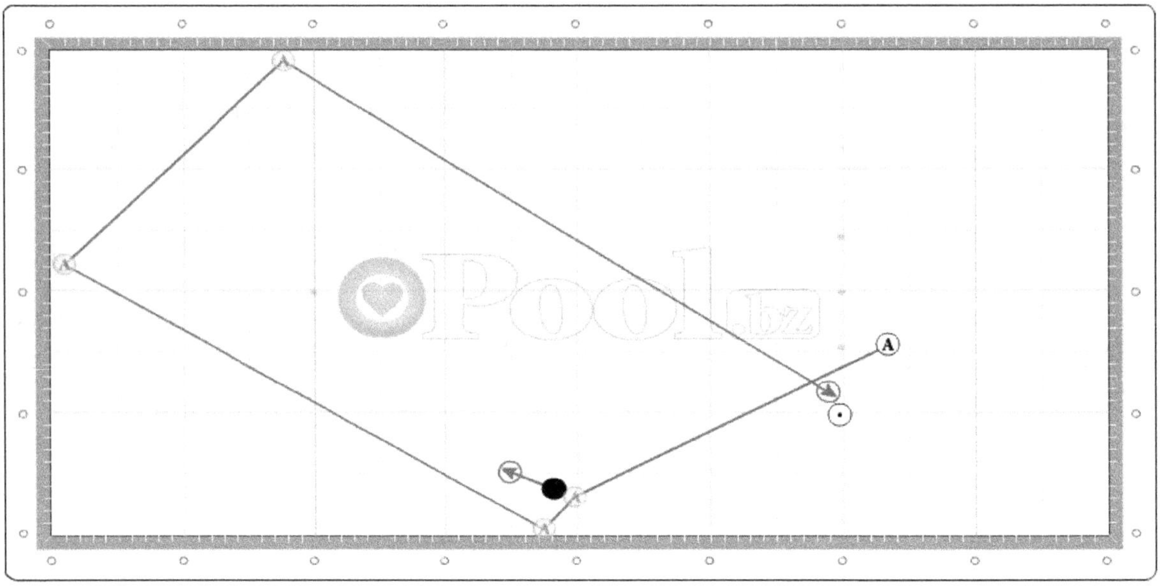

A:5b – Piirustus

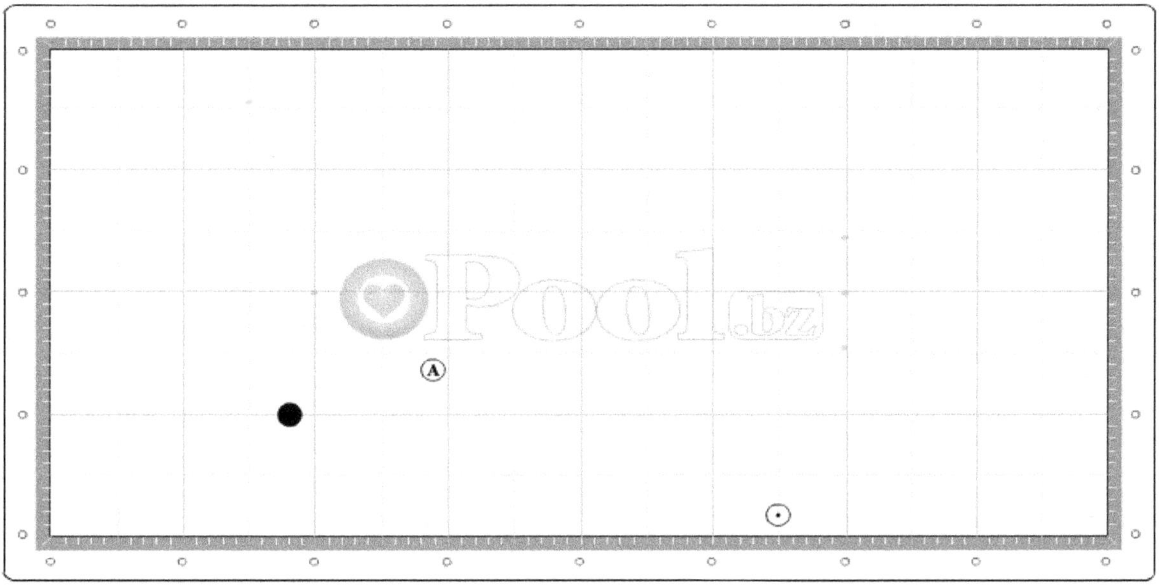

Huomautuksia ja ideoita:

Pallokuviota

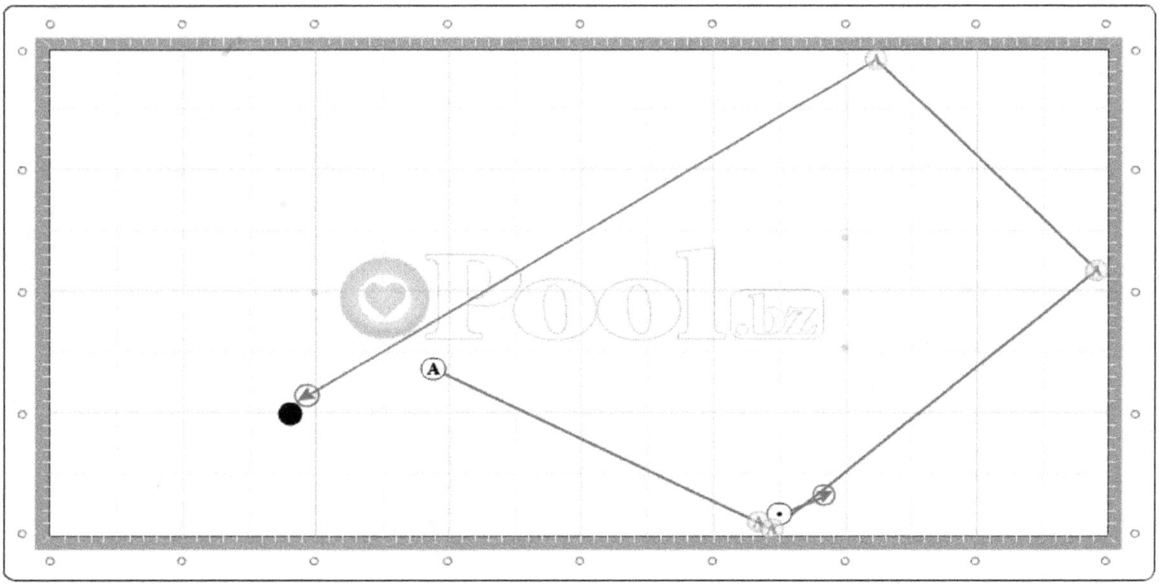

A:5c – Piirustus

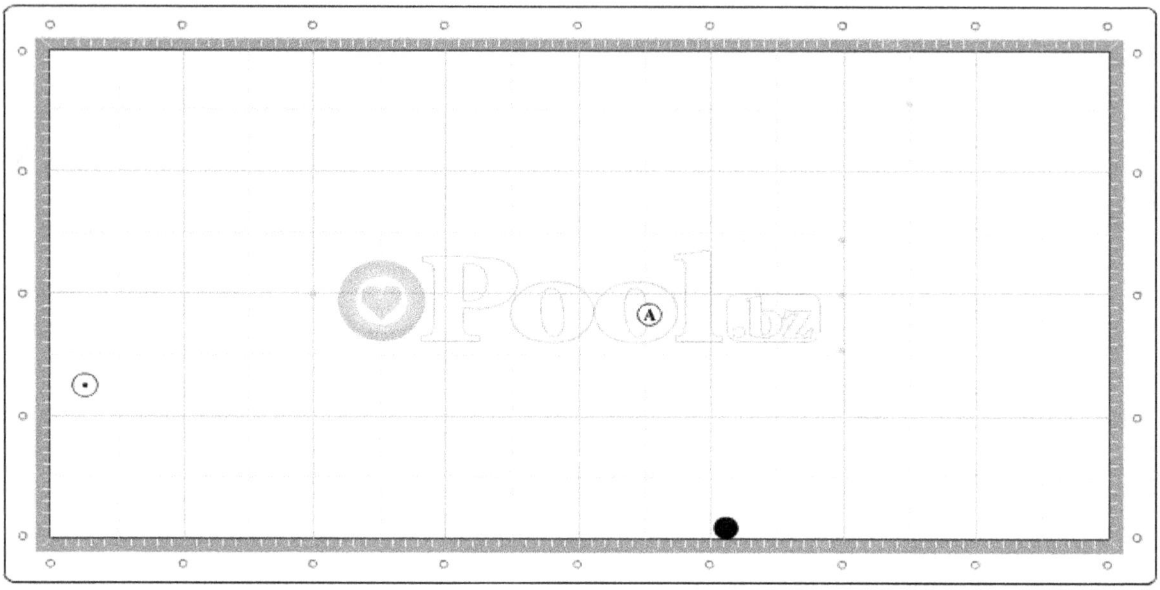

Huomautuksia ja ideoita:

Pallokuviota

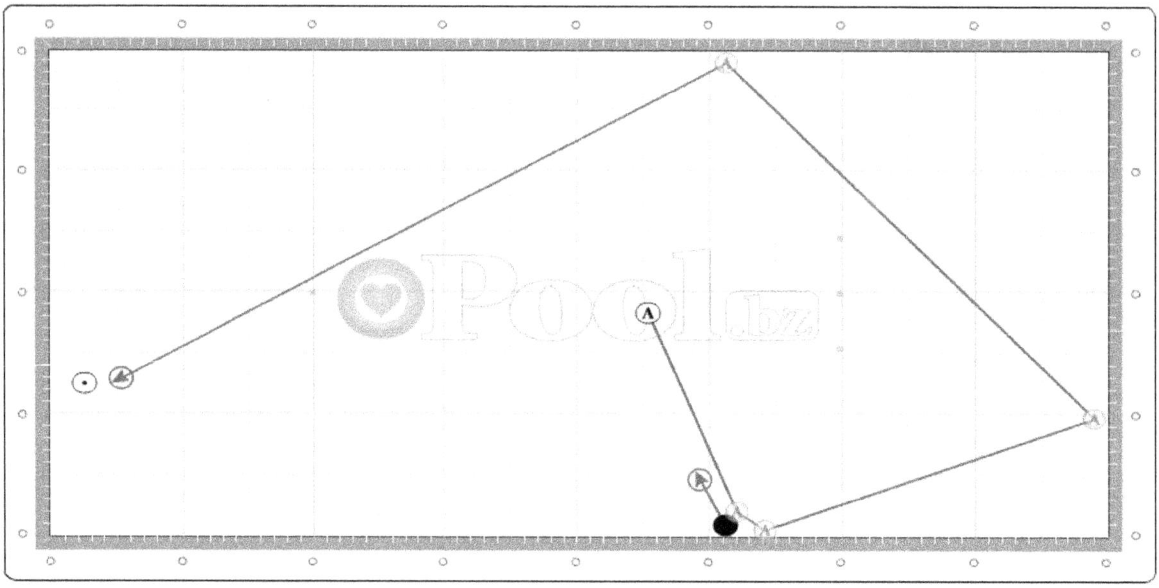

A:5d – Piirustus

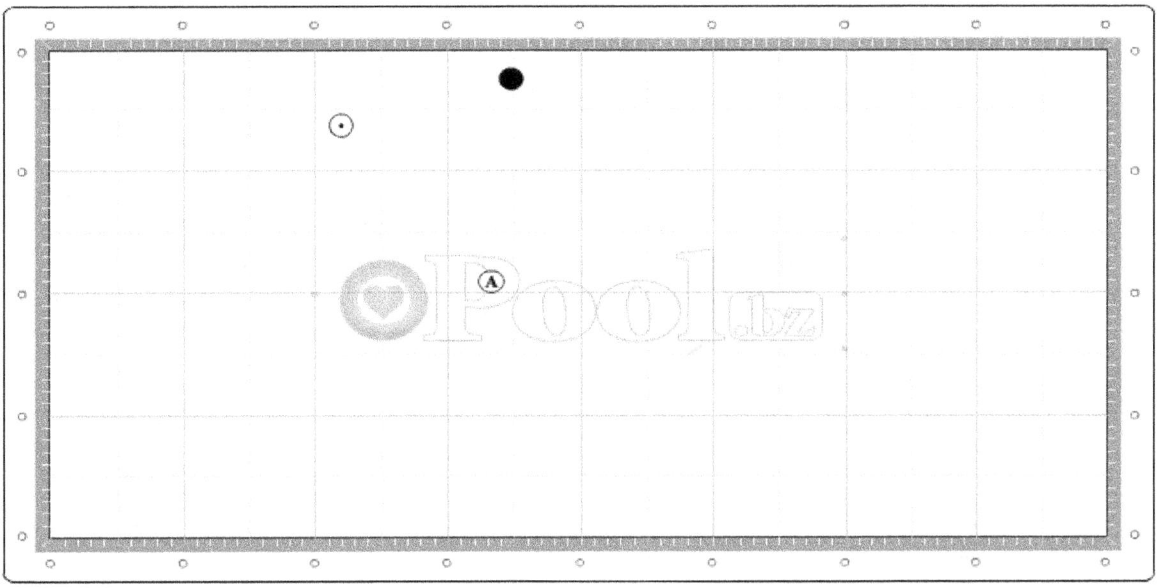

Huomautuksia ja ideoita:

Pallokuviota

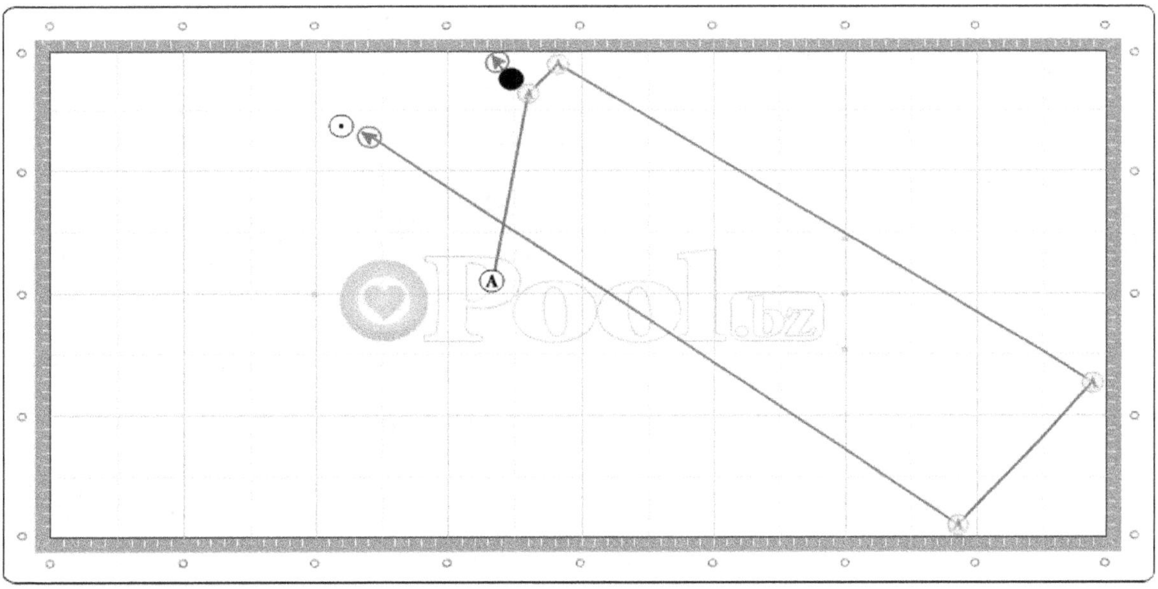

A: Ryhmä 6

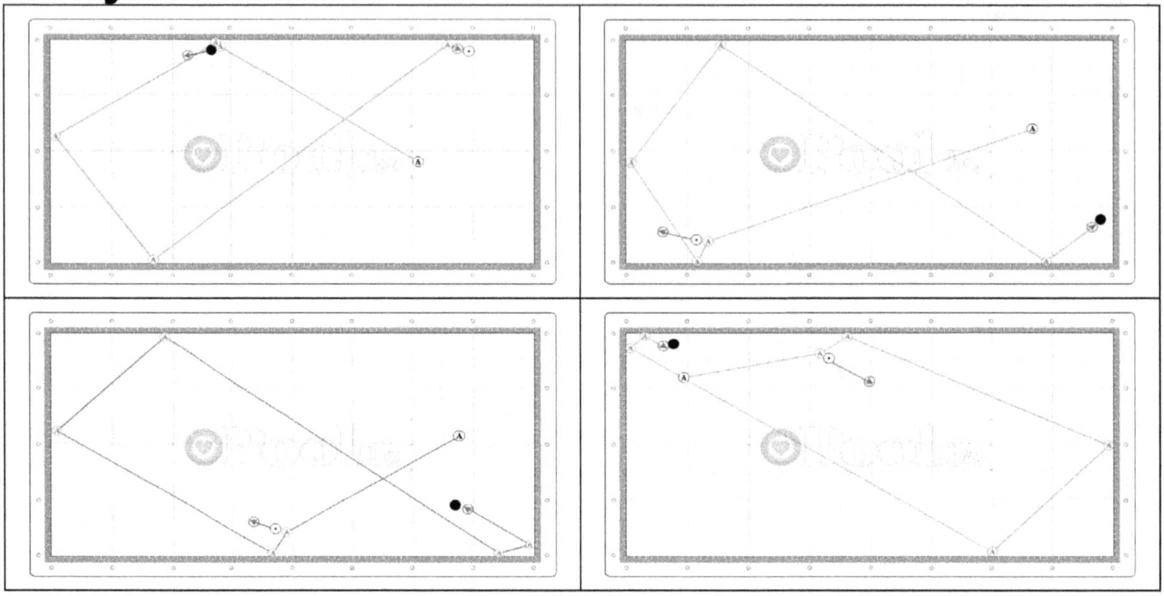

Analyysi:

A:6a. ____

A:6b. ____

A:6c. ____

A:6d. ____

A:6a – Piirustus

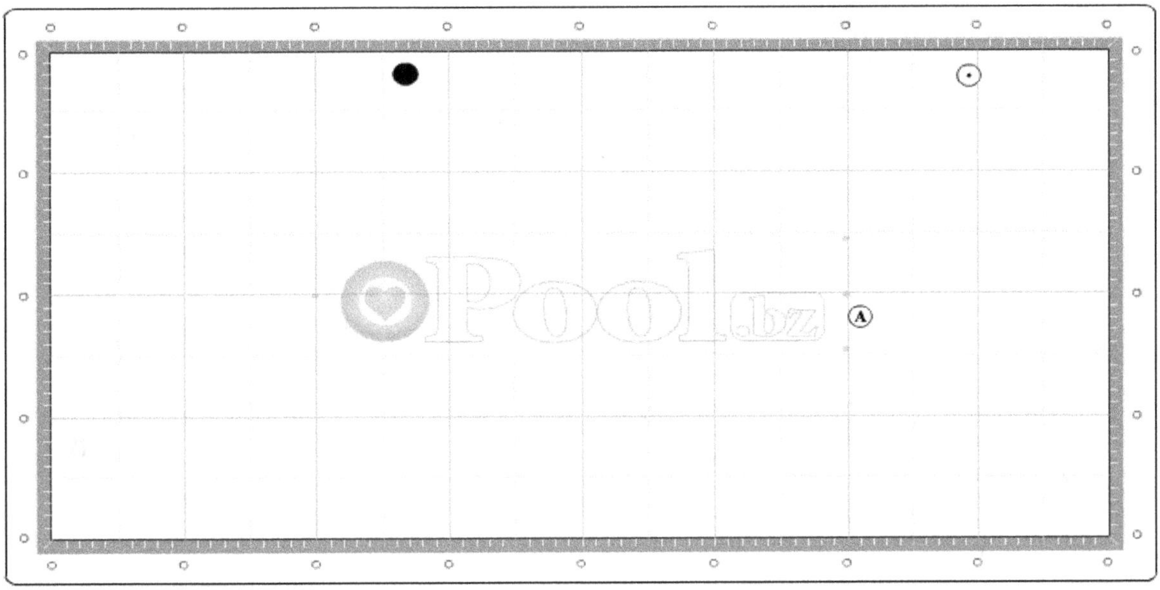

Huomautuksia ja ideoita:

Pallokuviota

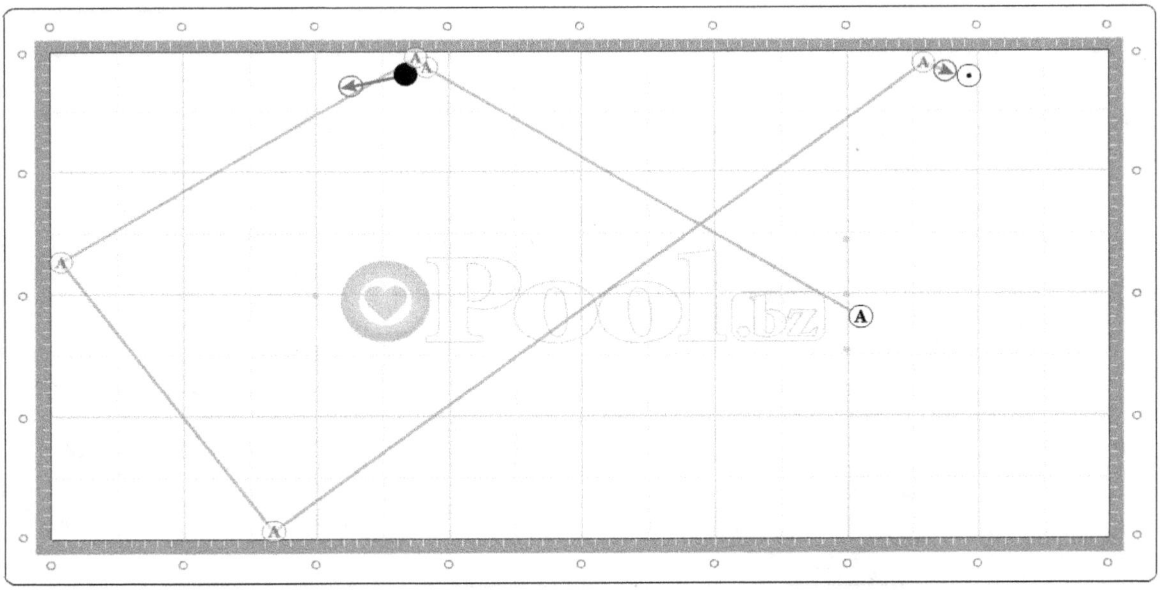

A:6b – Piirustus

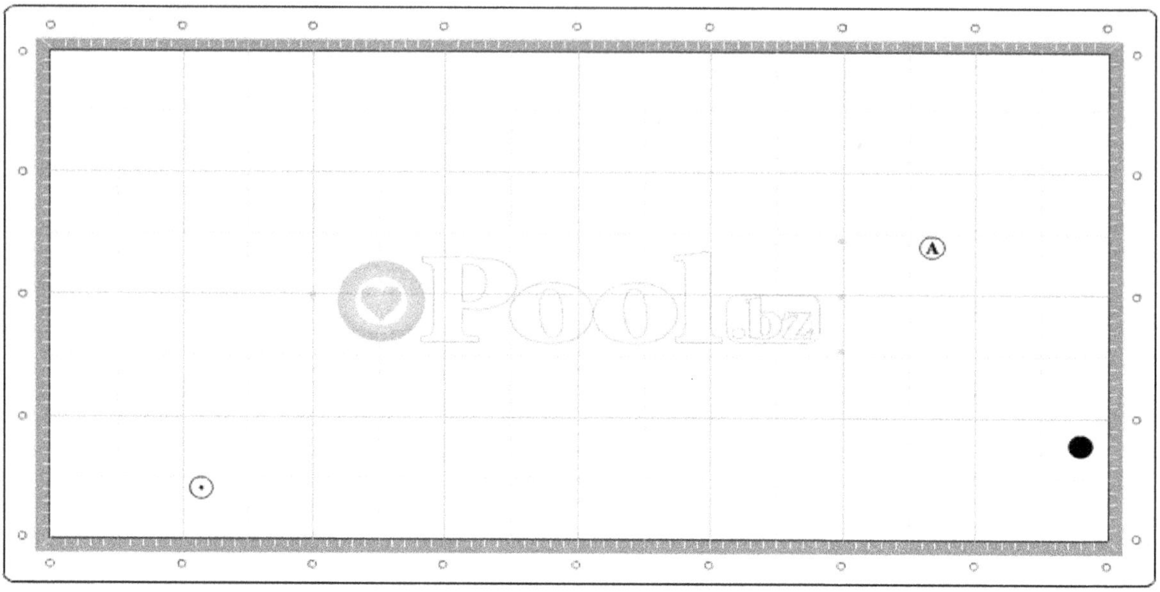

Huomautuksia ja ideoita:

Pallokuviota

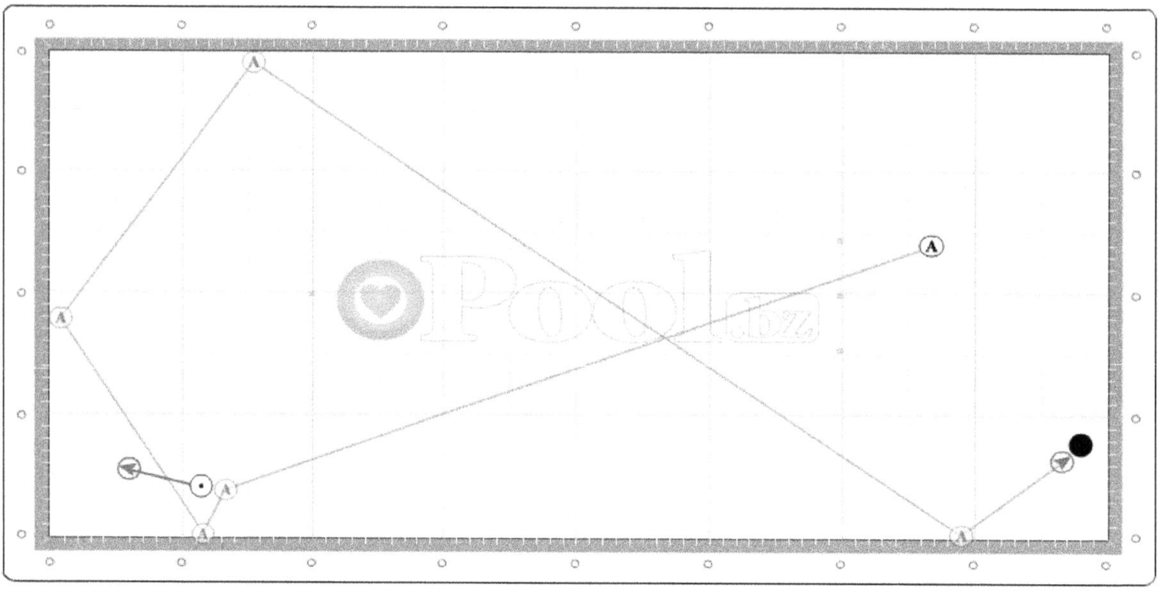

A:6c – Piirustus

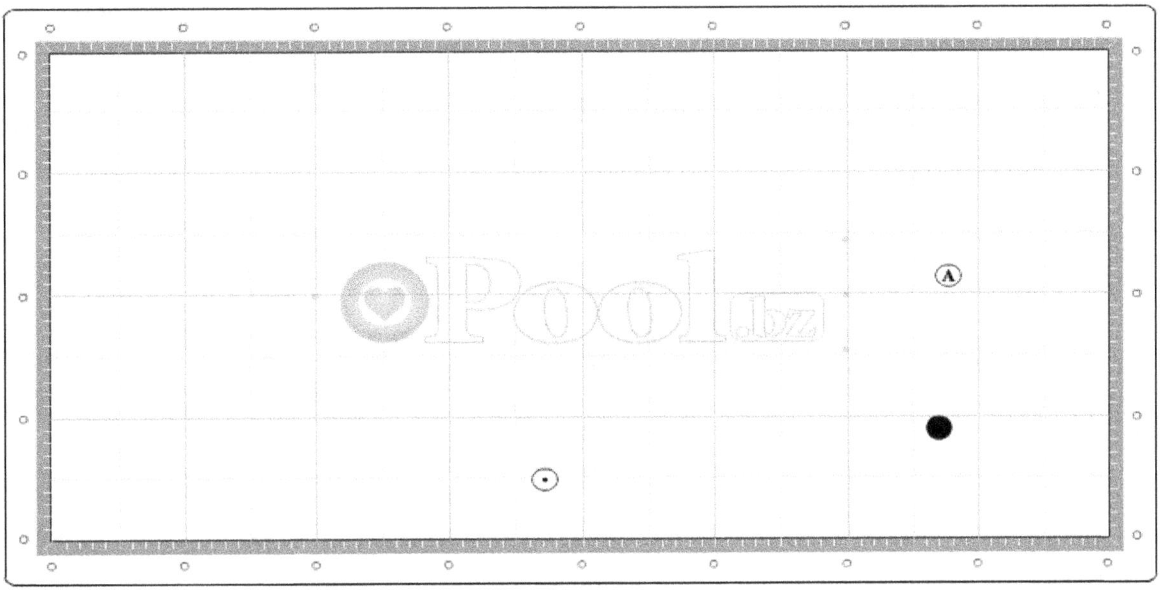

Huomautuksia ja ideoita:

Pallokuviota

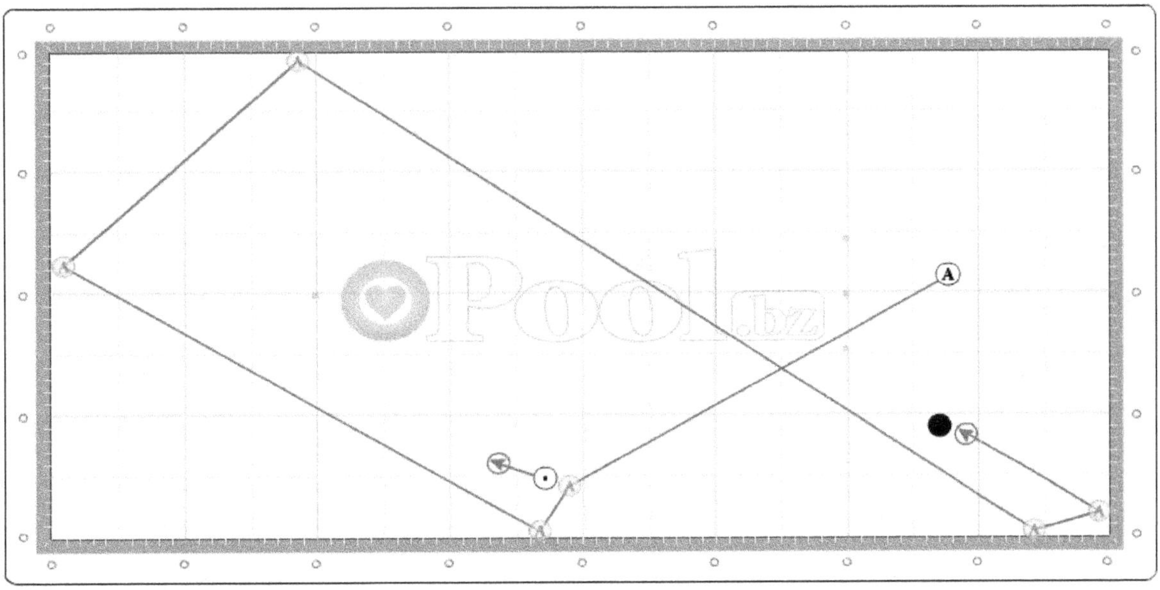

A:6d – Piirustus

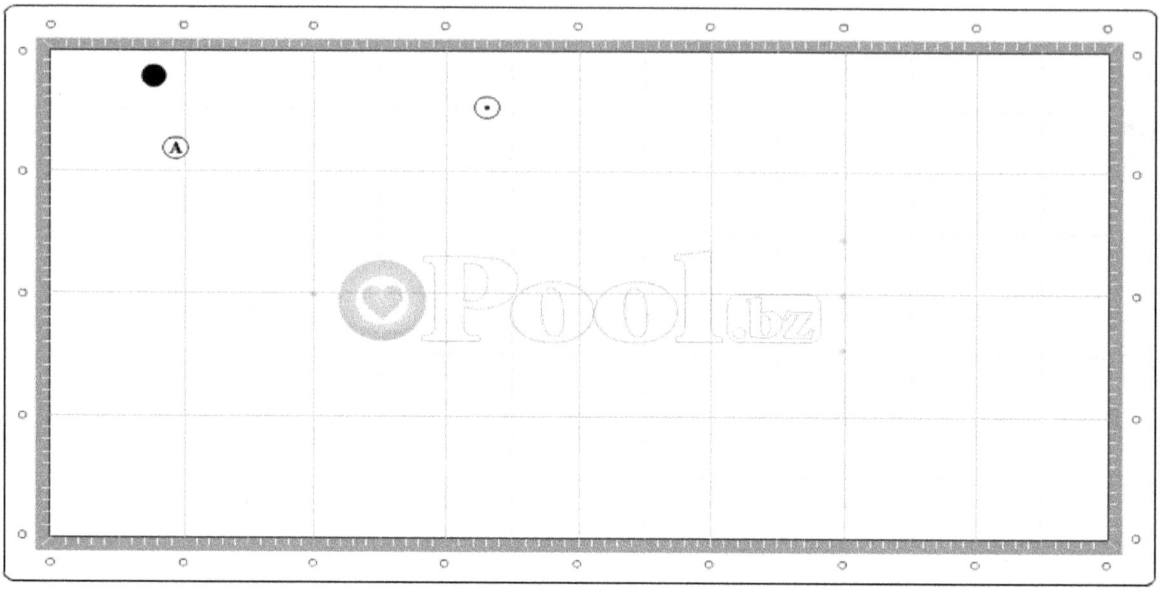

Huomautuksia ja ideoita:

Pallokuviota

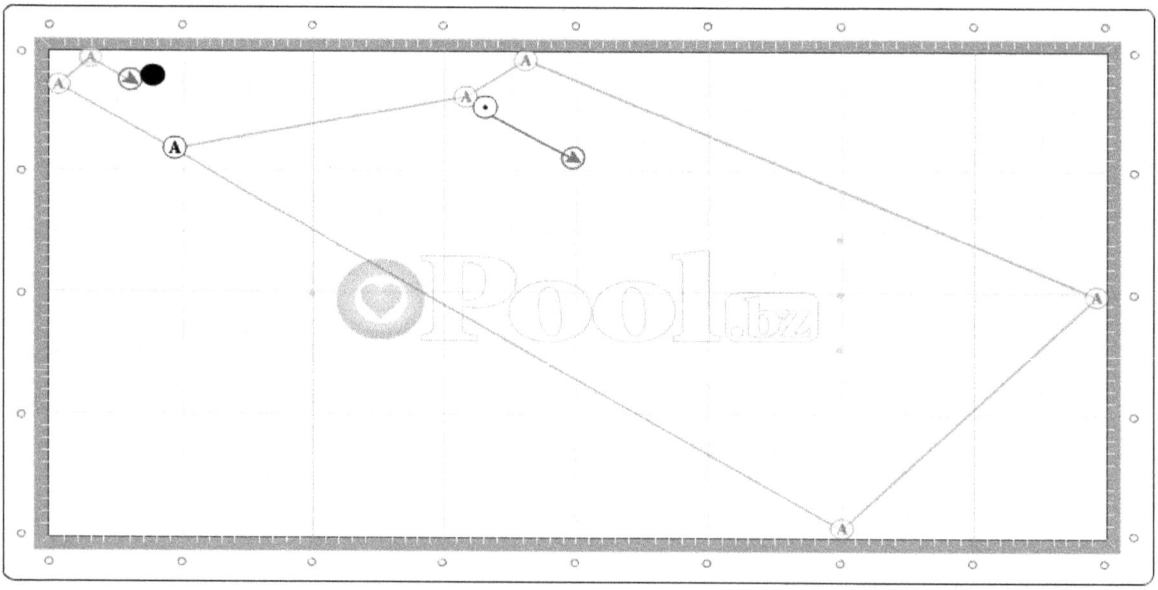

A: Ryhmä 7

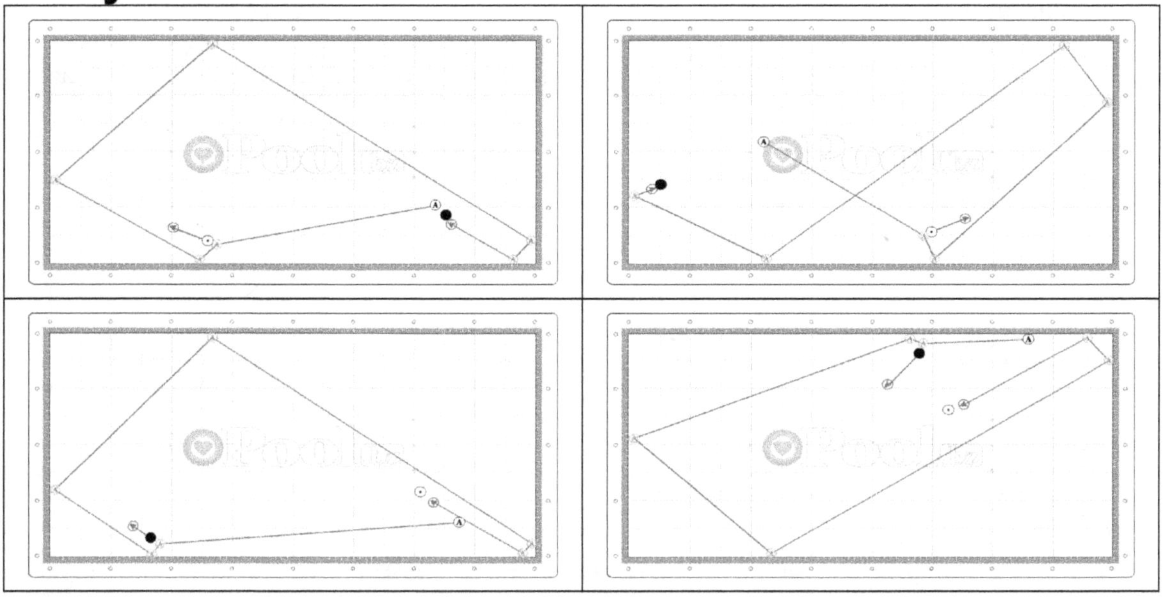

Analyysi:

A:7a. ____

A:7b. ____

A:7c. ____

A:7d. ____

A:7a – Piirustus

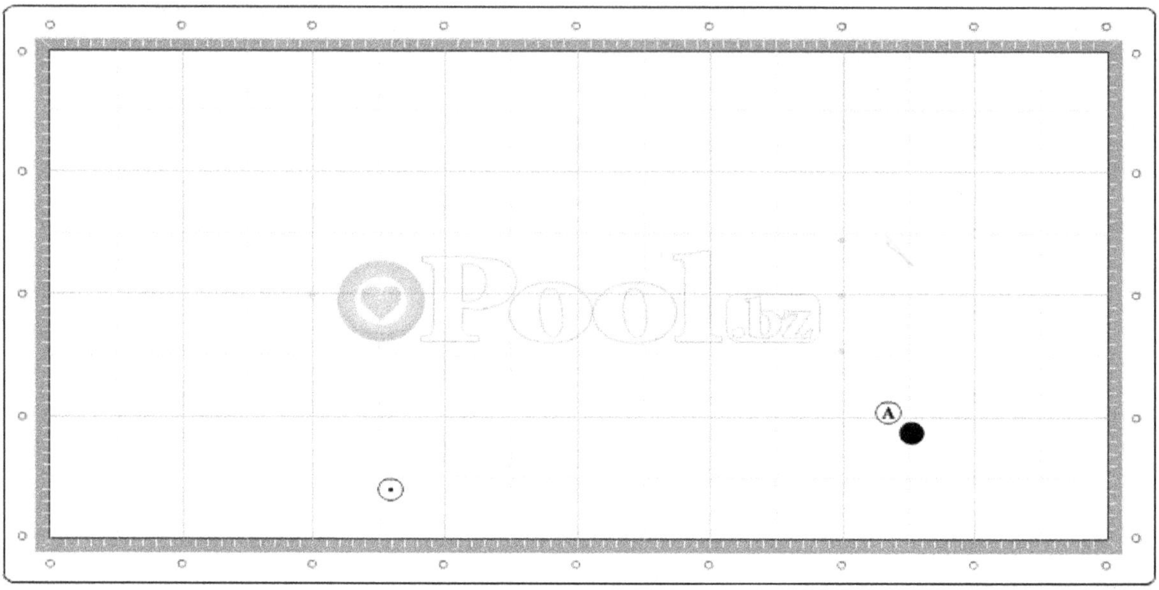

Huomautuksia ja ideoita:

Pallokuviota

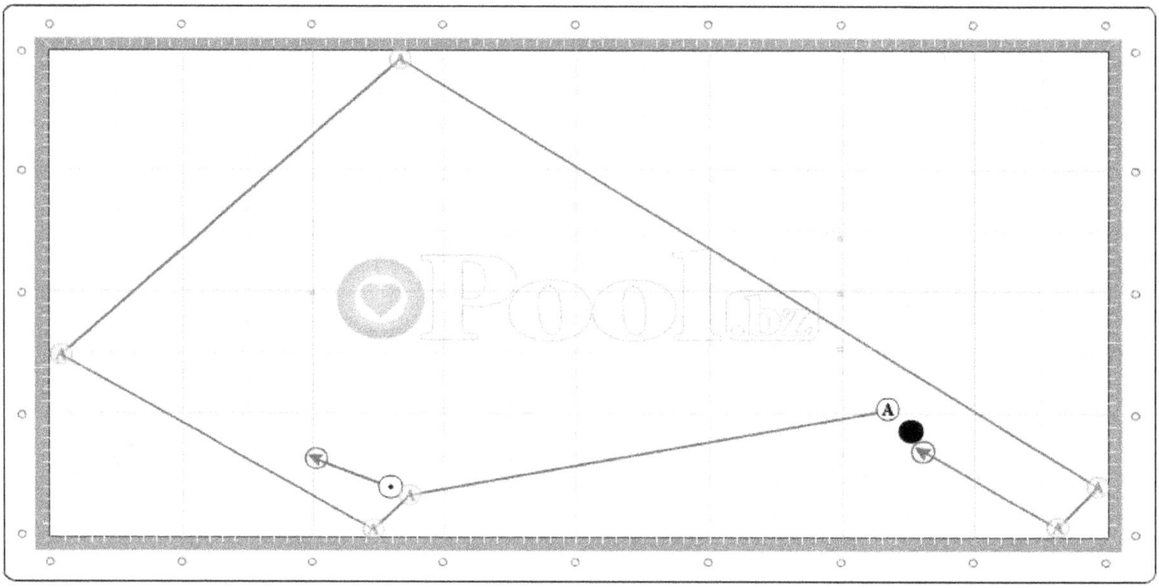

A:7b – Piirustus

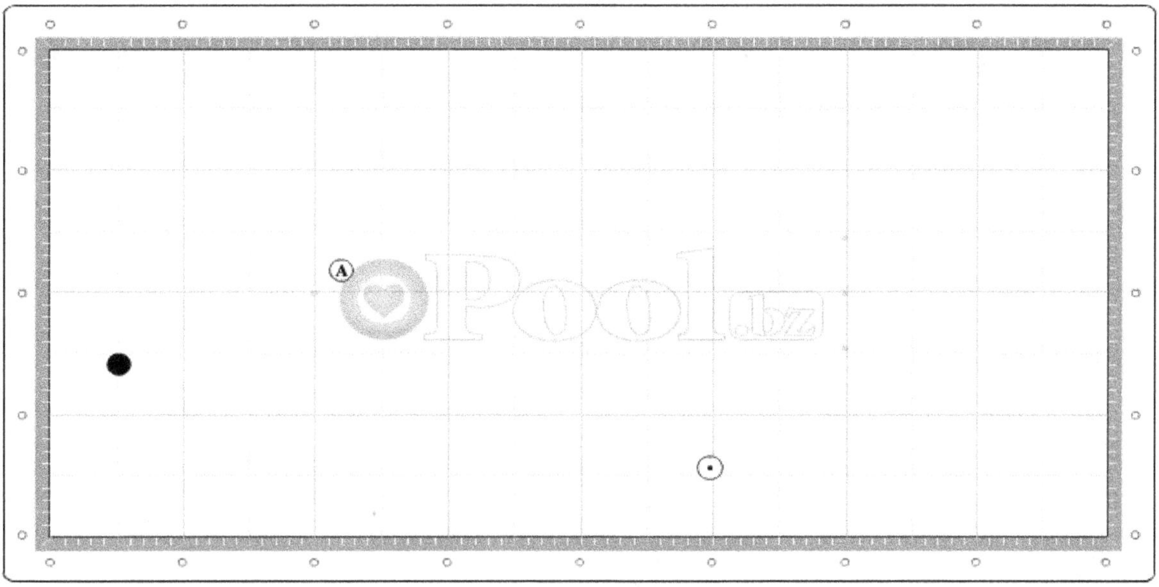

Huomautuksia ja ideoita:

Pallokuviota

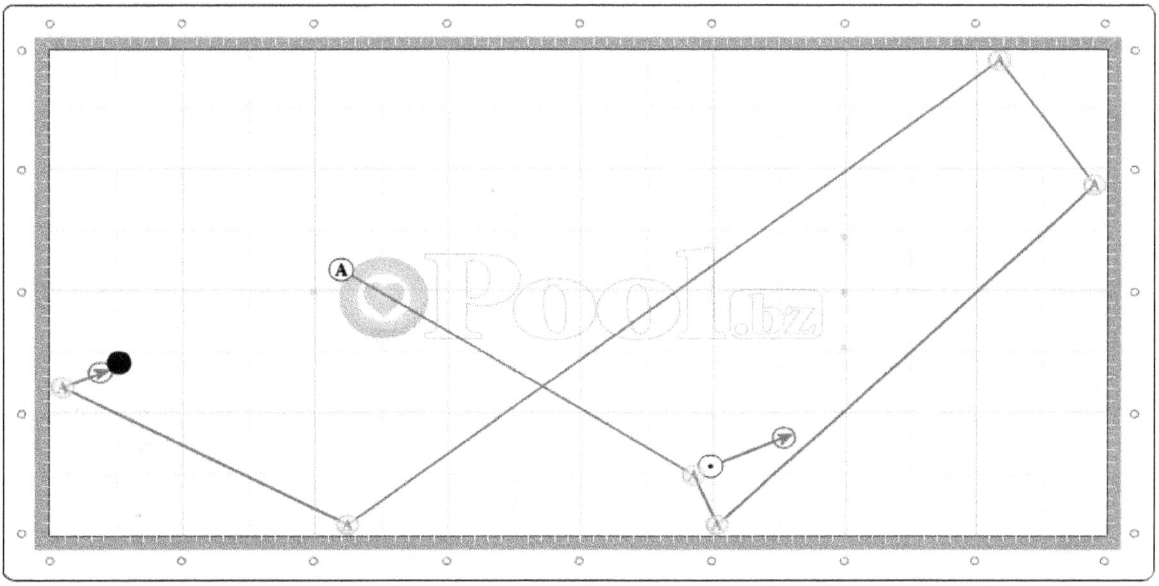

A:7c – Piirustus

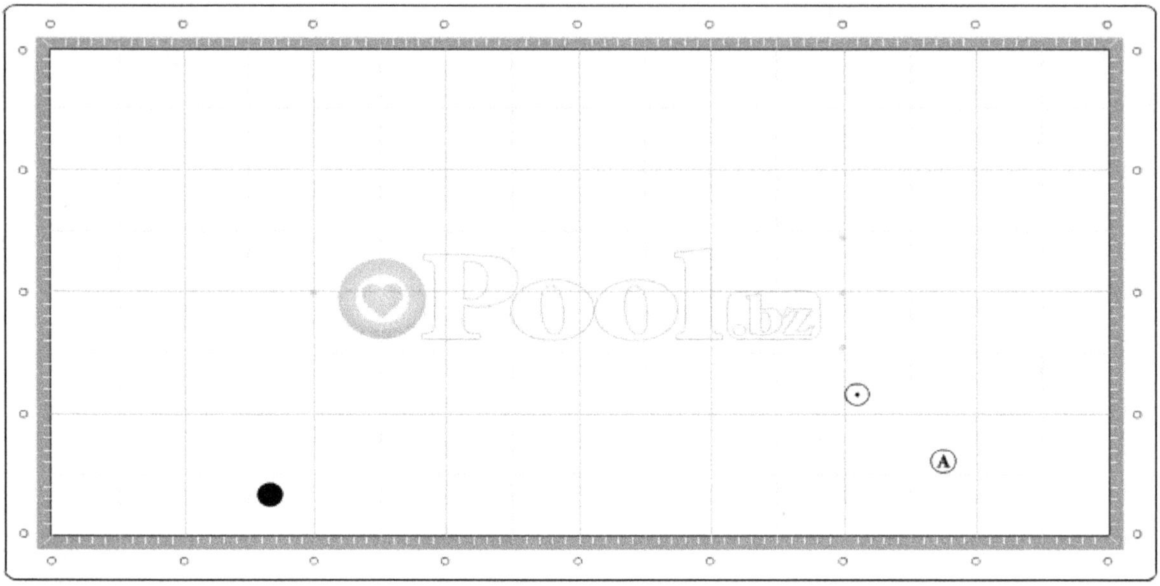

Huomautuksia ja ideoita:

Pallokuviota

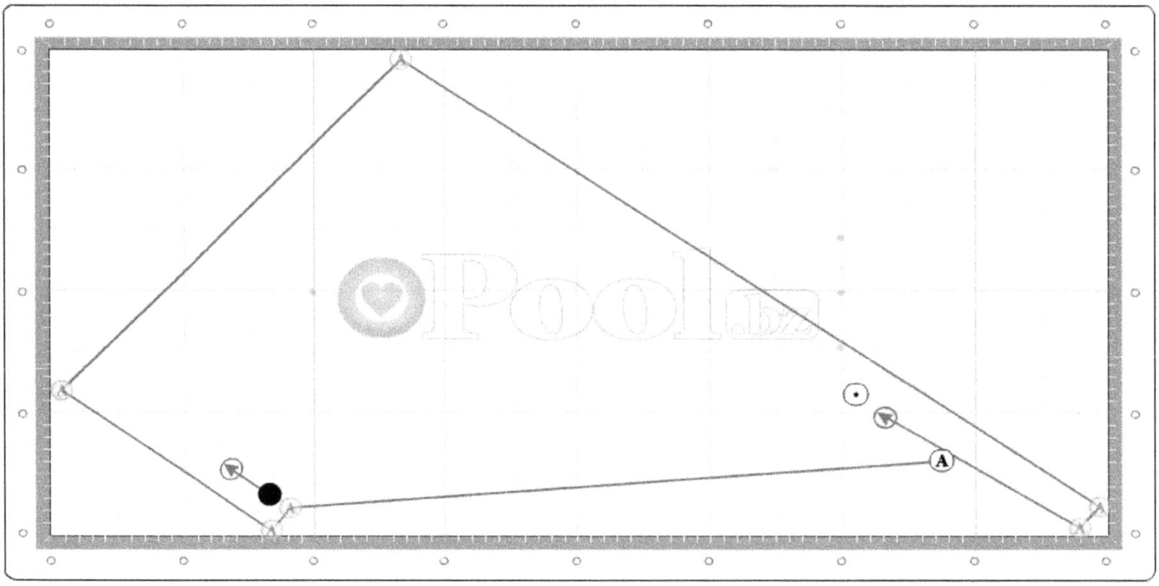

A:7d – Piirustus

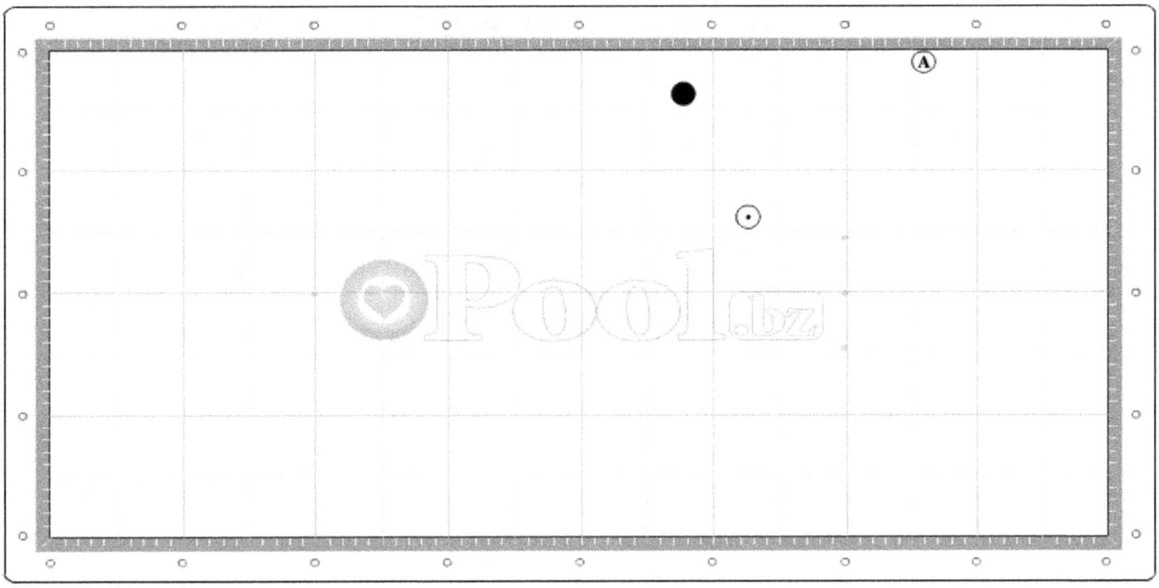

Huomautuksia ja ideoita:

Pallokuviota

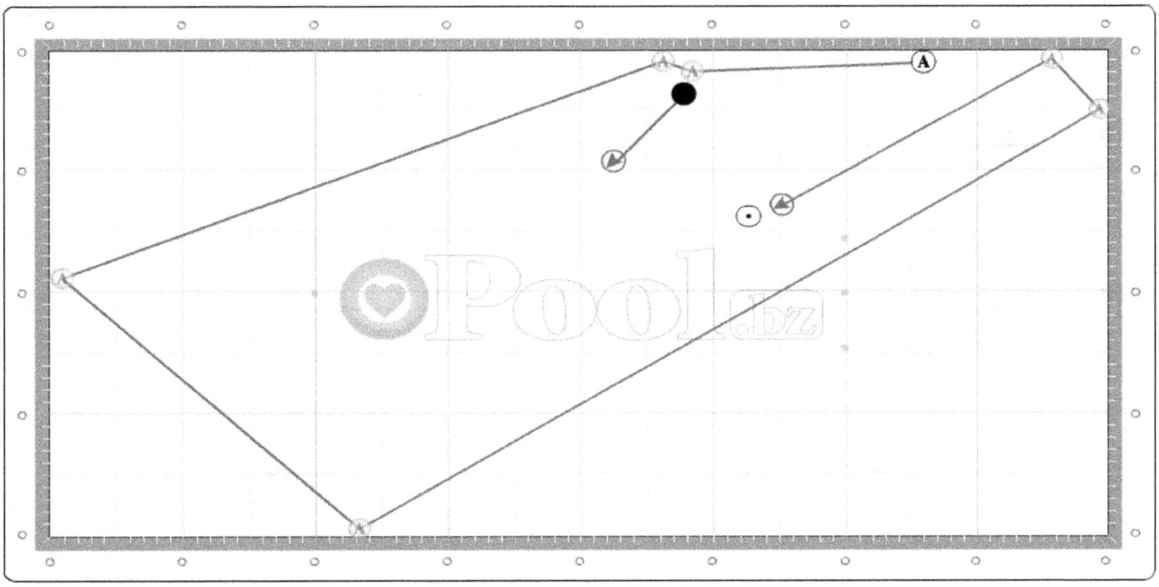

B: Käänteiset kuviot

Tällä asetelmaluettelolla (CB) menee ensimmäiseen (OB): hen, jossa on käytetty vetotasoa ja sivupyörää. Tämä lähettää (CB) takaisin tangentin linjalta käänteisessä kuvassa. (CB) noudattaa standardia maailmankuvion ympärillä kohti kotikulmaa.

Ⓐ (CB) (sinun biljardipallo) – ⊙ (OB) (vastustaja biljardipallo) – ● (OB) (punainen biljardipallo)

B: Ryhmä 1

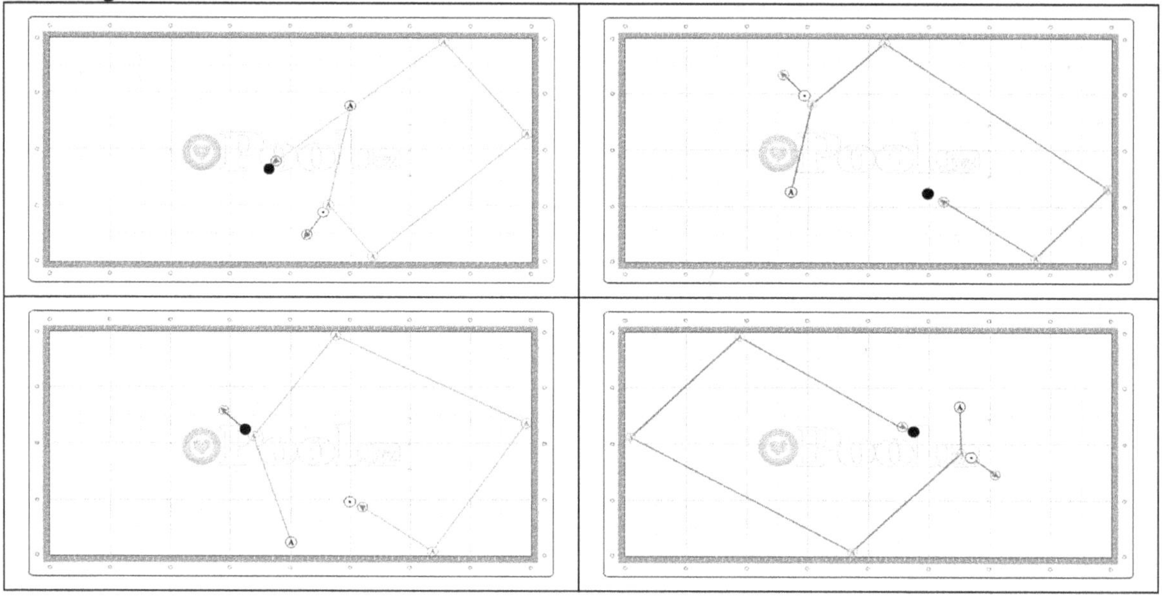

Analyysi:

B:1a. ______________________________

B:1b. ______________________________

B:1c. ______________________________

B:1d. ______________________________

B:1a – Piirustus

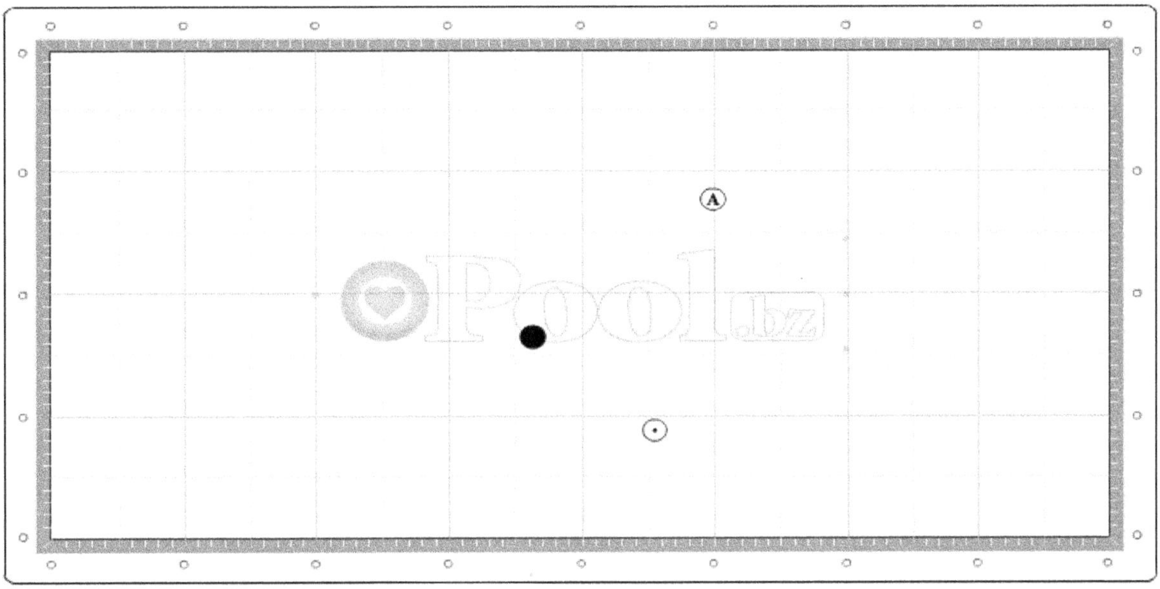

Huomautuksia ja ideoita:

Pallokuviota

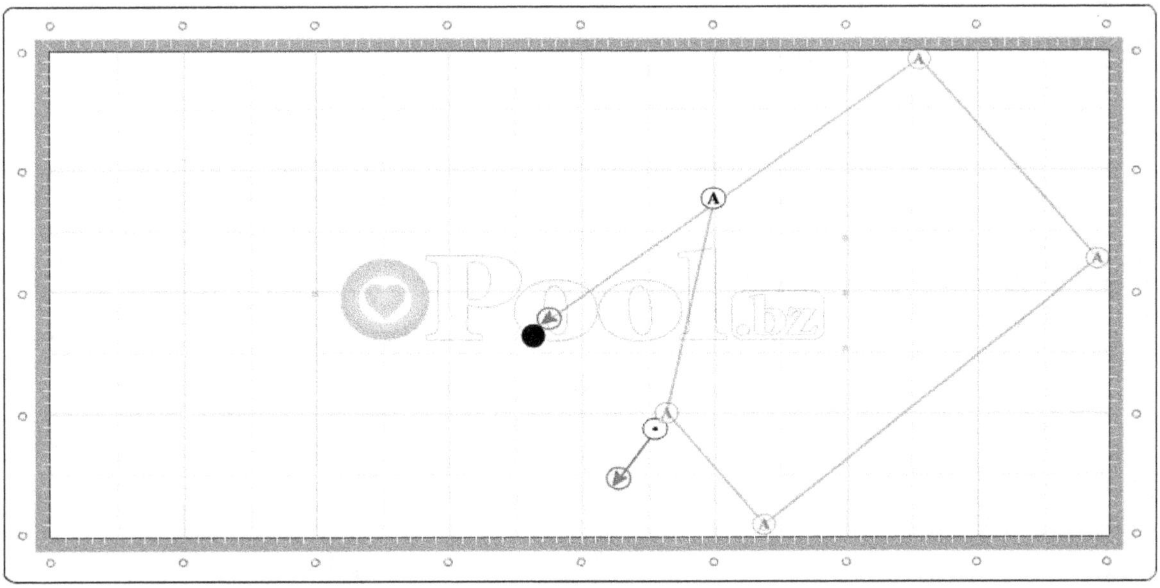

B:1b – Piirustus

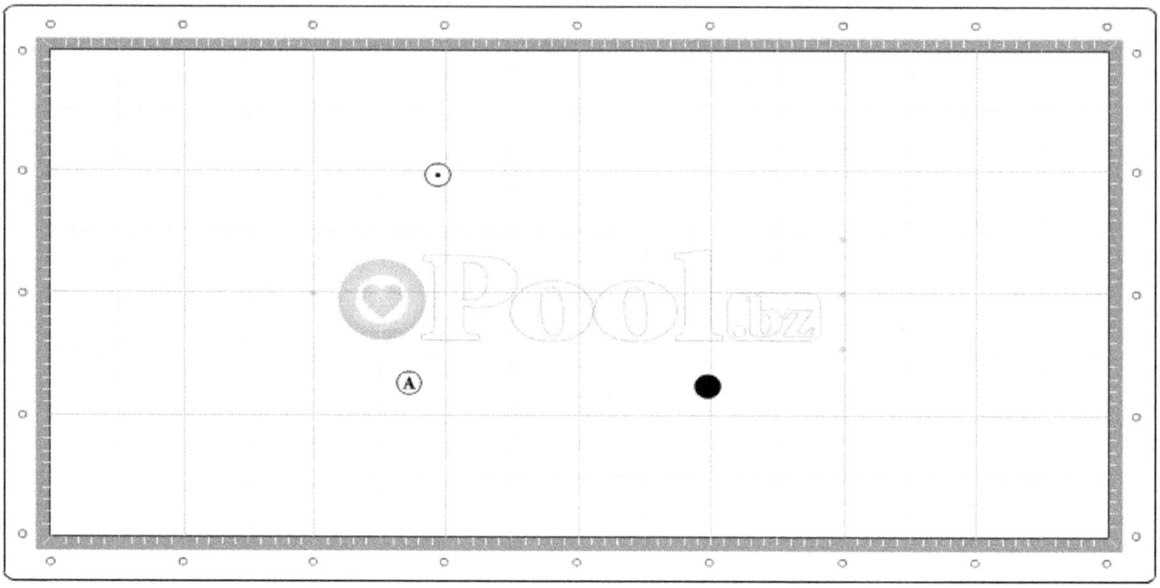

Huomautuksia ja ideoita:

Pallokuviota

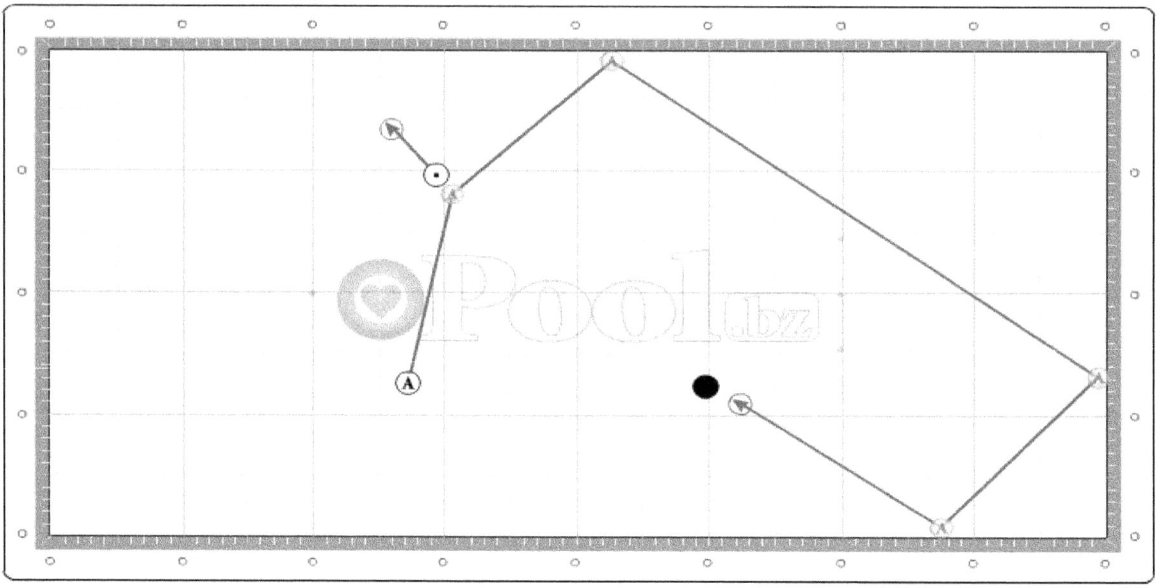

B:1c – Piirustus

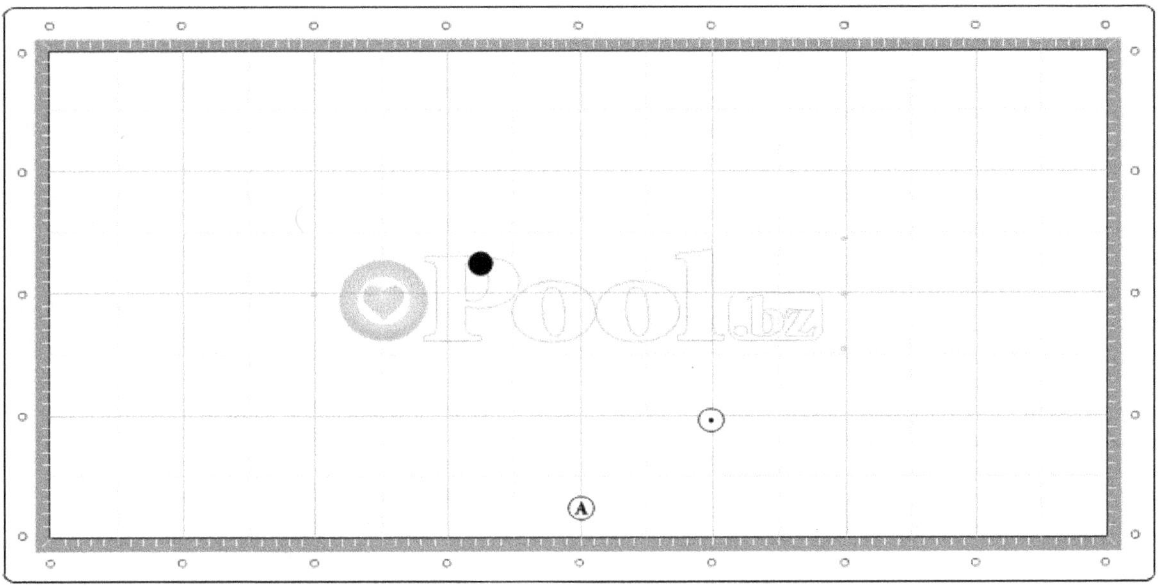

Huomautuksia ja ideoita:

Pallokuviota

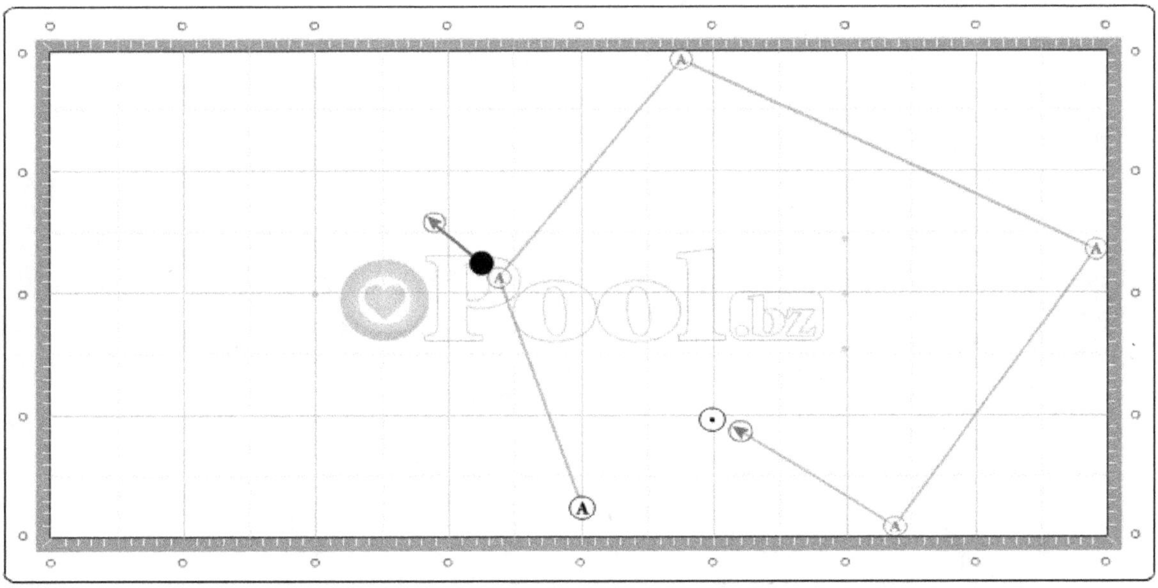

B:1d – Piirustus

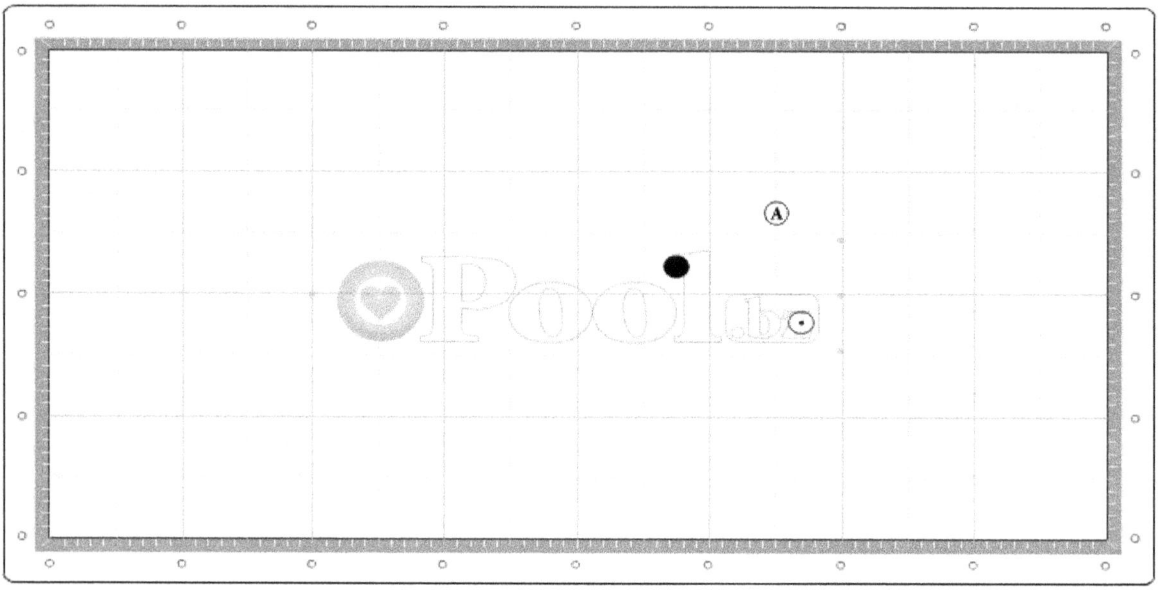

Huomautuksia ja ideoita:

Pallokuviota

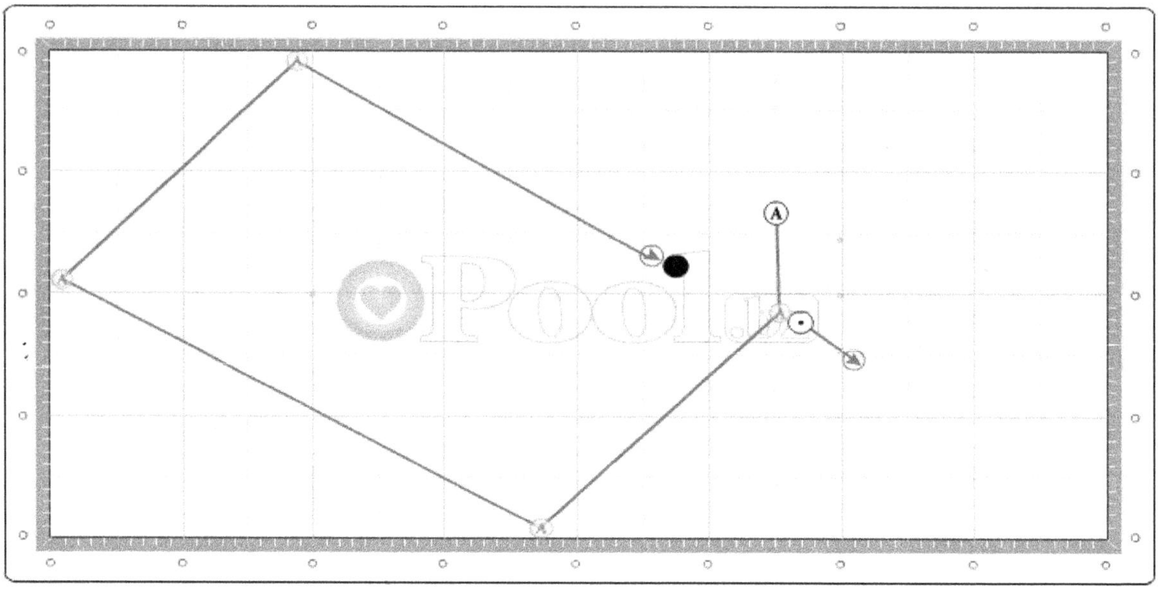

B: Ryhmä 2

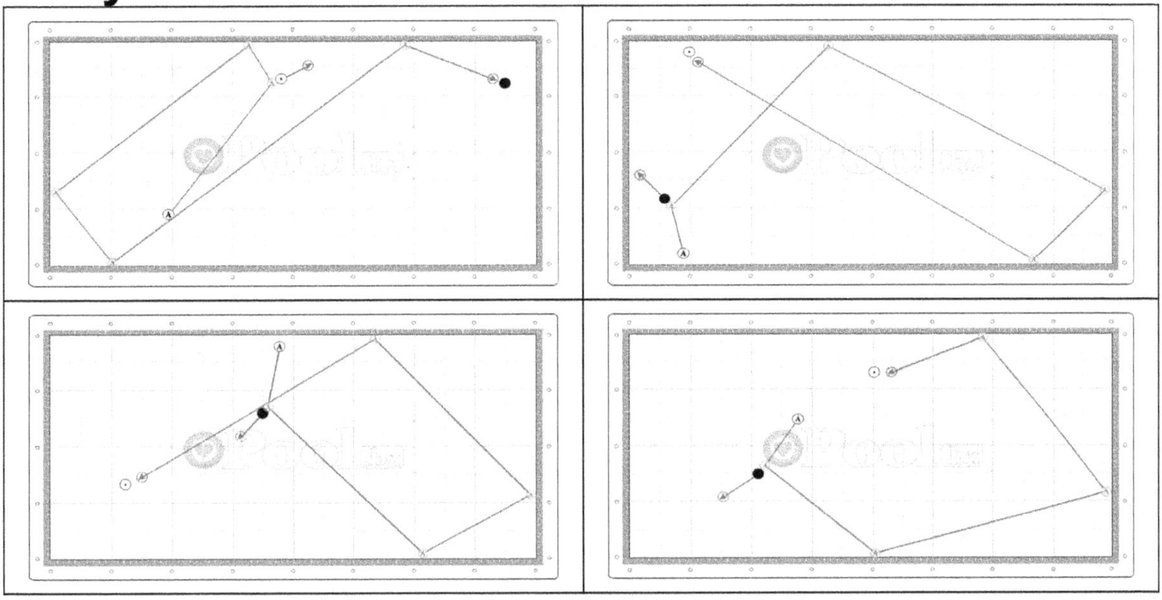

Analyysi:

B:2a. ____

B:2b. ____

B:2c. ____

B:2d. ____

B:2a – Piirustus

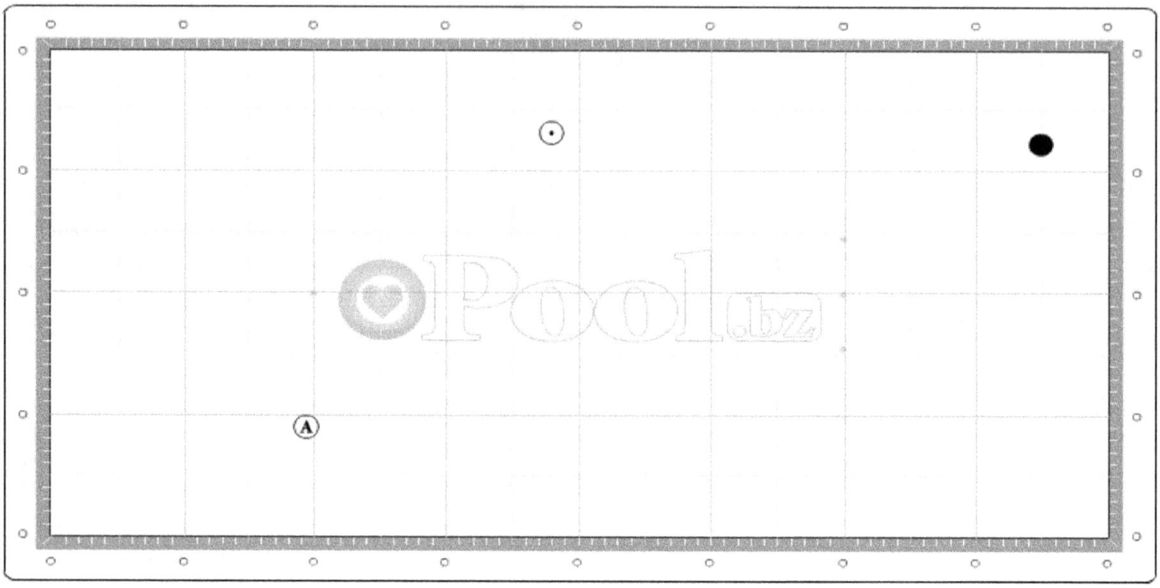

Huomautuksia ja ideoita:

Pallokuviota

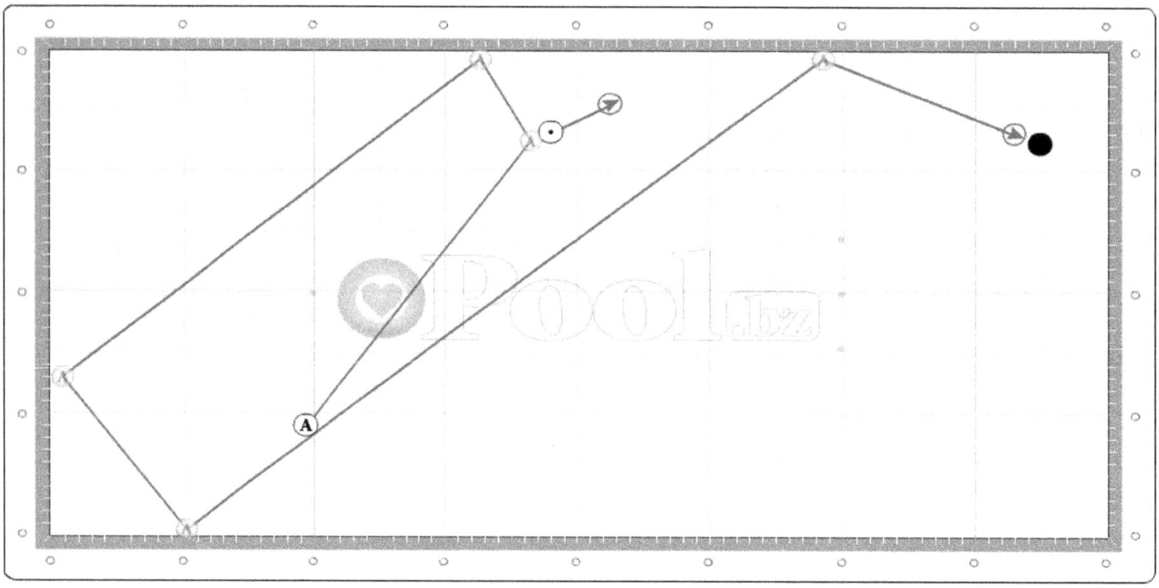

B:2b – Piirustus

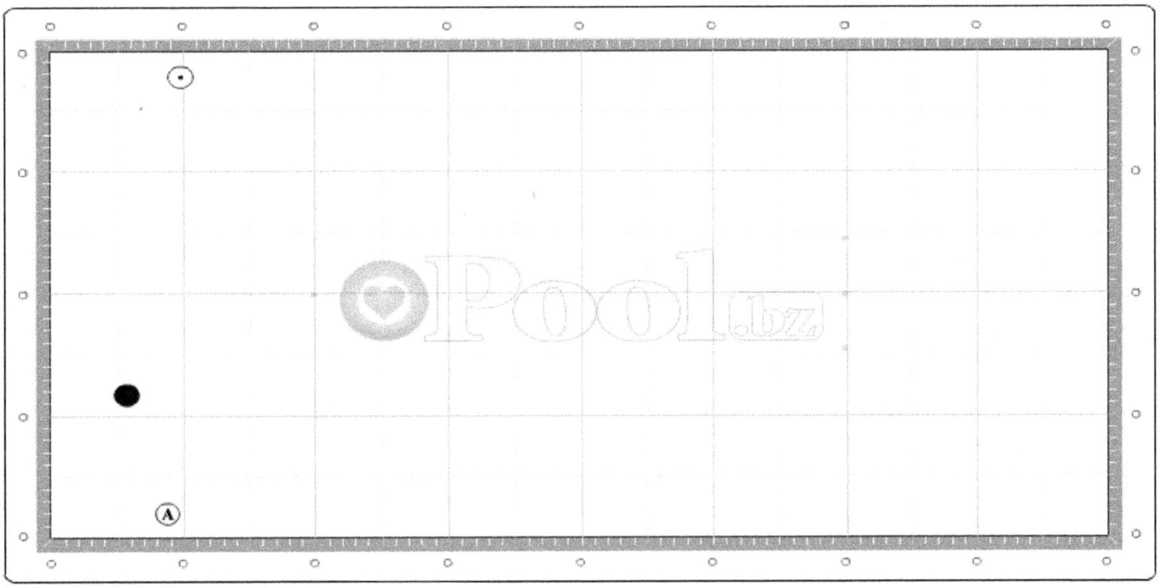

Huomautuksia ja ideoita:

Pallokuviota

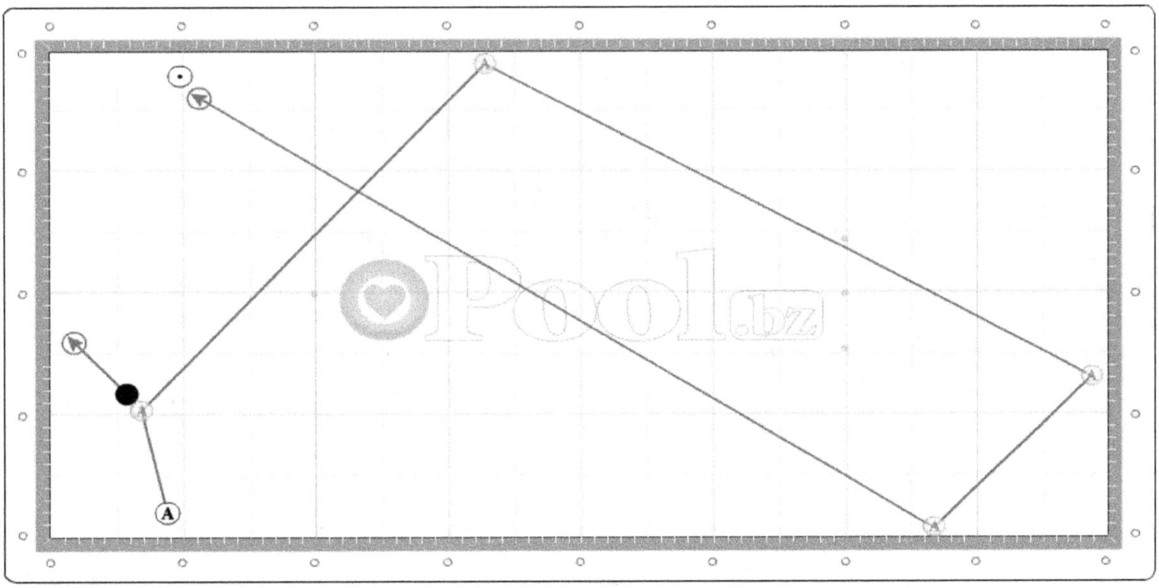

B:2c – Piirustus

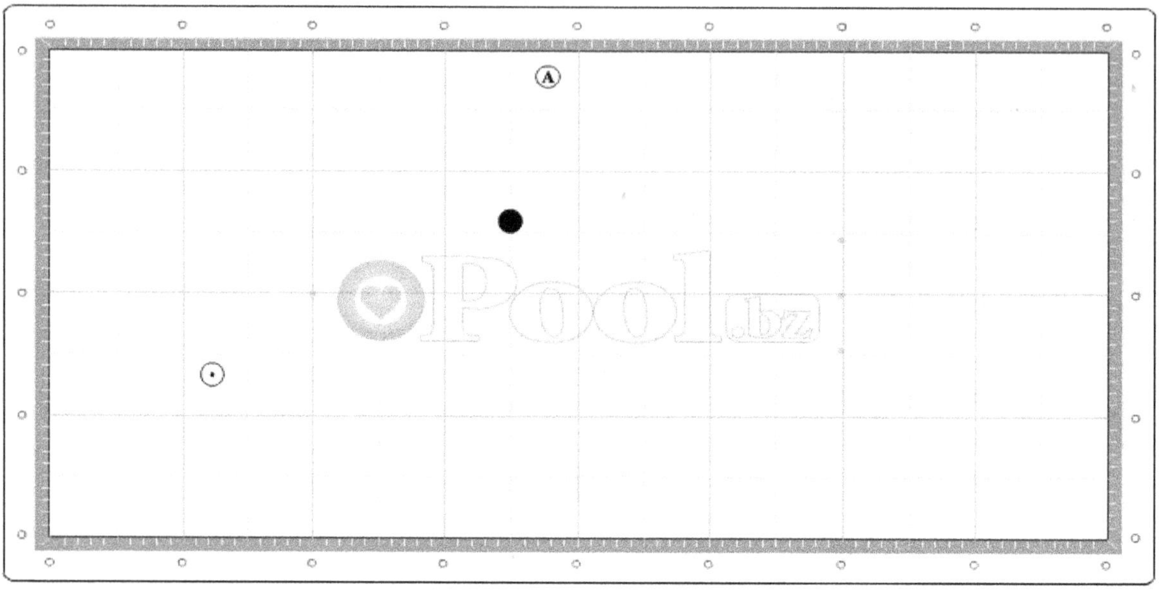

Huomautuksia ja ideoita:

Pallokuviota

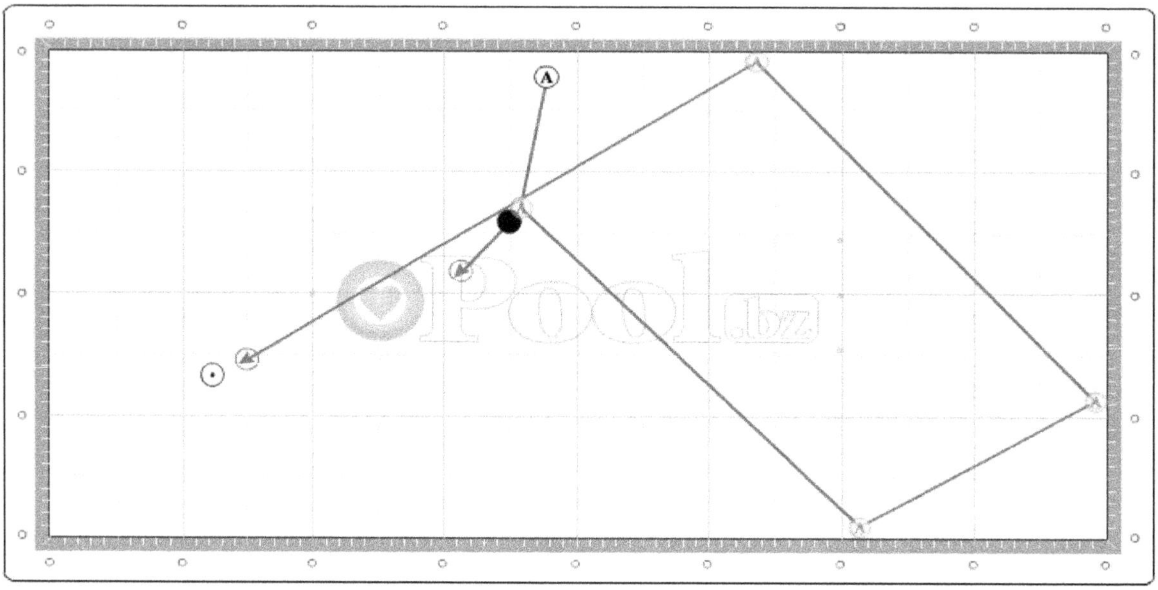

B:2d – Piirustus

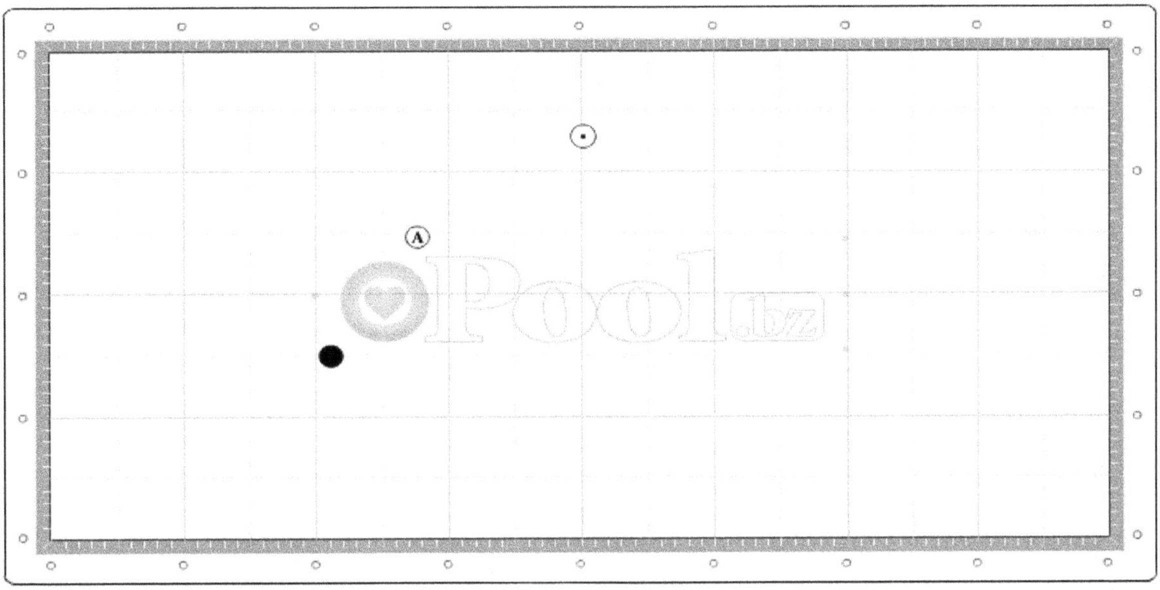

Huomautuksia ja ideoita:

Pallokuviota

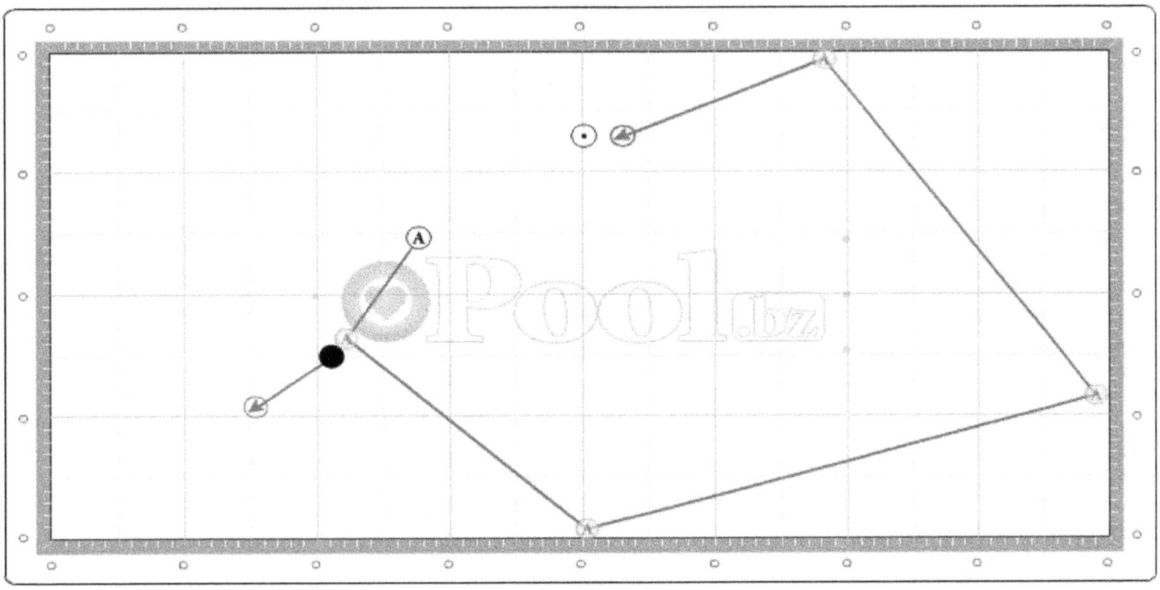

B: Ryhmä 3

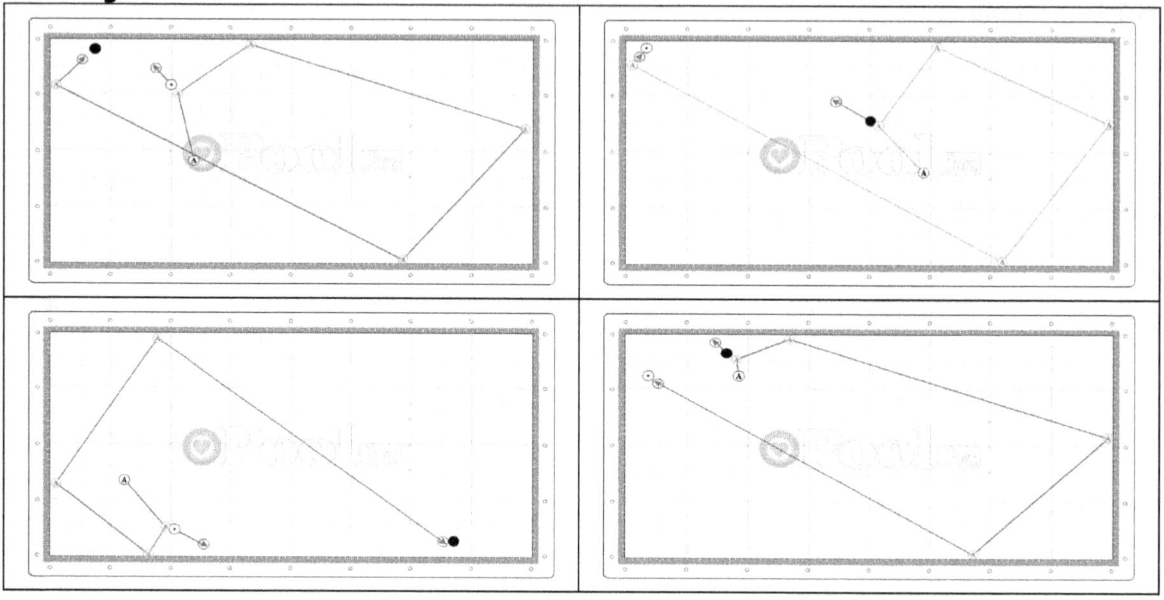

Analyysi:

B:3a. ____

B:3b. ____

B:3c. ____

B:3d. ____

B:3a – Piirustus

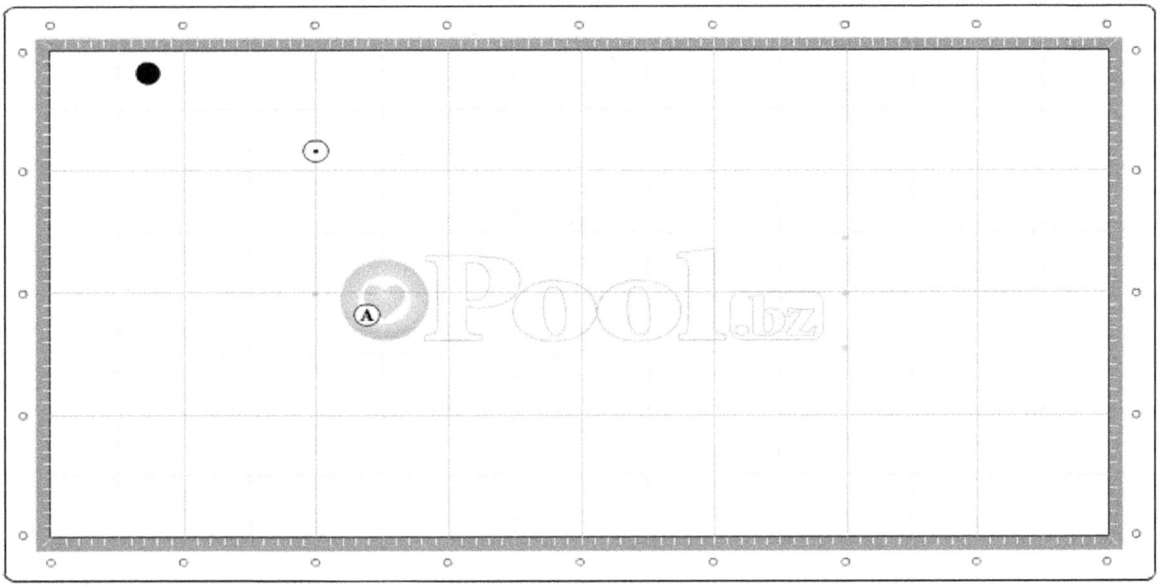

Huomautuksia ja ideoita:

Pallokuviota

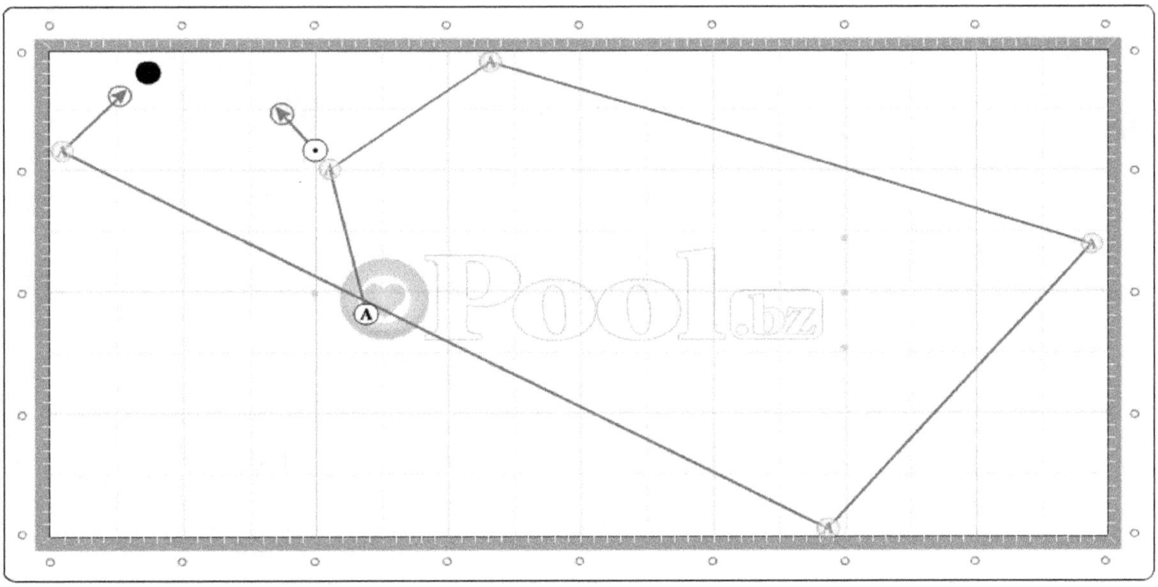

B:3b – Piirustus

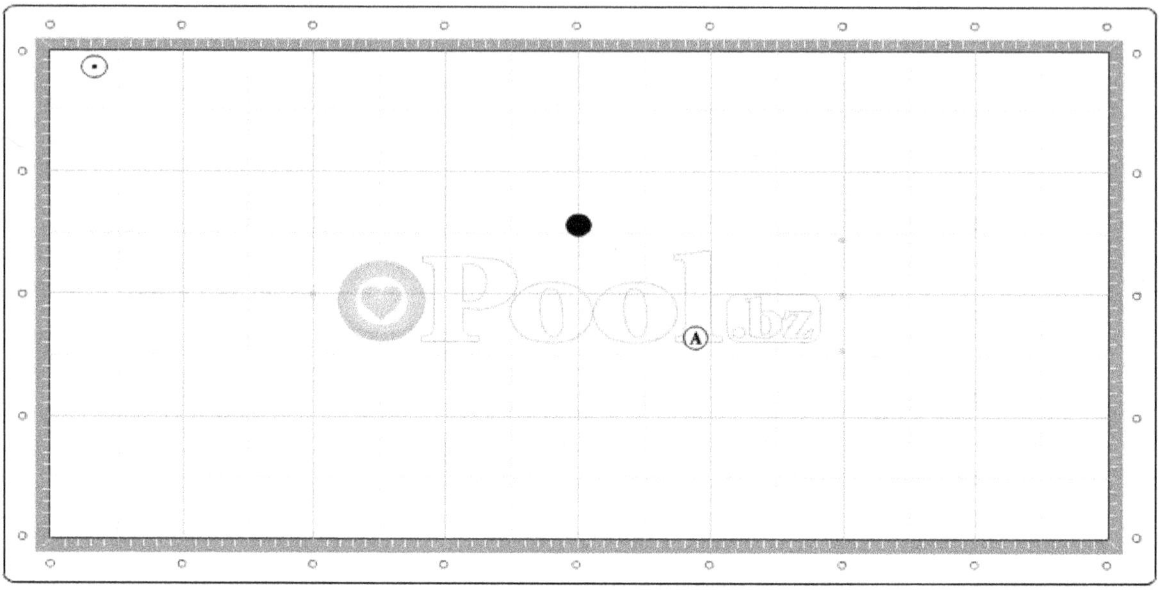

Huomautuksia ja ideoita:

Pallokuviota

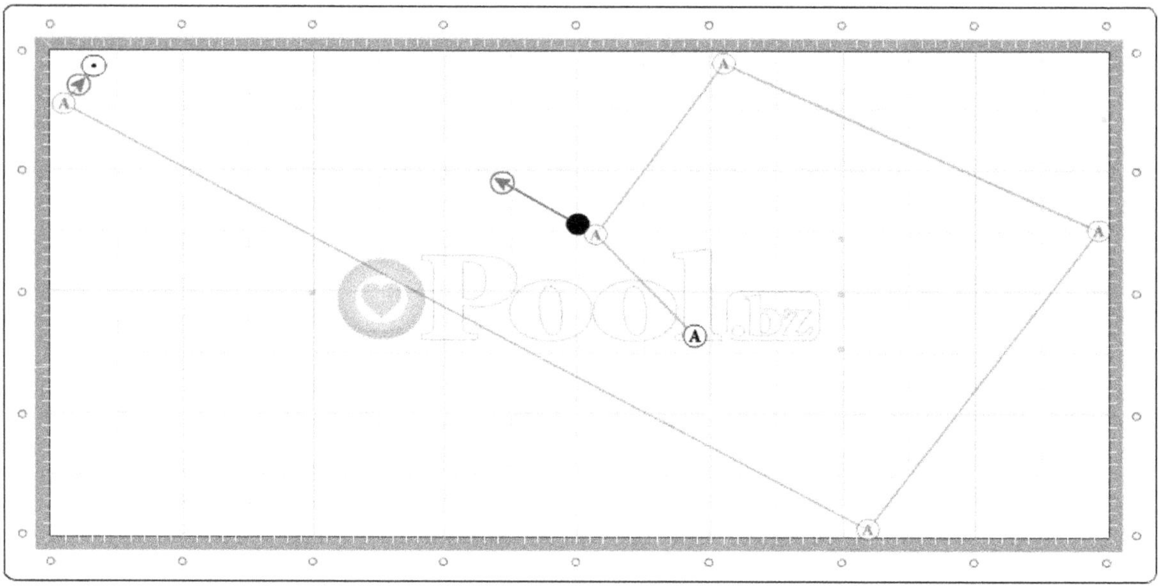

B:3c – Piirustus

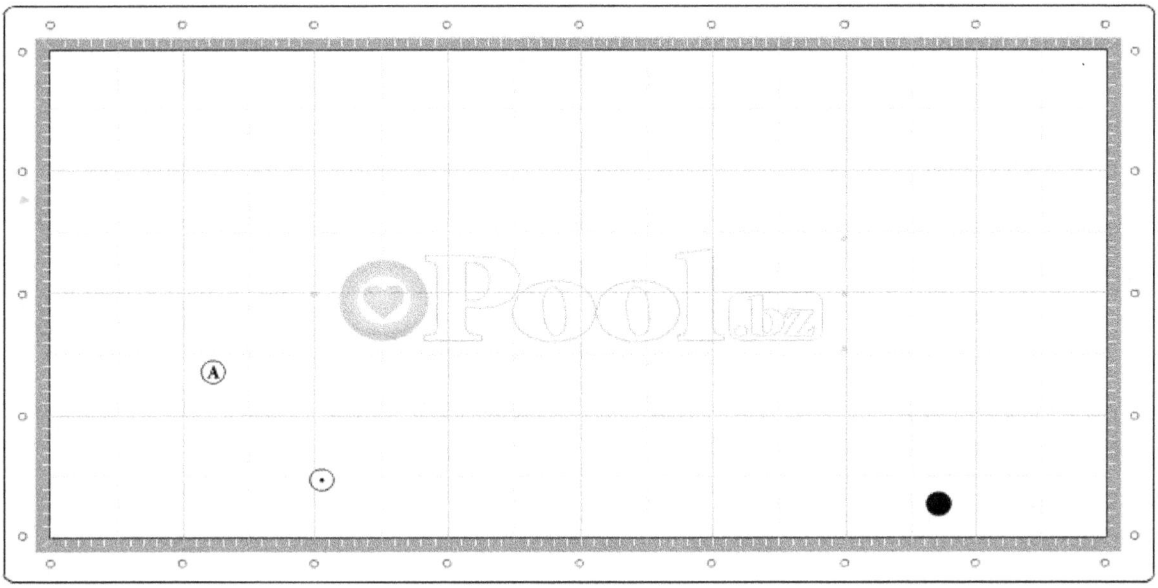

Huomautuksia ja ideoita:

Pallokuviota

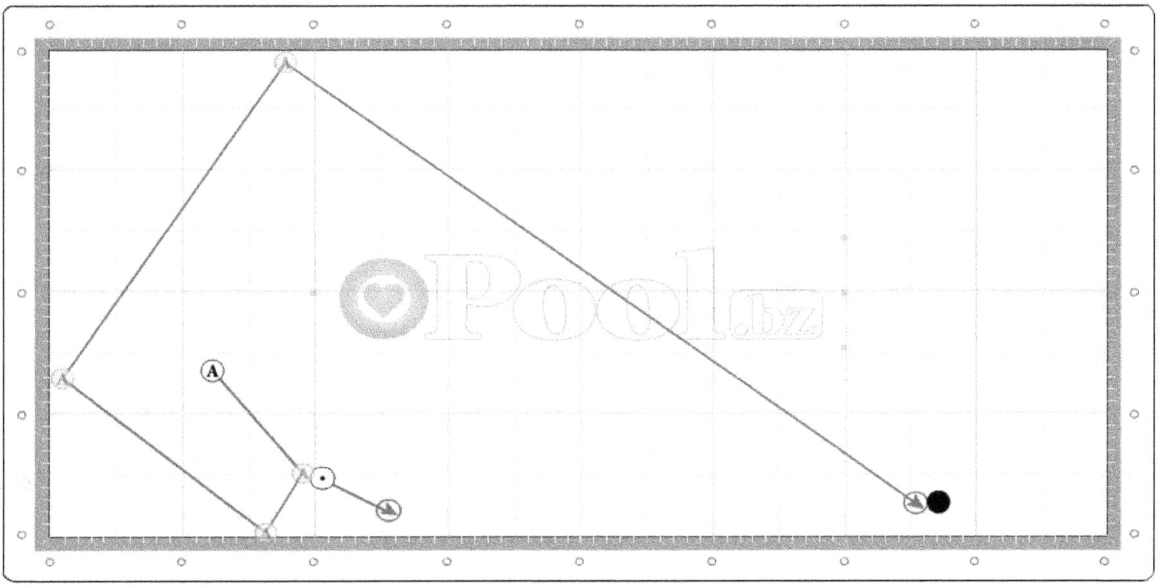

B:3d – Piirustus

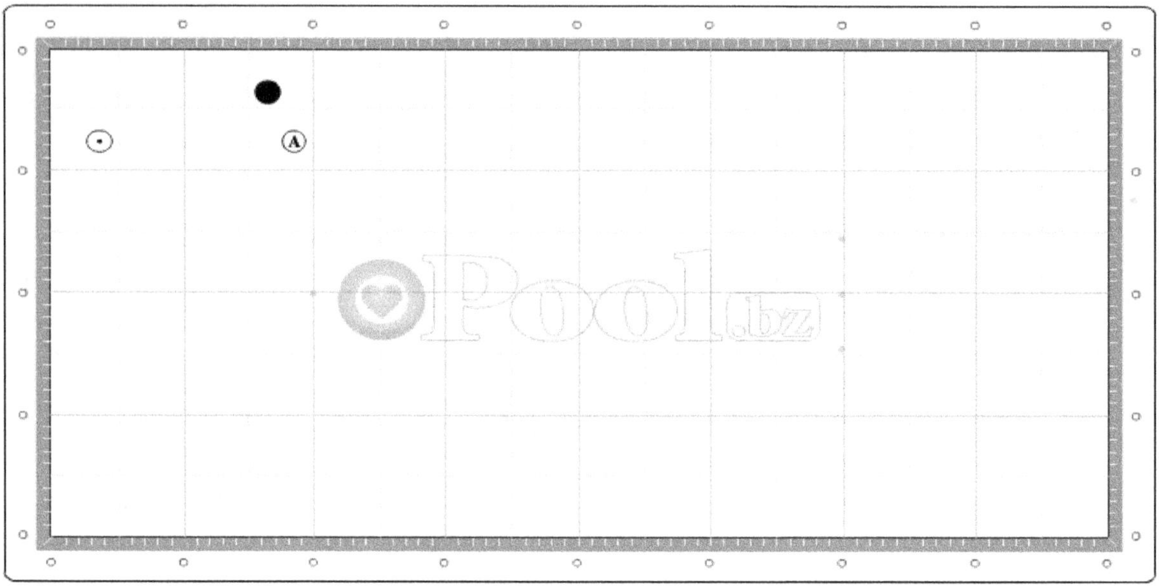

Huomautuksia ja ideoita:

Pallokuviota

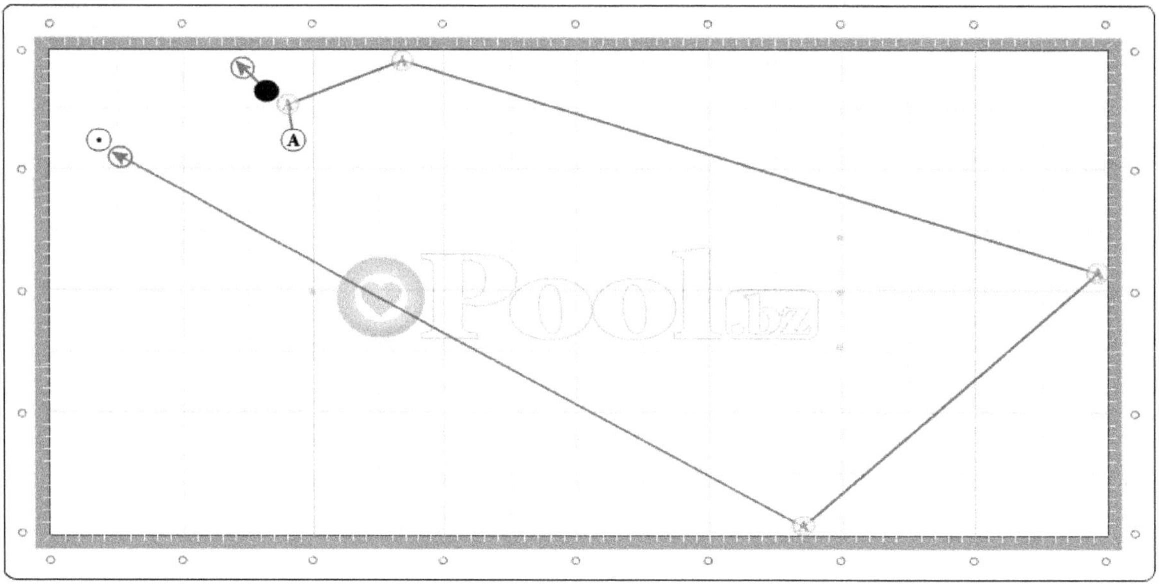

B: Ryhmä 4

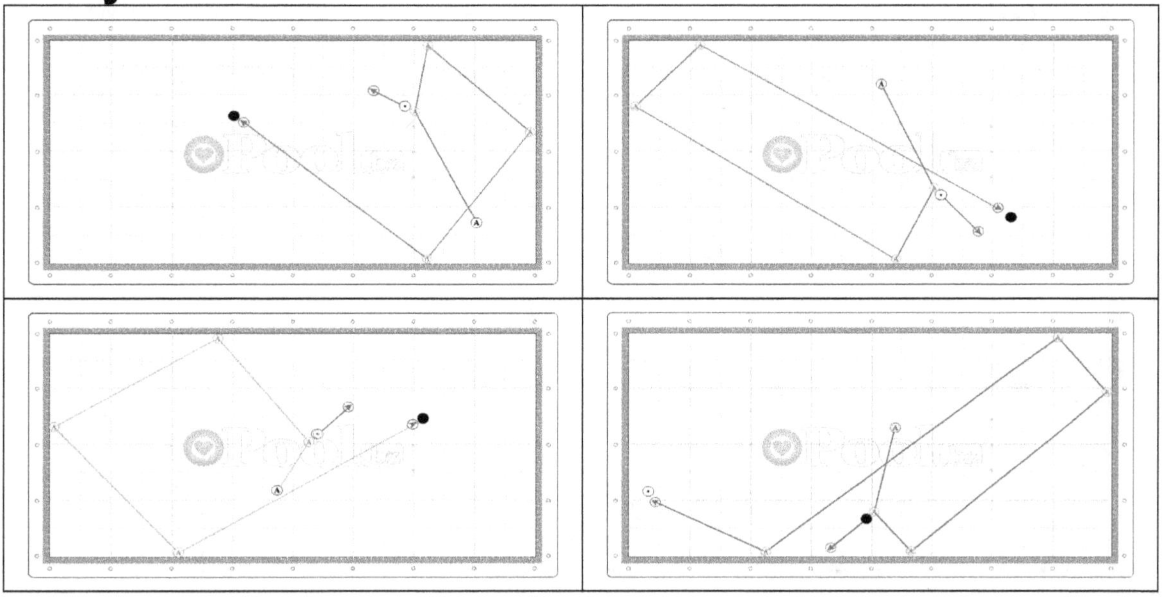

Analyysi:

B:4a. ____

B:4b. ____

B:4c. ____

B:4d. ____

B:4a – Piirustus

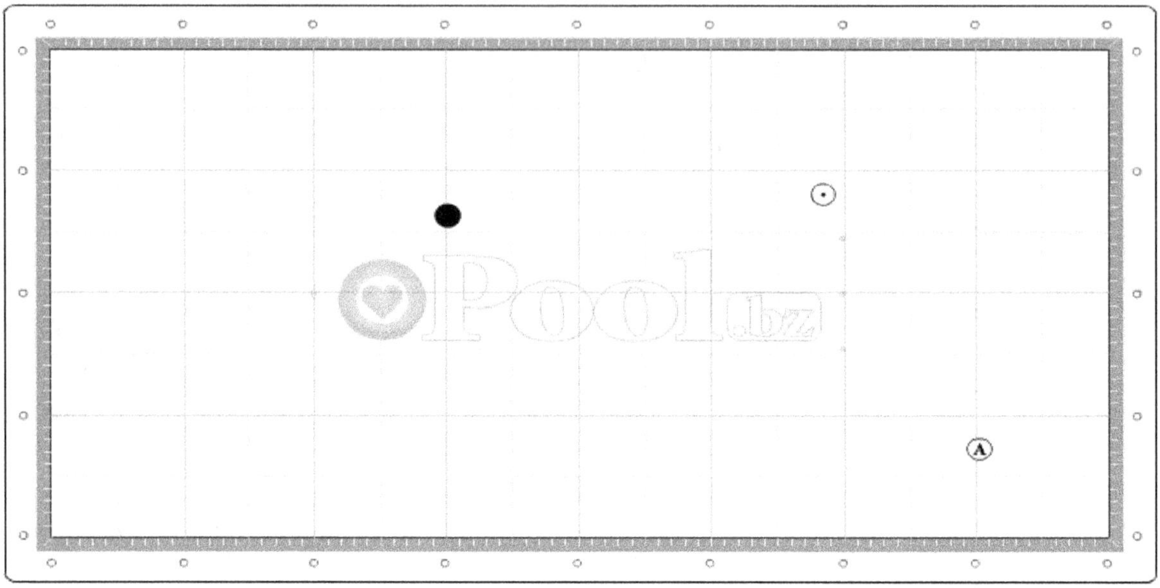

Huomautuksia ja ideoita:

Pallokuviota

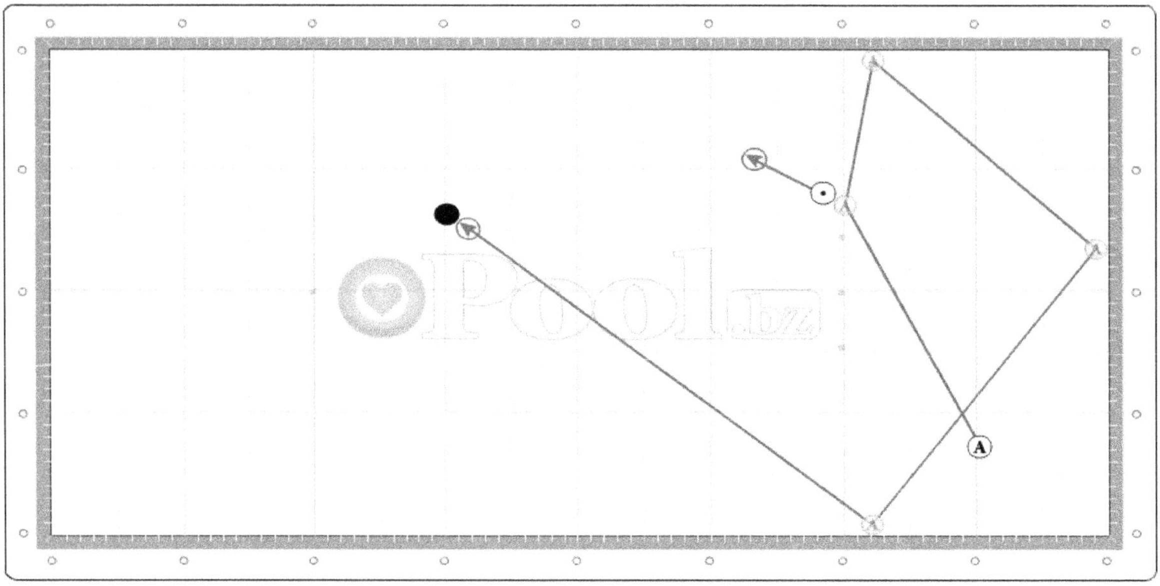

B:4b – Piirustus

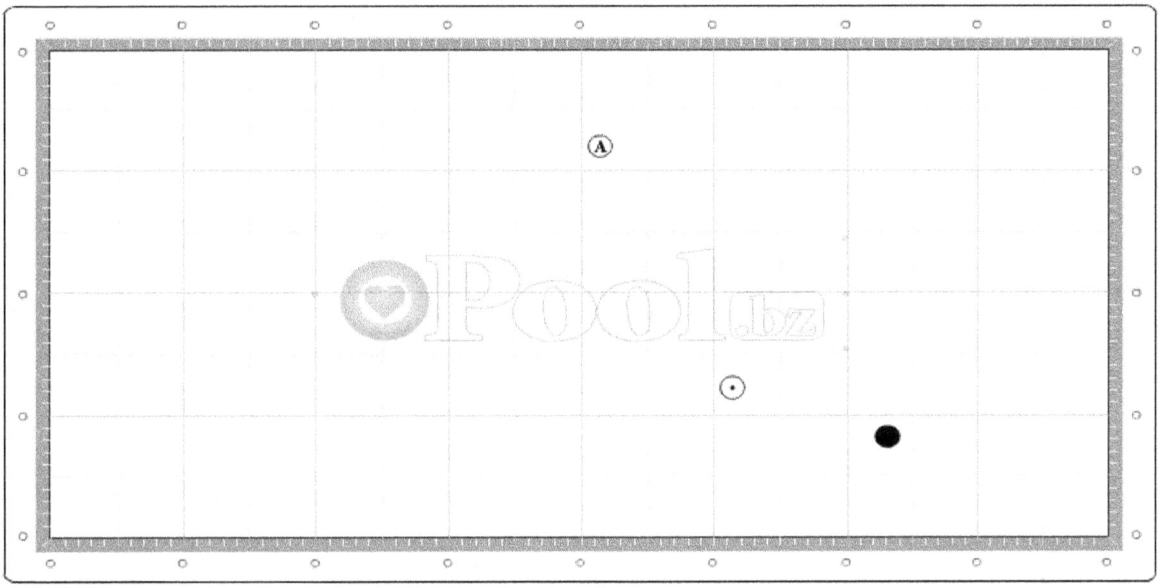

Huomautuksia ja ideoita:

Pallokuviota

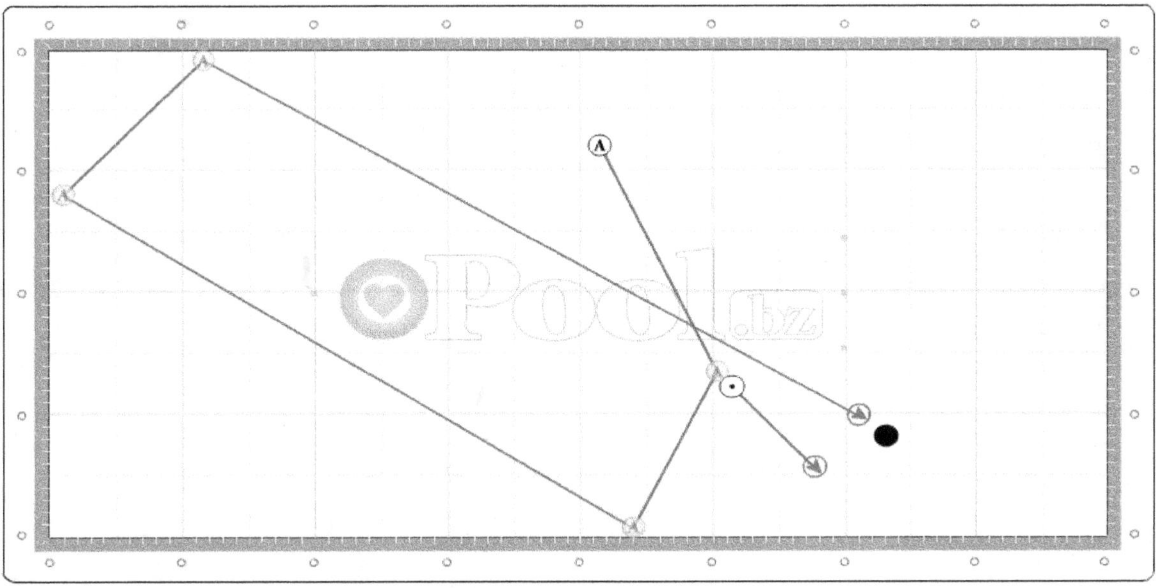

B:4c – Piirustus

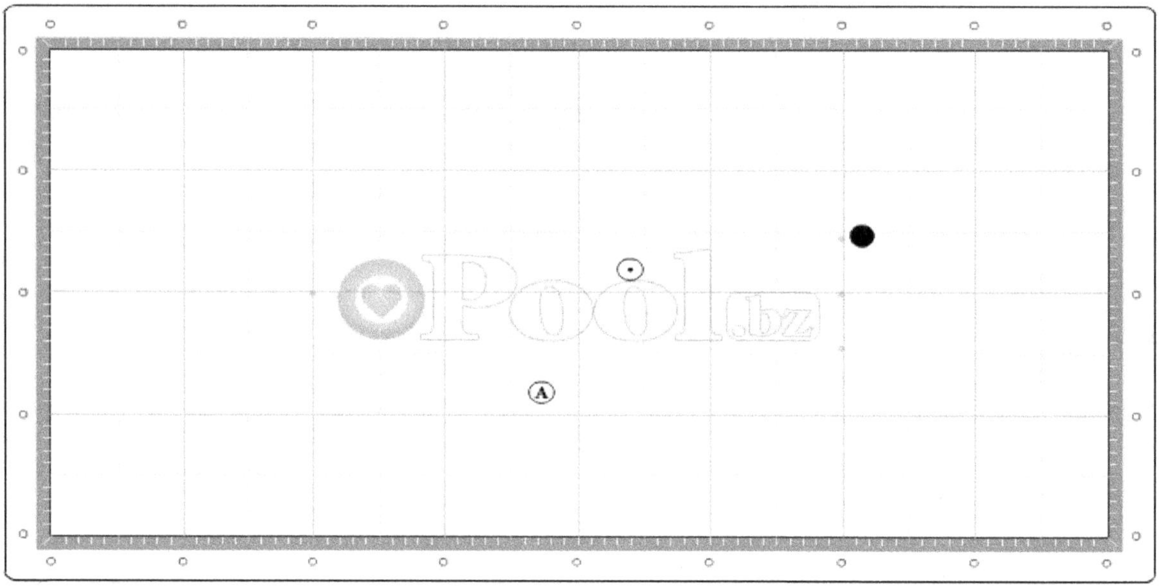

Huomautuksia ja ideoita:

Pallokuviota

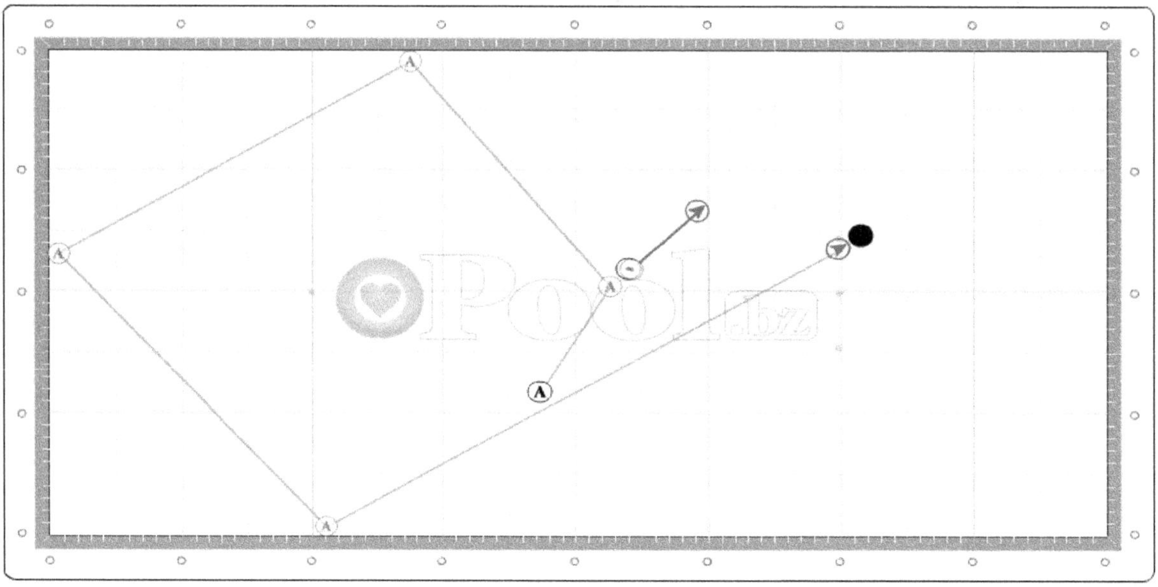

B:4d – Piirustus

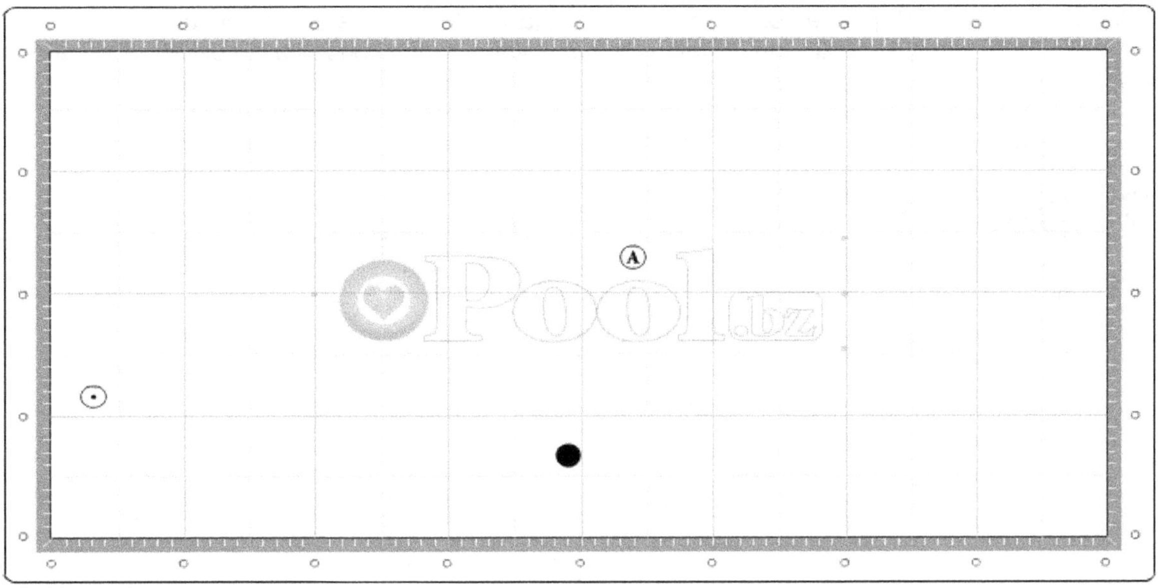

Huomautuksia ja ideoita:

Pallokuviota

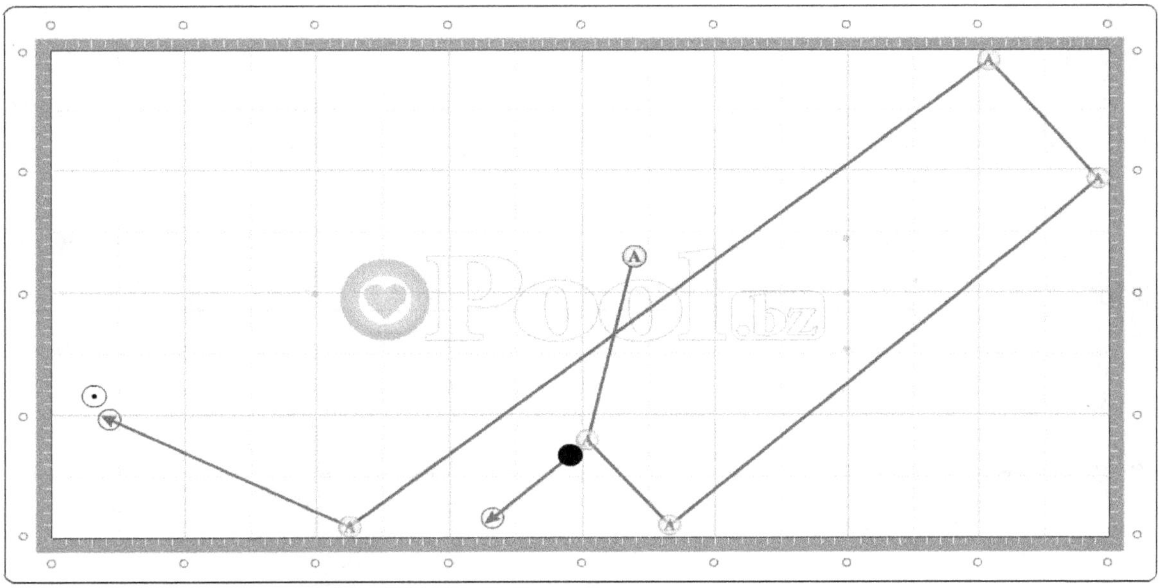

C: Laajennettu jalka

Näissä tilanteissa (CB) pääsee ensimmäiseen (OB) ja aloittaa standardin maailmankuvion ympärillä. (CB) siirtyy kotikulmaan. Sitten tulee kaksi vallin aloituskohdasta ja koskettaa toista (OB).

Ⓐ (CB) (sinun biljardipallo) – ⊙ (OB) (vastustaja biljardipallo) – ● (OB) (punainen biljardipallo)

C: Ryhmä 1

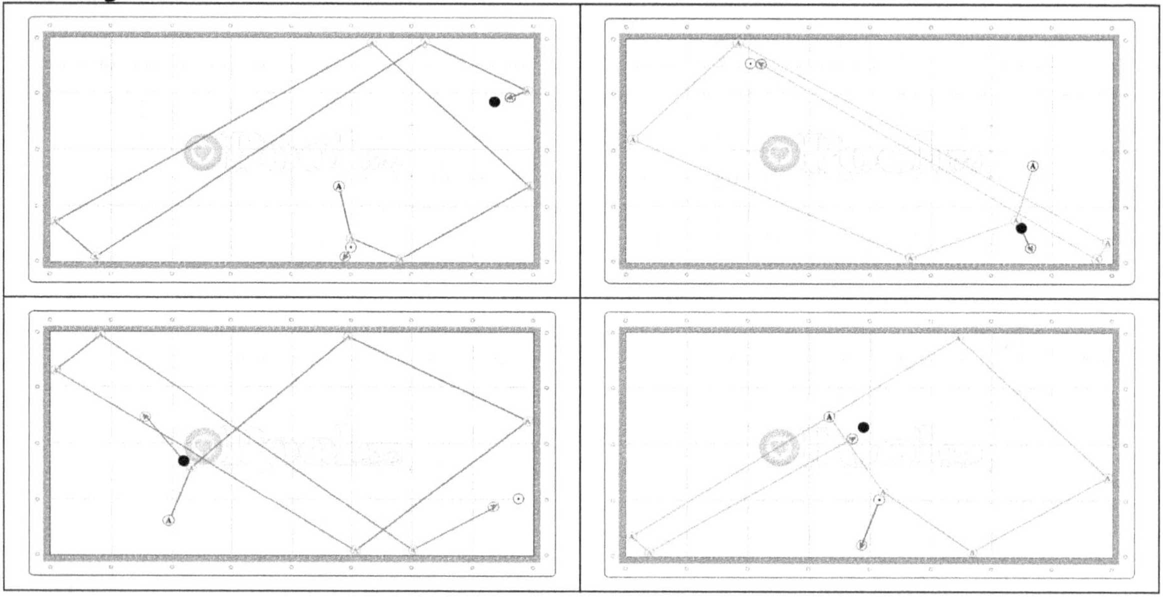

Analyysi:

C:1a. ______________________________

C:1b. ______________________________

C:1c. ______________________________

C:1d. ______________________________

C:1a – Piirustus

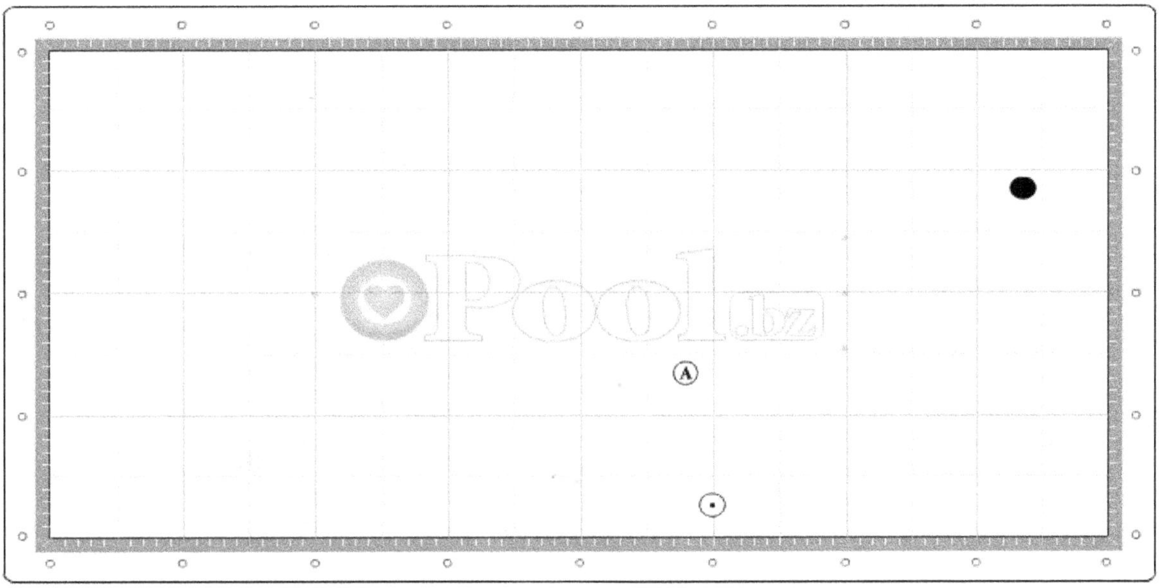

Huomautuksia ja ideoita:

Pallokuviota

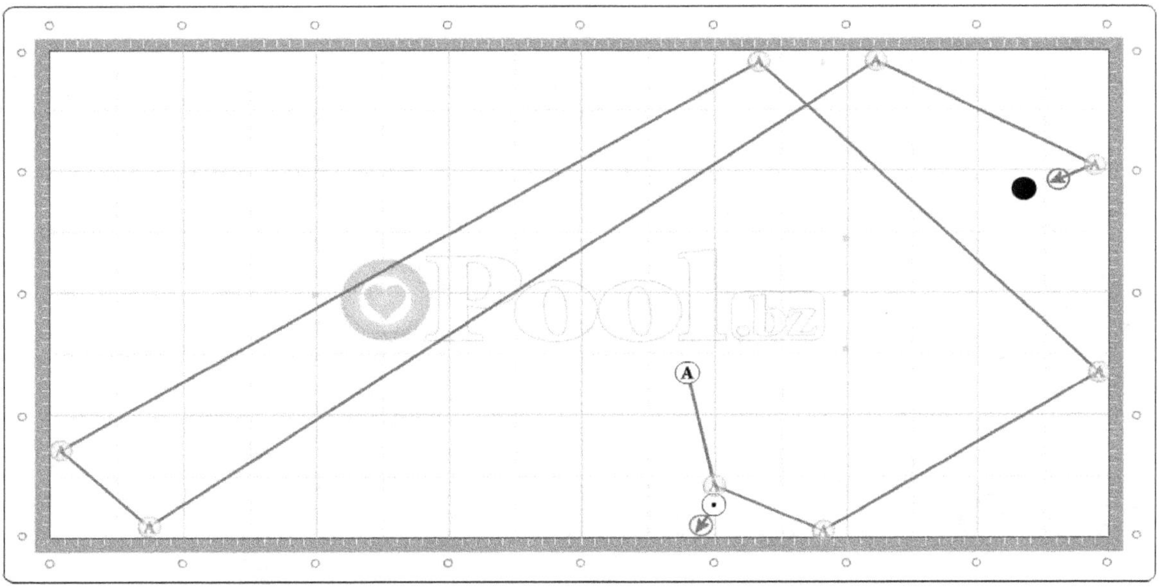

C:1b – Piirustus

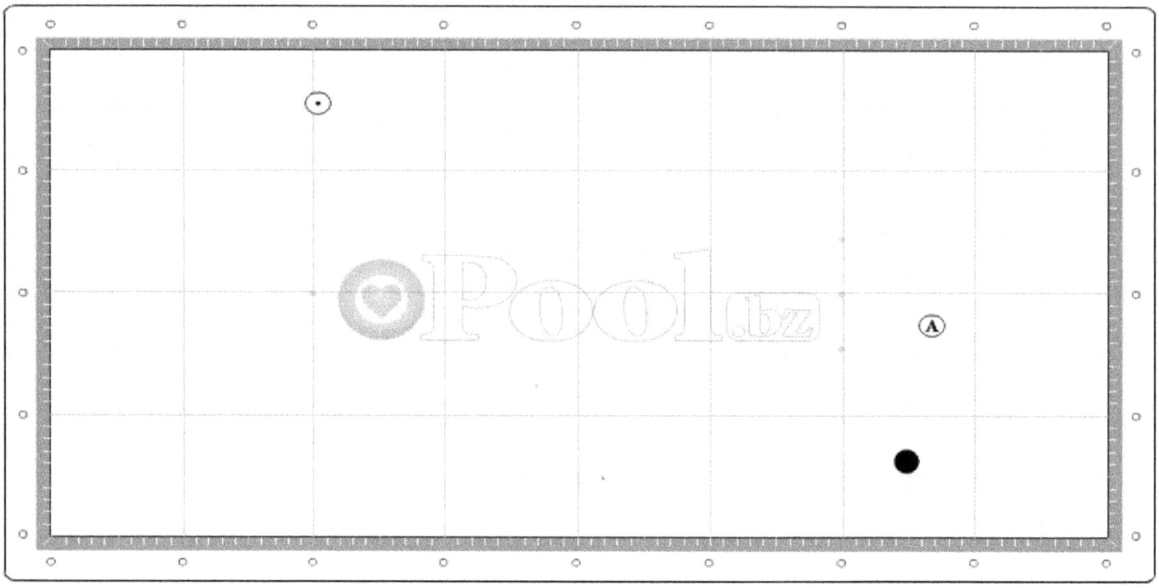

Huomautuksia ja ideoita:

Pallokuviota

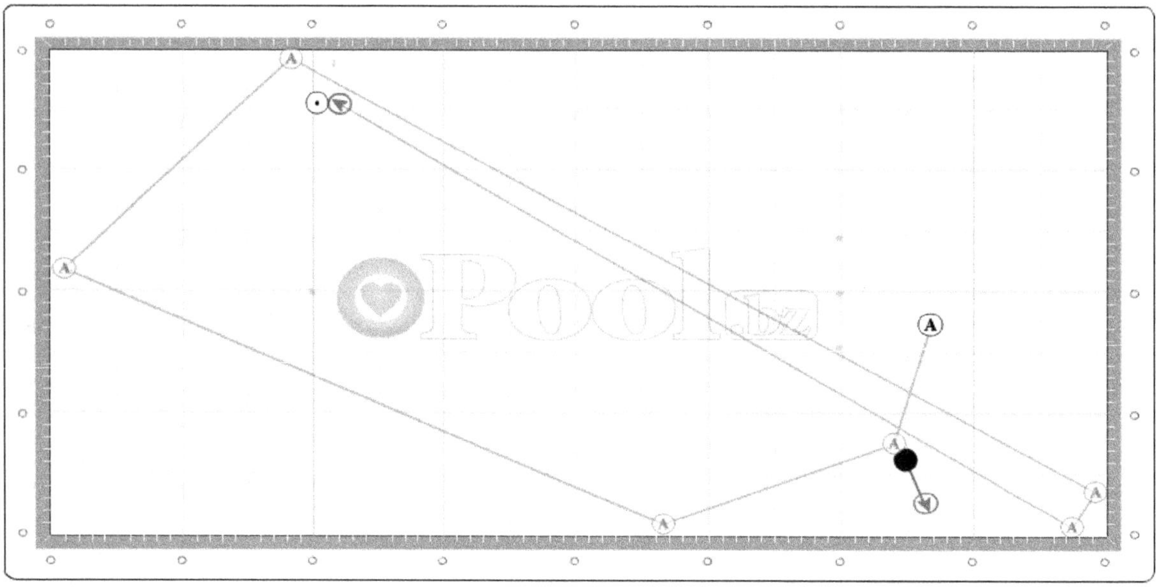

C:1c – Piirustus

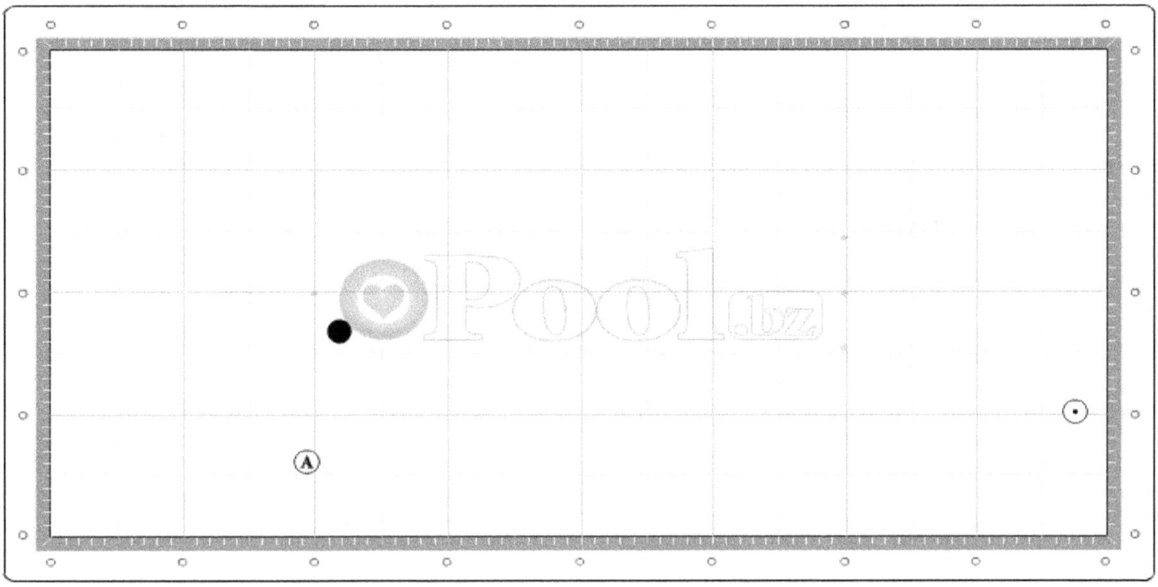

Huomautuksia ja ideoita:

Pallokuviota

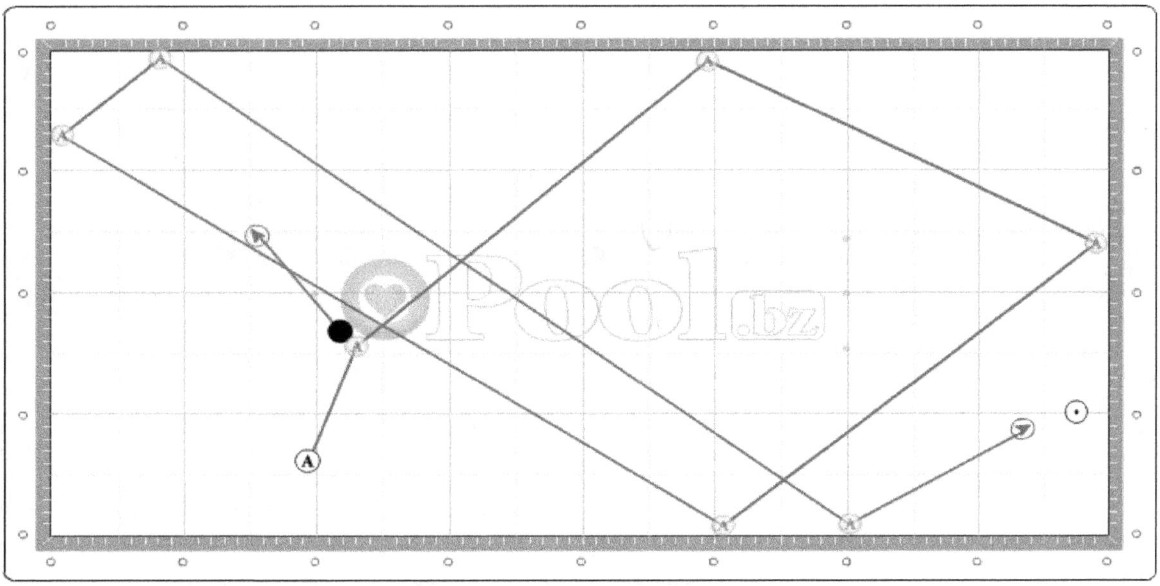

C:1d – Piirustus

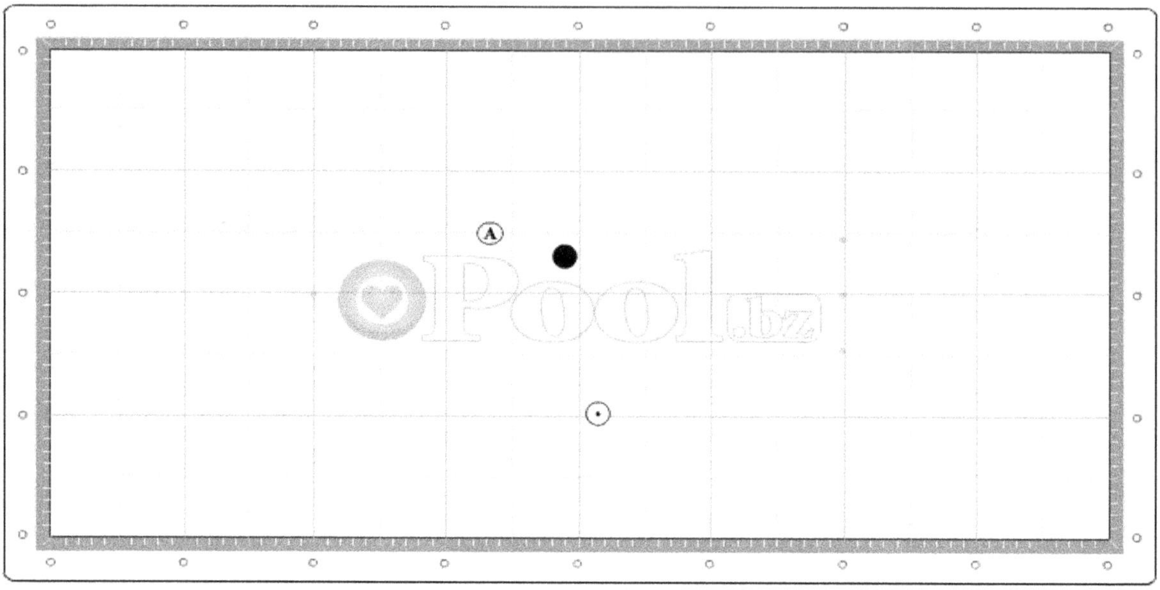

Huomautuksia ja ideoita:

Pallokuviota

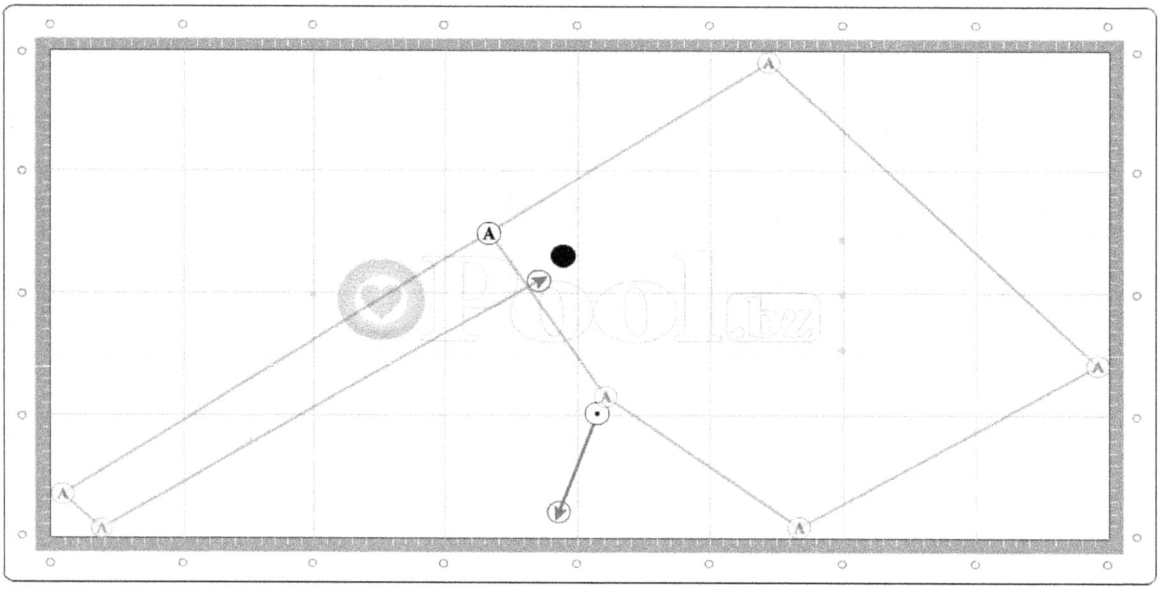

C: Ryhmä 2

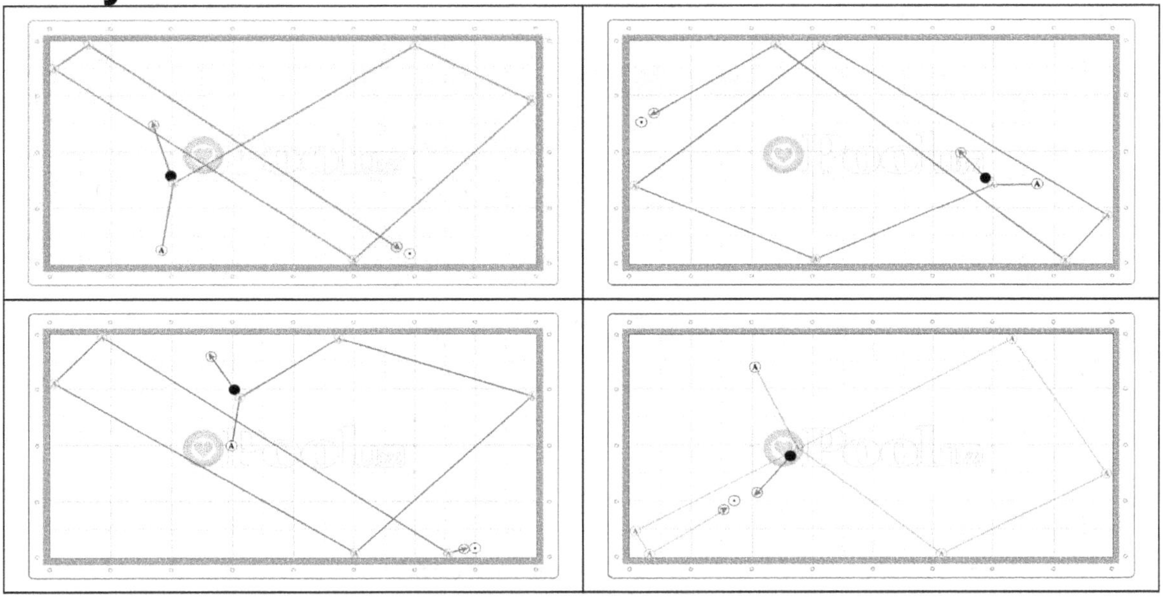

Analyysi:

C:2a. ______________________________

C:2b. ______________________________

C:2c. ______________________________

C:2d. ______________________________

C:2a – Piirustus

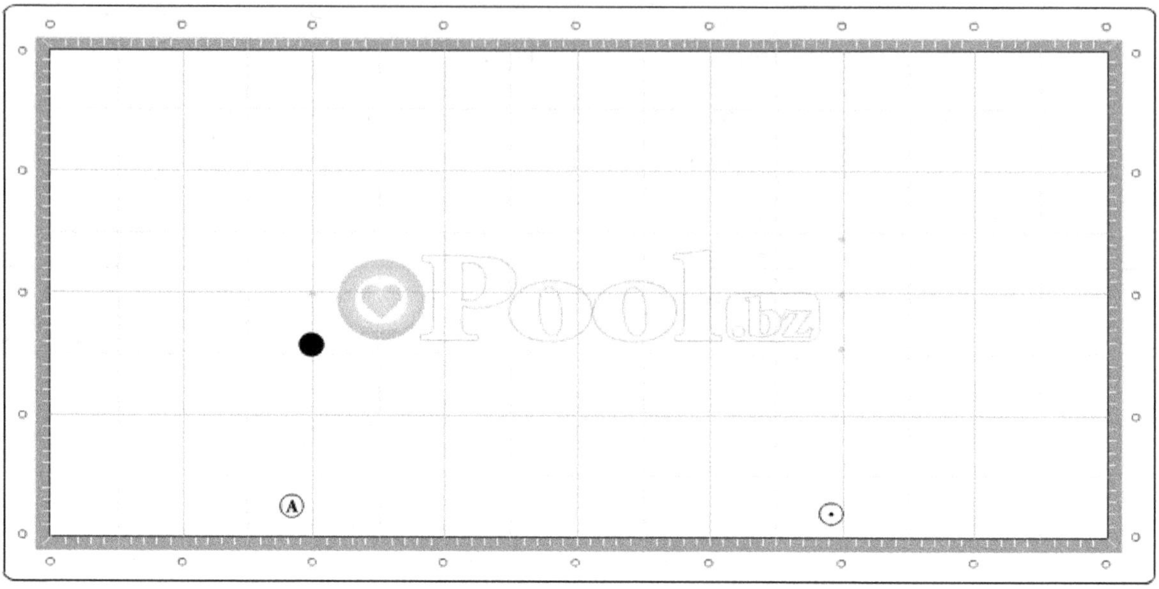

Huomautuksia ja ideoita:

Pallokuviota

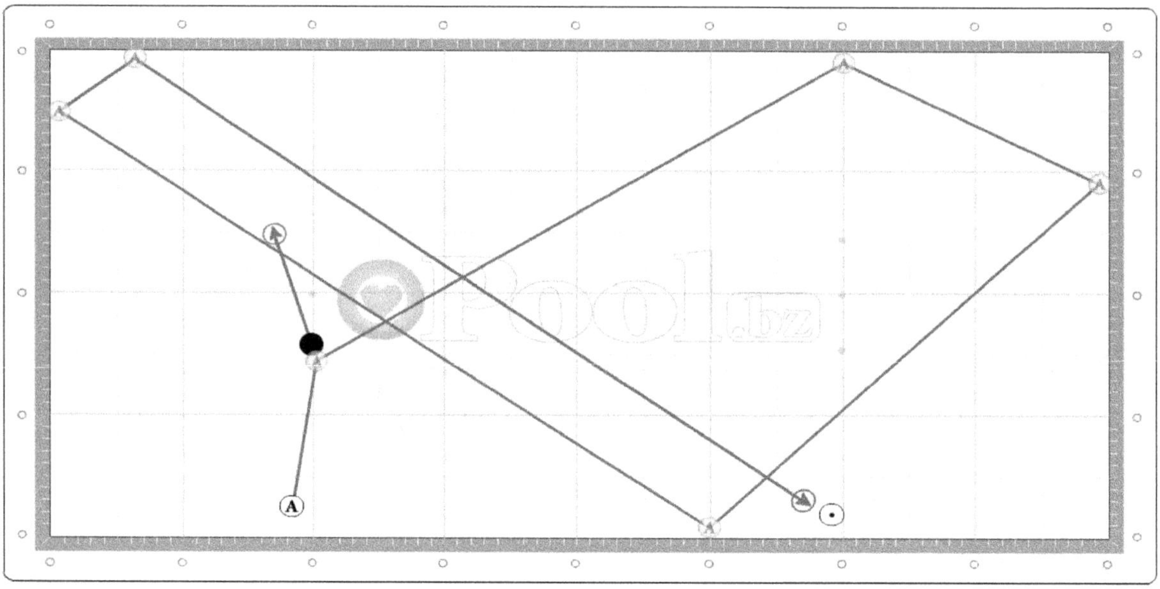

C:2b – Piirustus

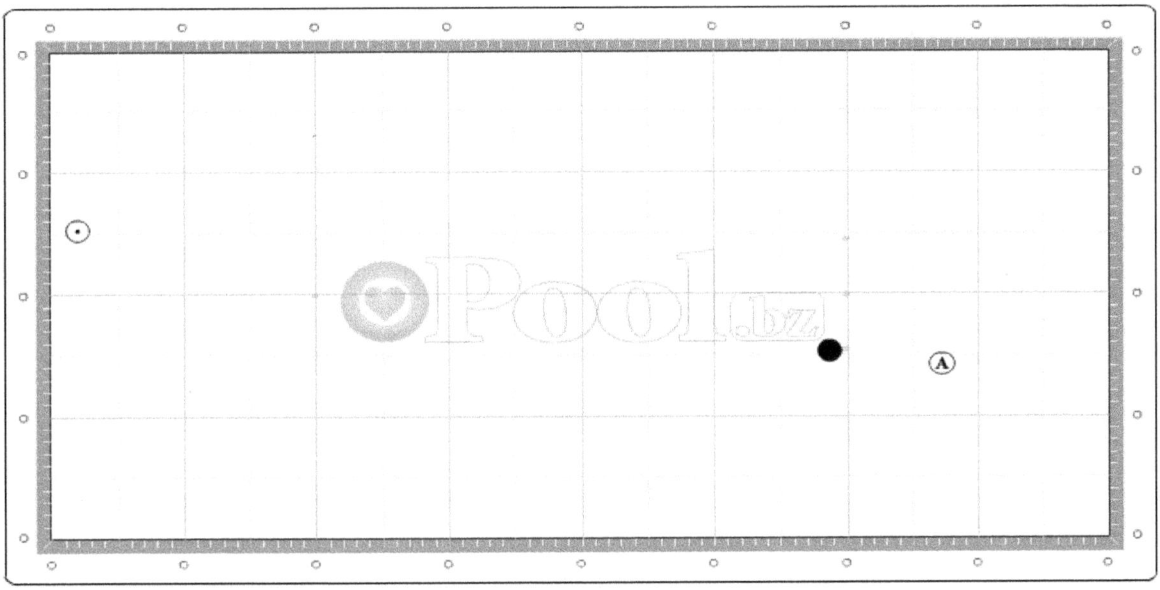

Huomautuksia ja ideoita:

Pallokuviota

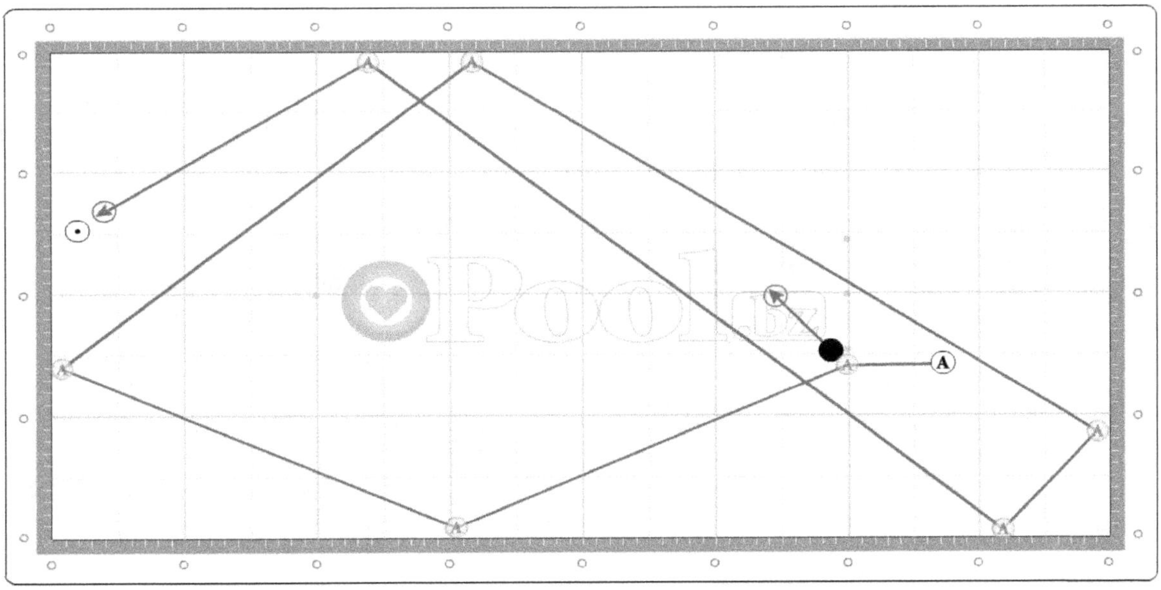

C:2c – Piirustus

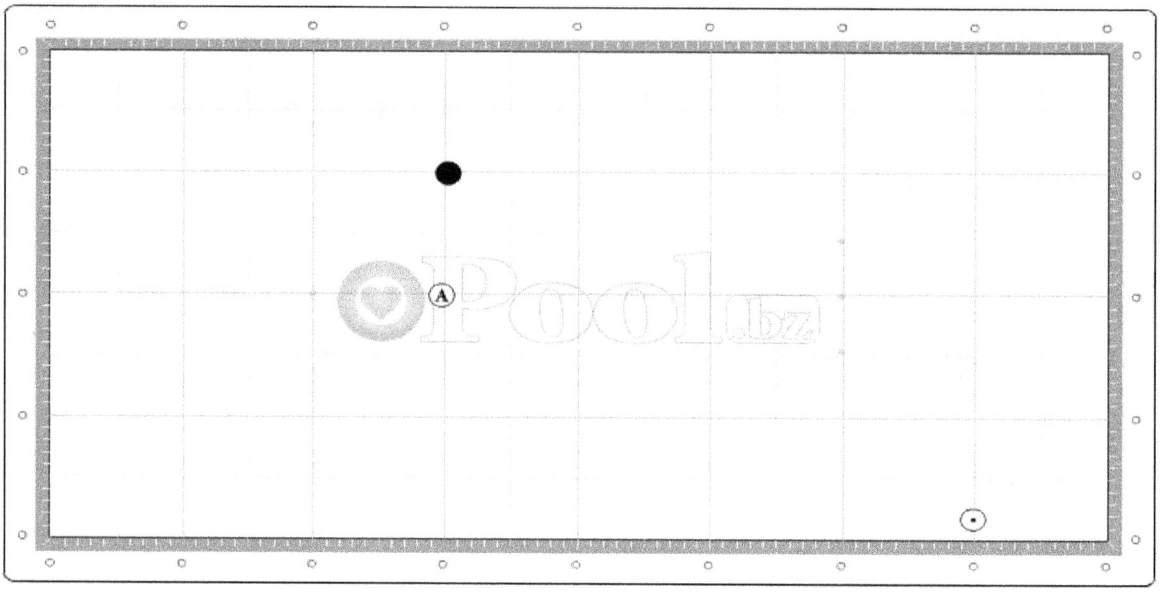

Huomautuksia ja ideoita:

Pallokuviota

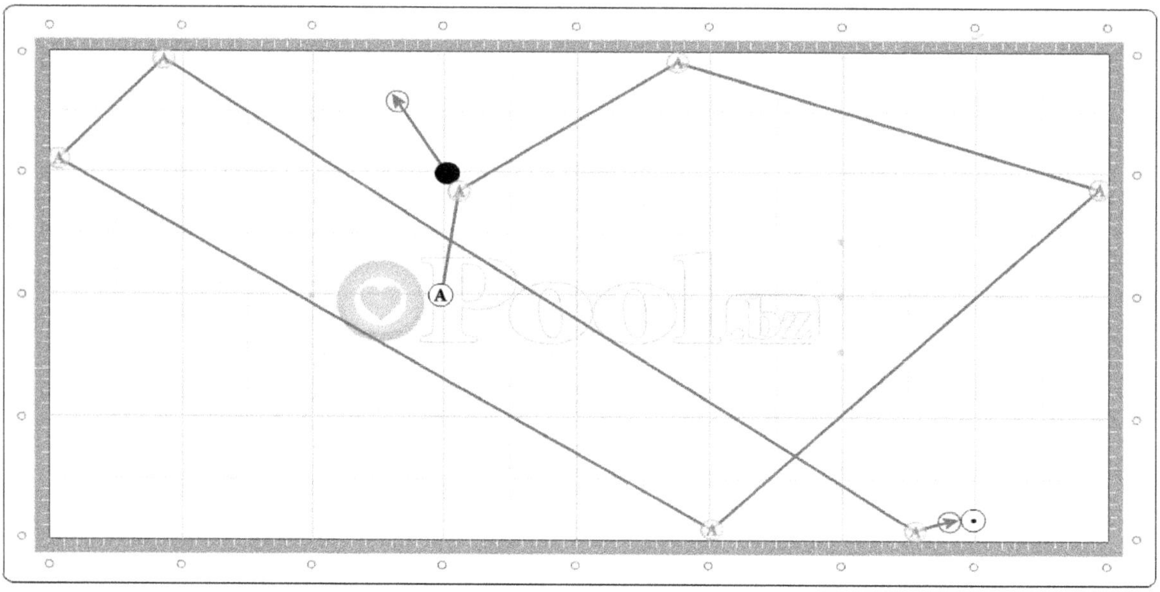

C:2d – Piirustus

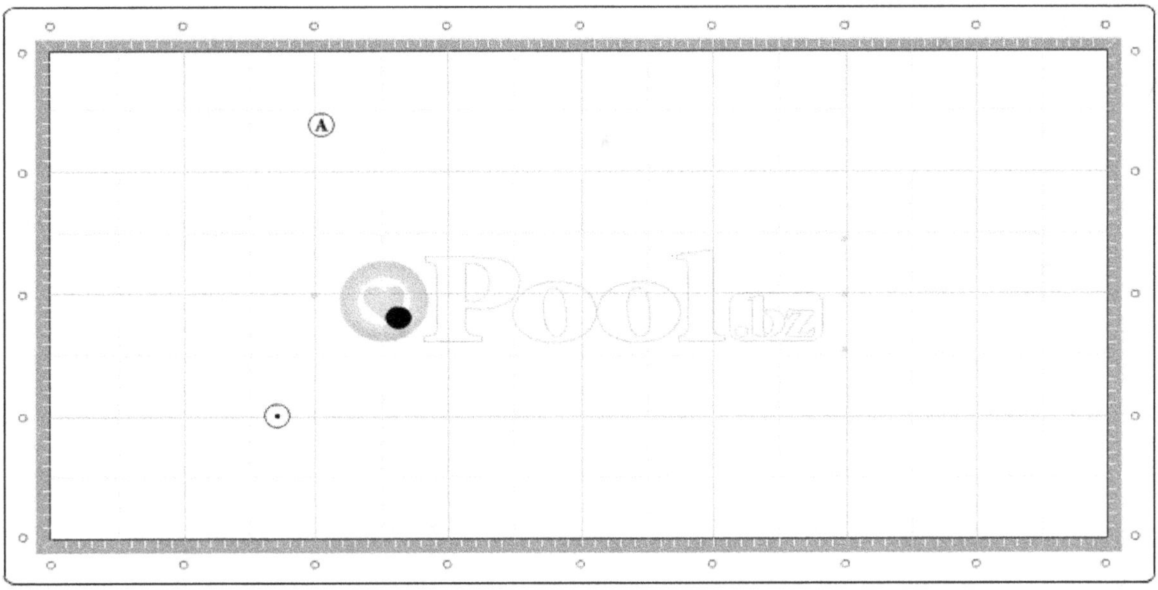

Huomautuksia ja ideoita:

Pallokuviota

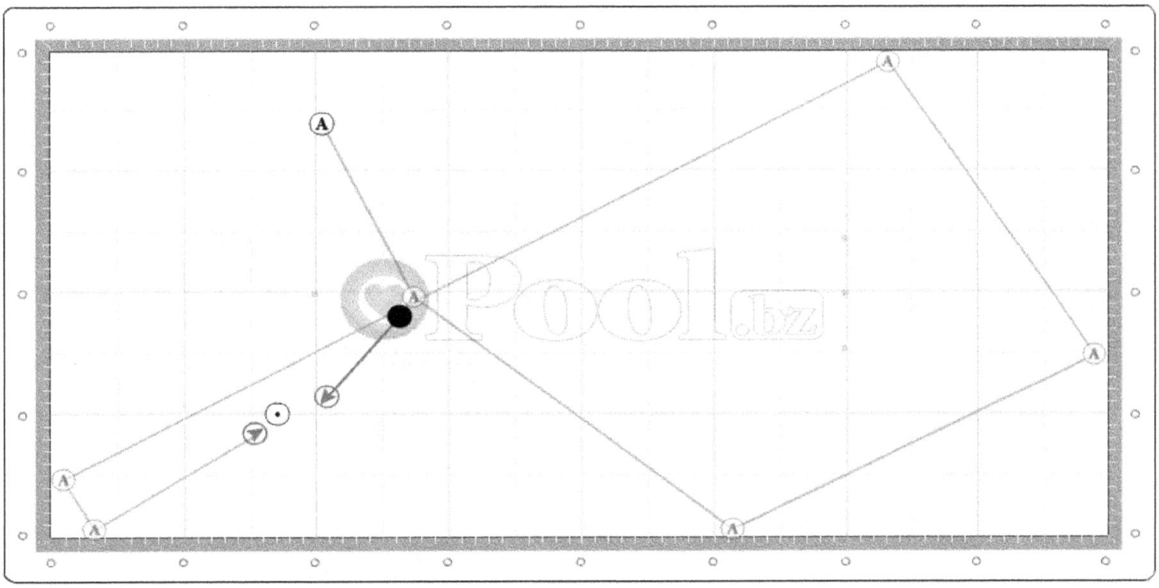

C: Ryhmä 3

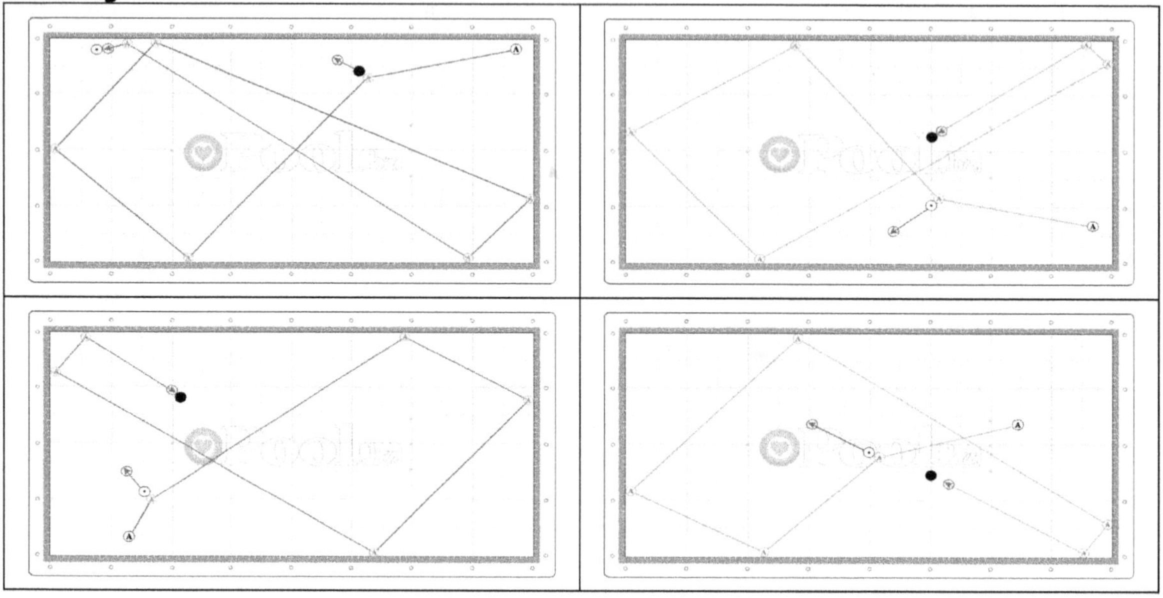

Analyysi:

C:3a. ____

C:3b. ____

C:3c. ____

C:3d. ____

C:3a – Piirustus

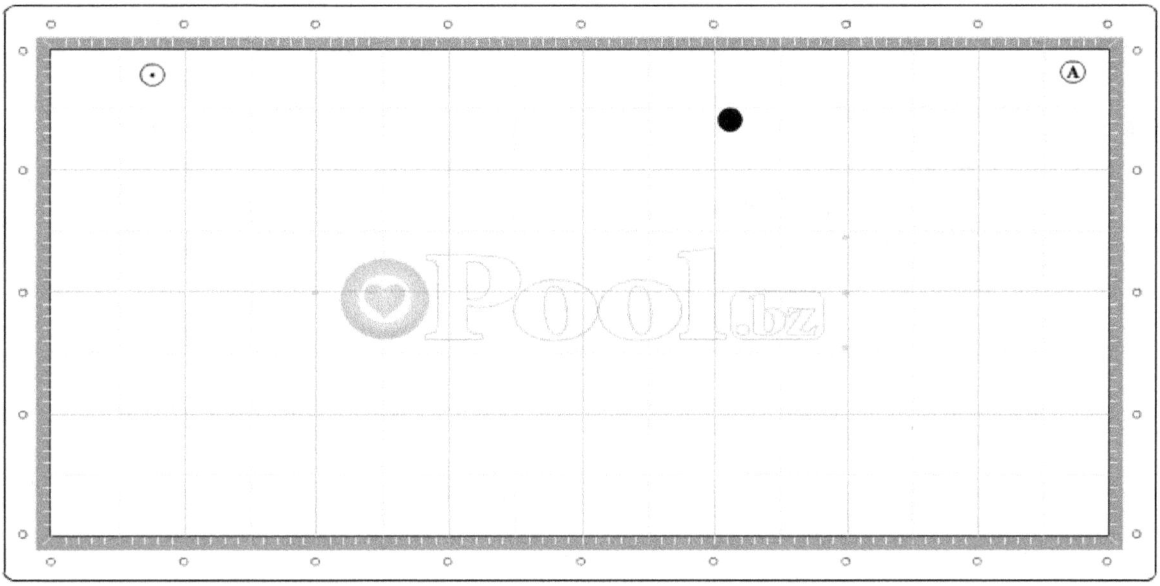

Huomautuksia ja ideoita:

Pallokuviota

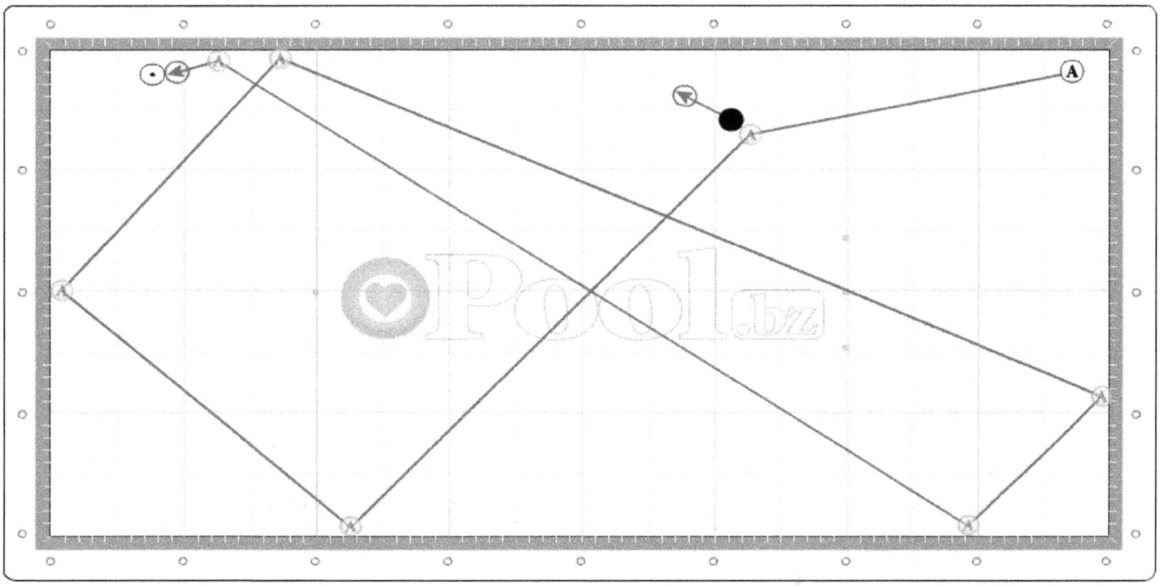

C:3b – Piirustus

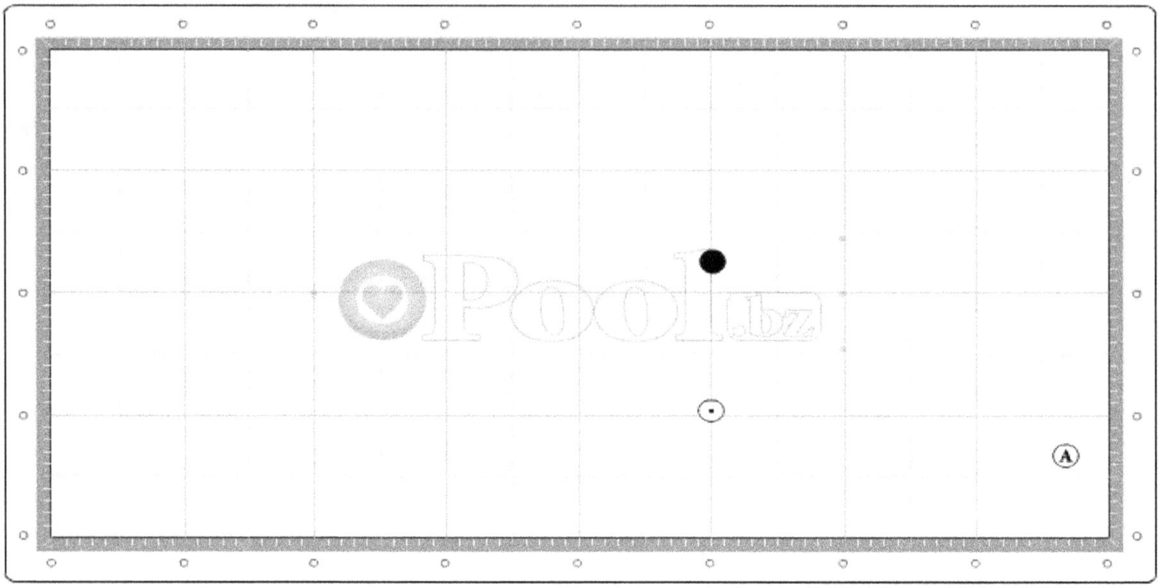

Huomautuksia ja ideoita:

Pallokuviota

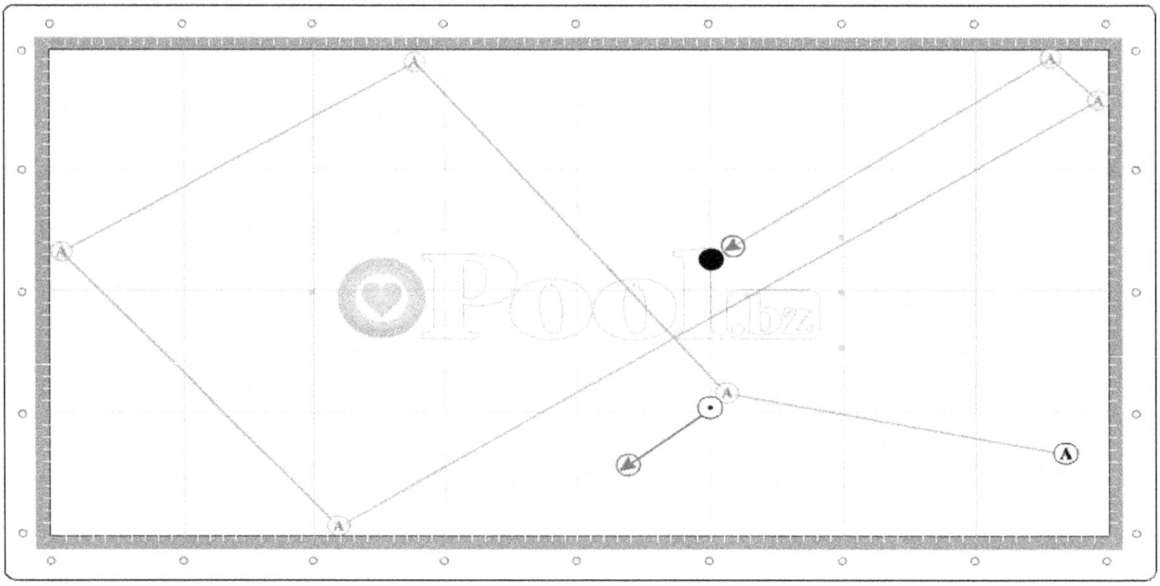

C:3c – Piirustus

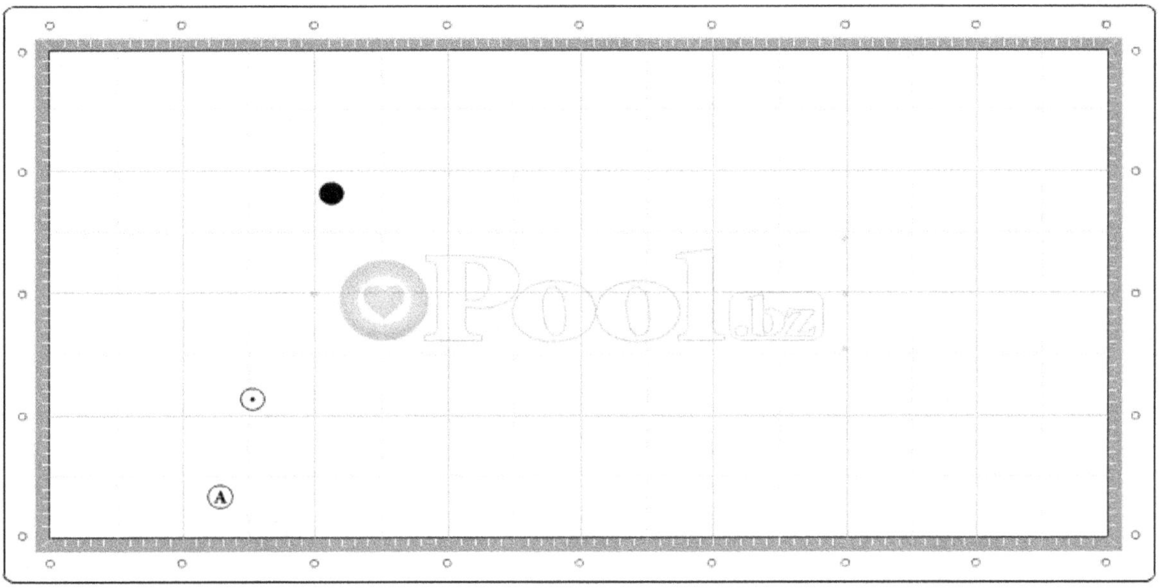

Huomautuksia ja ideoita:

Pallokuviota

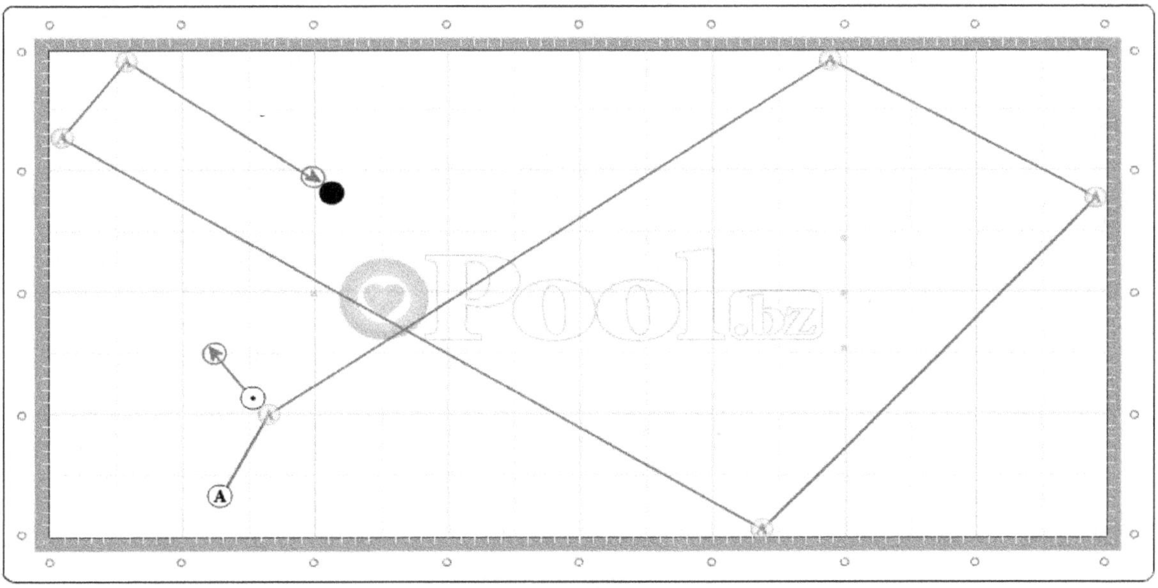

C:3d – Piirustus

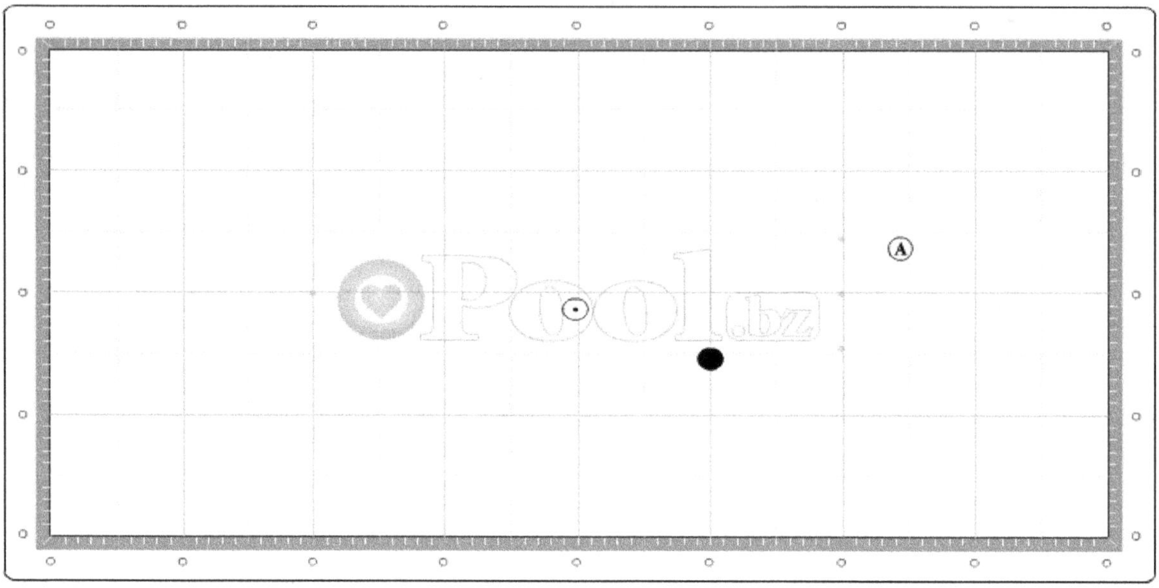

Huomautuksia ja ideoita:

Pallokuviota

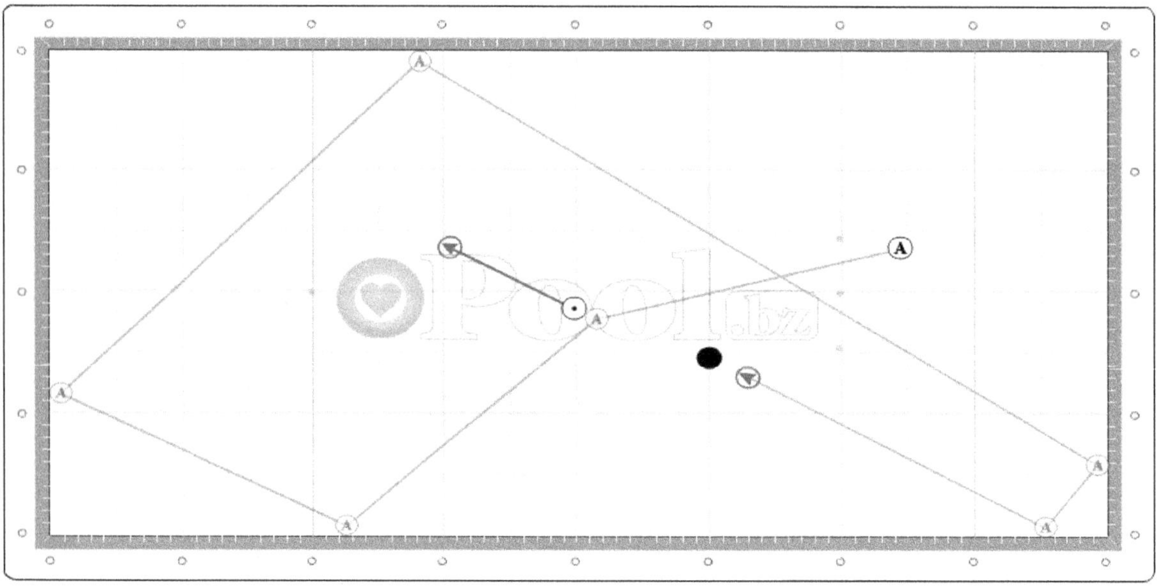

D: Suuri pallo kotikulmassa

(CB) poistuu ensimmäisestä (OB) ja seuraa perustekijöitä maailmankuvassa. Koska toinen (OB) on kulmassa, kohde (OB) on suurempi.

Ⓐ (CB) (sinun biljardipallo) – ⊙ (OB) (vastustaja biljardipallo) – ● (OB) (punainen biljardipallo)

D: Ryhmä 1

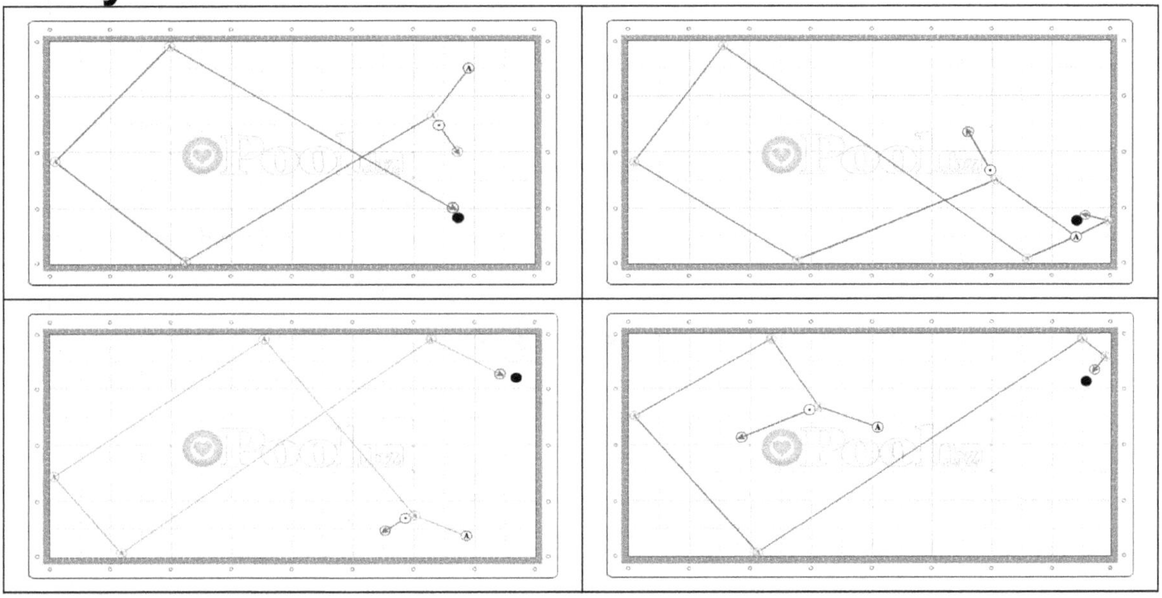

Analyysi:

D:1a. ______________________________

D:1b. ______________________________

D:1c. ______________________________

D:1d. ______________________________

D:1a – Piirustus

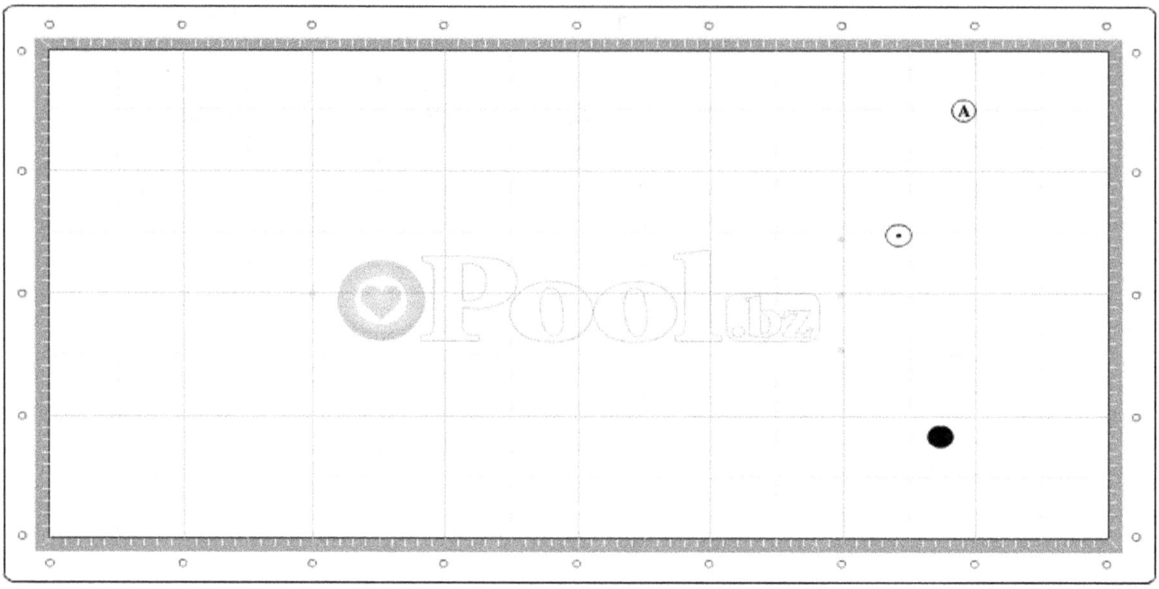

Huomautuksia ja ideoita:

Pallokuviota

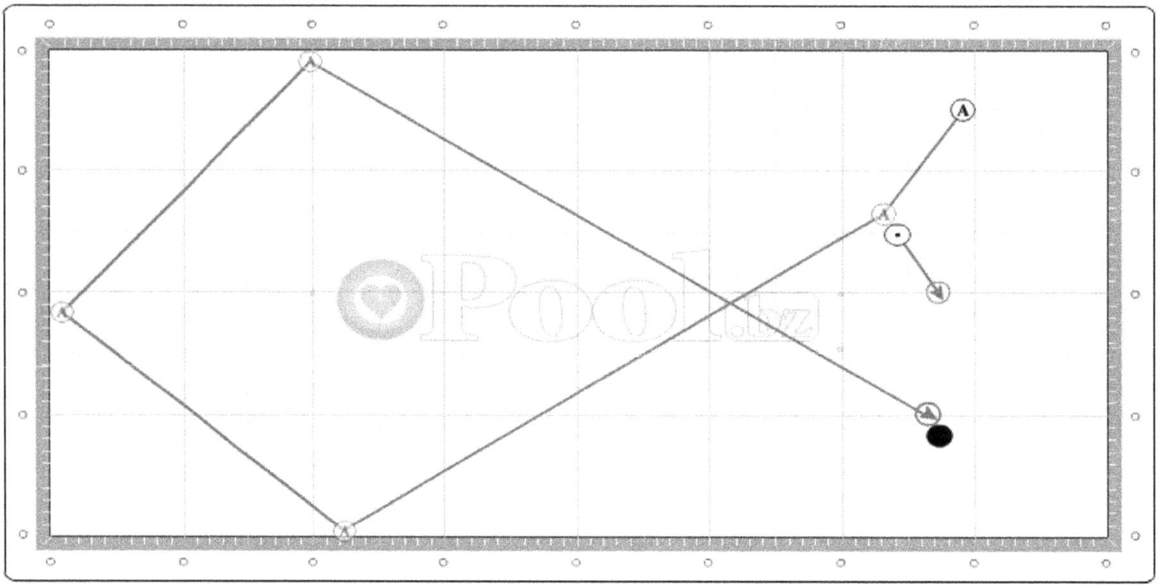

D:1b – Piirustus

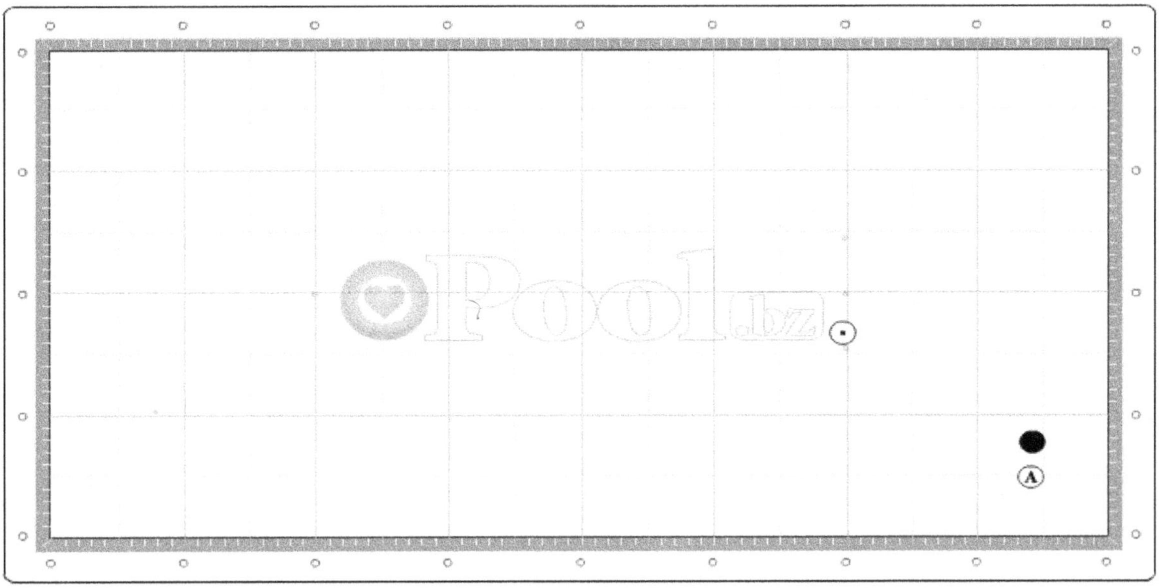

Huomautuksia ja ideoita:

Pallokuviota

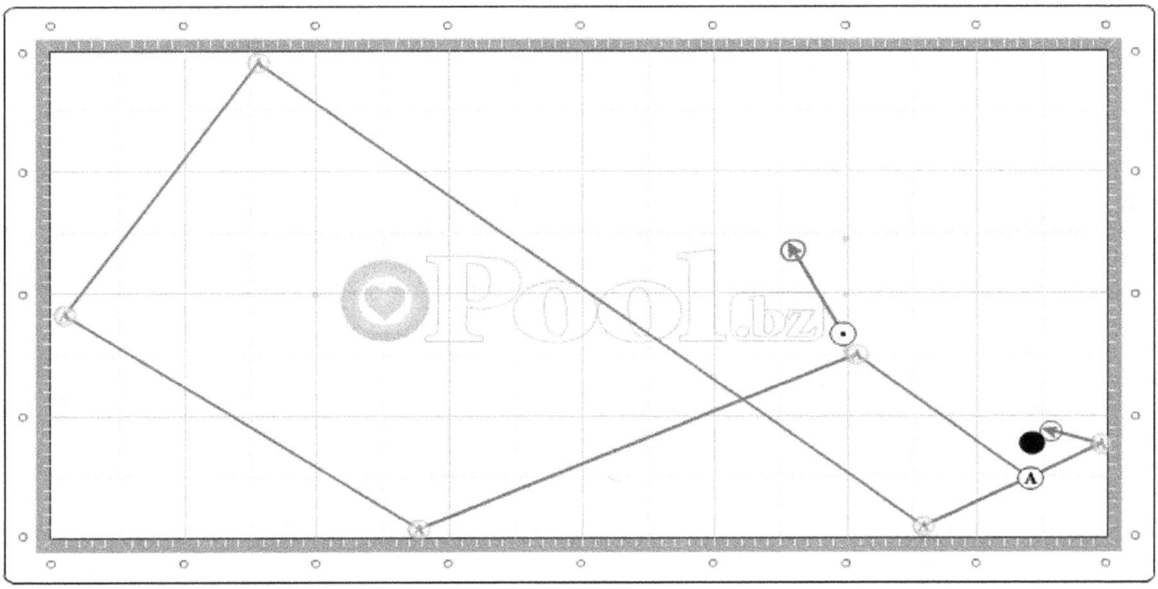

D:1c – Piirustus

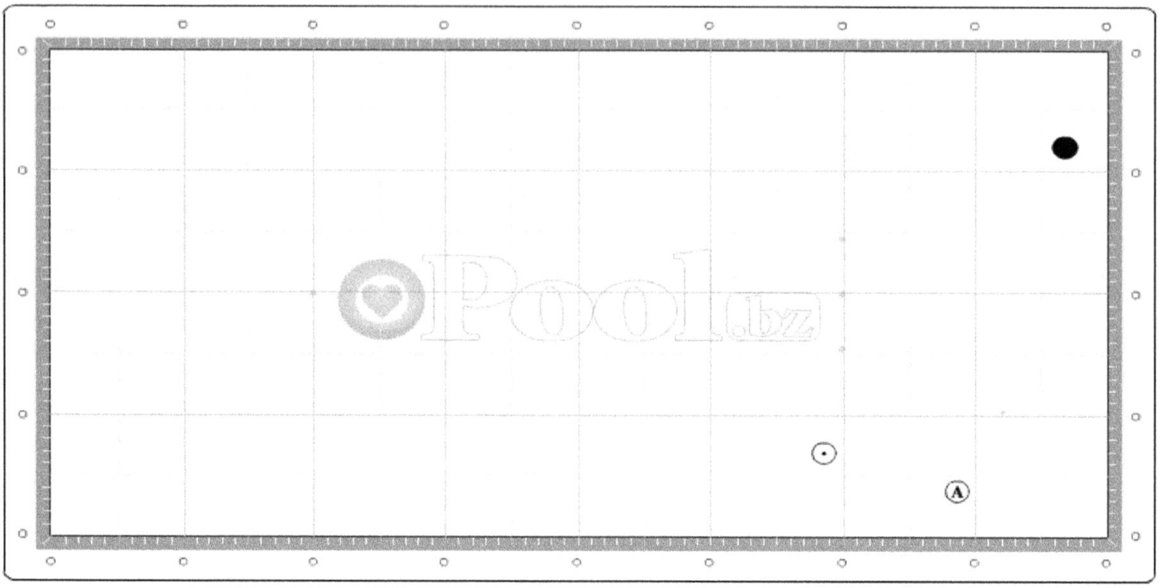

Huomautuksia ja ideoita:

Pallokuviota

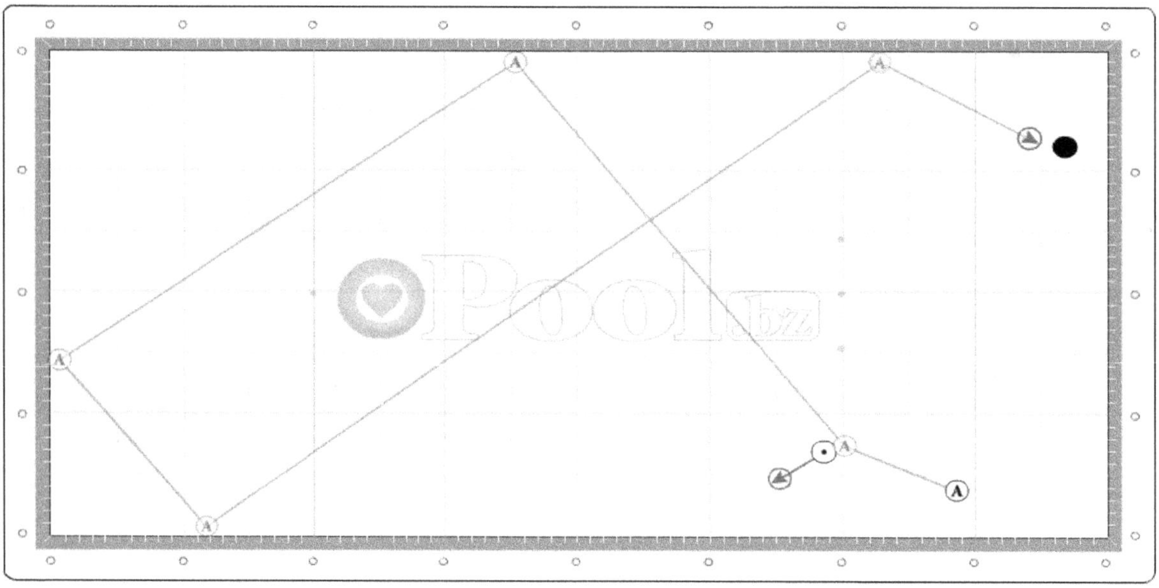

D:1d – Piirustus

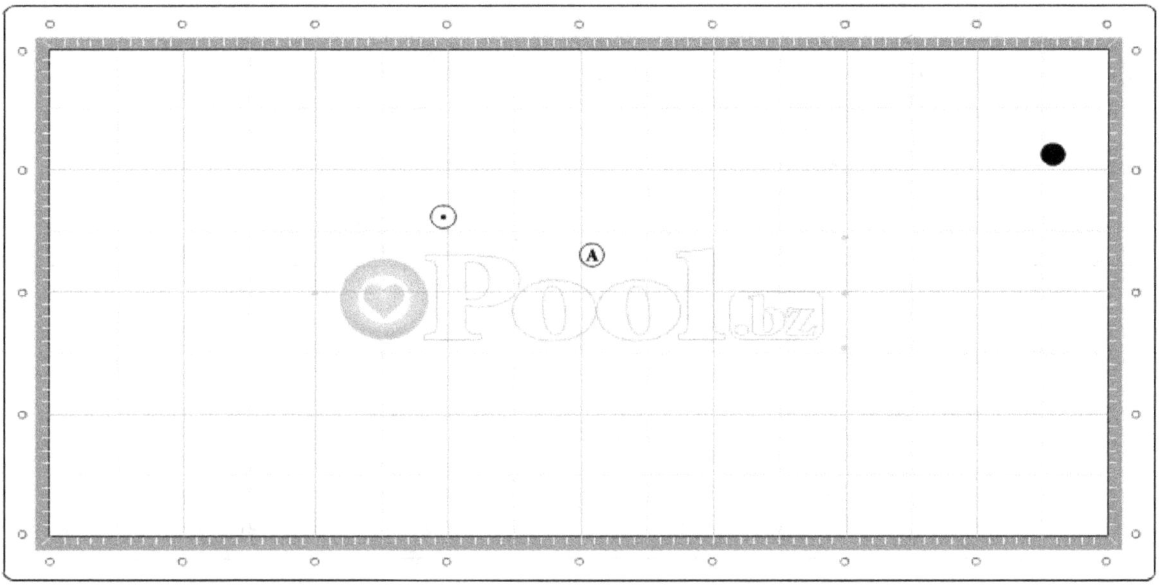

Huomautuksia ja ideoita:

Pallokuviota

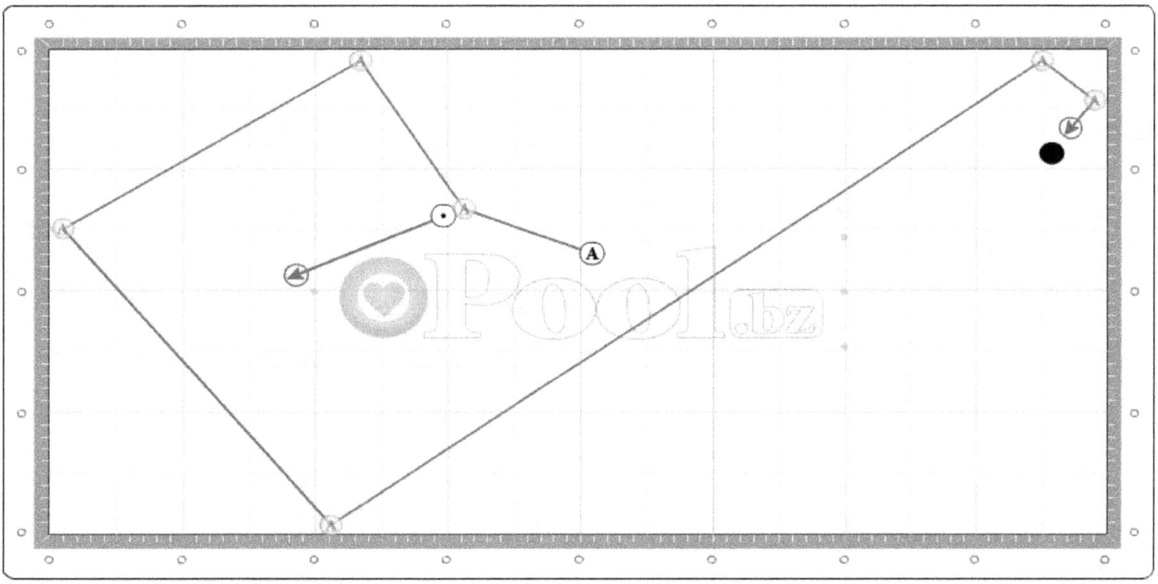

D: Ryhmä 2

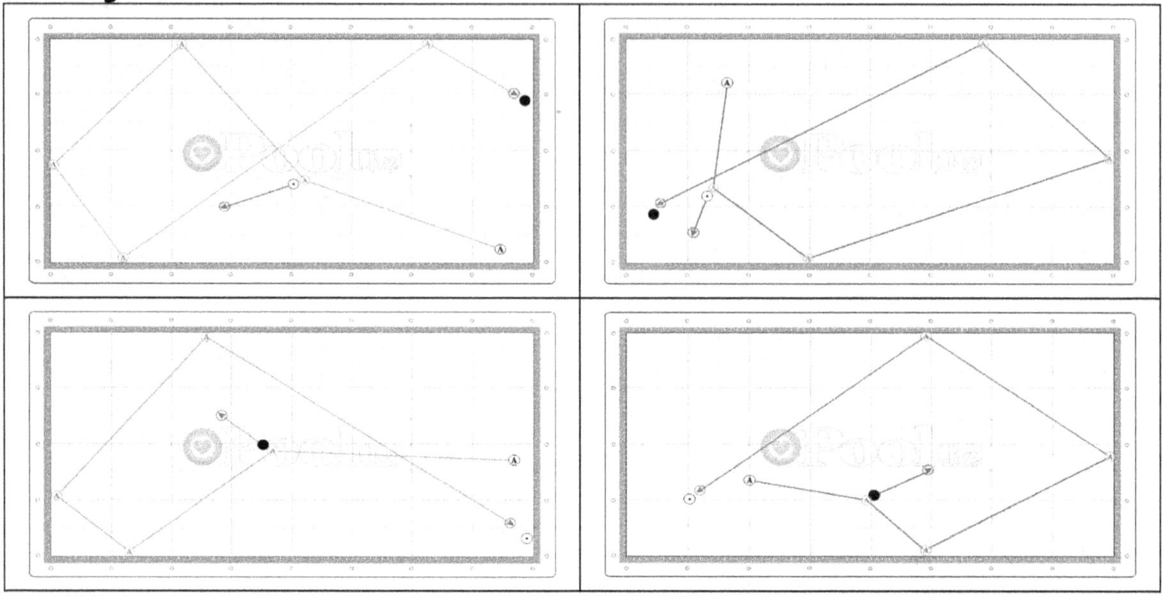

Analyysi:

D:2a. ____

D:2b. ____

D:2c. ____

D:2d. ____

D:2a – Piirustus

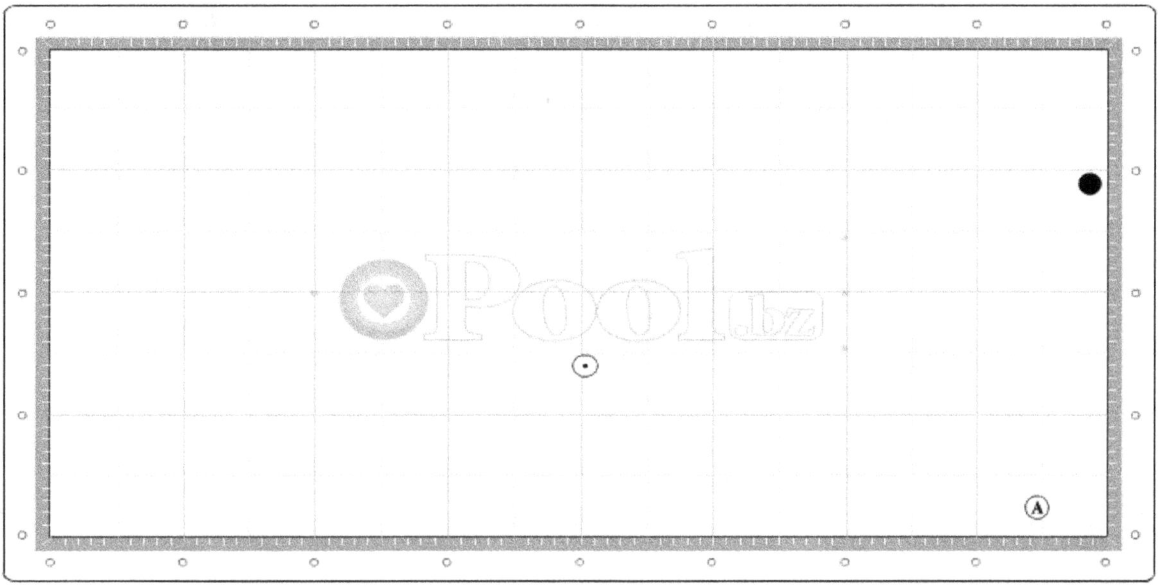

Huomautuksia ja ideoita:

Pallokuviota

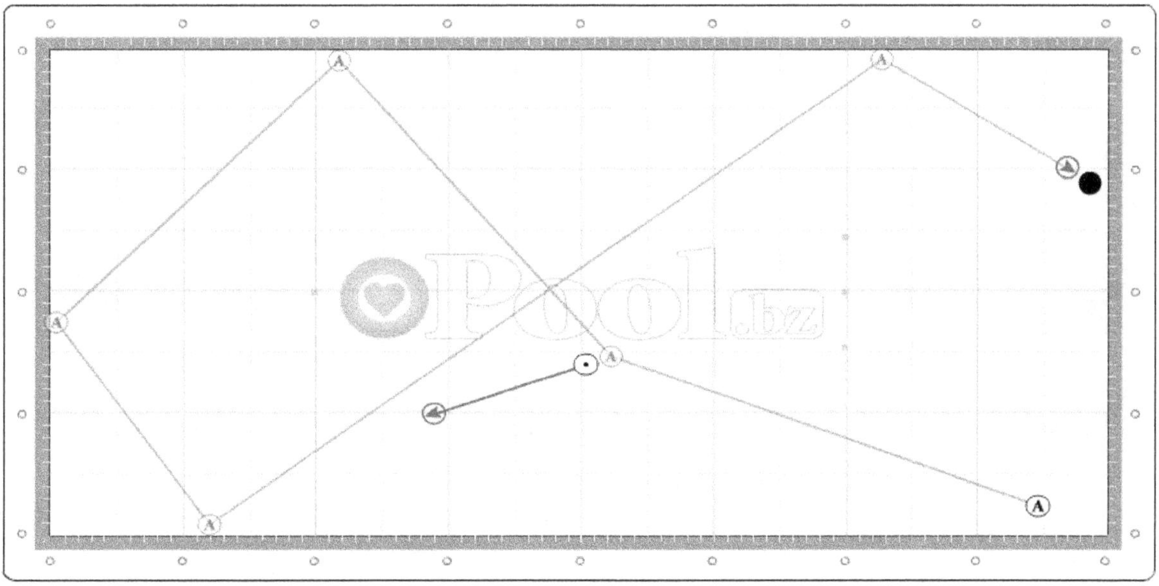

D:2b – Piirustus

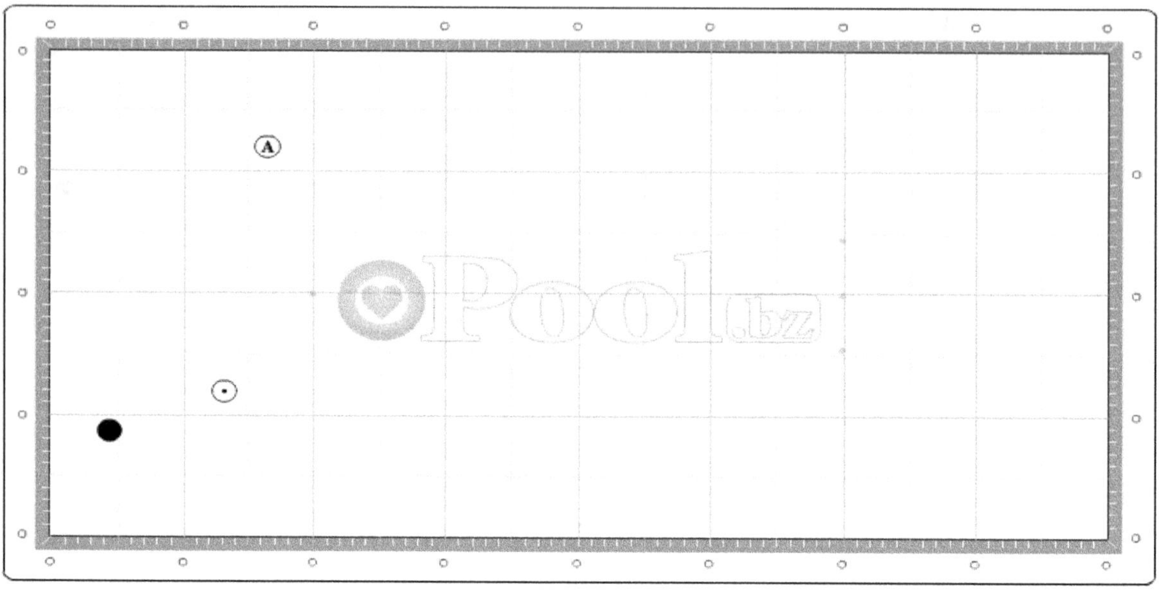

Huomautuksia ja ideoita:

Pallokuviota

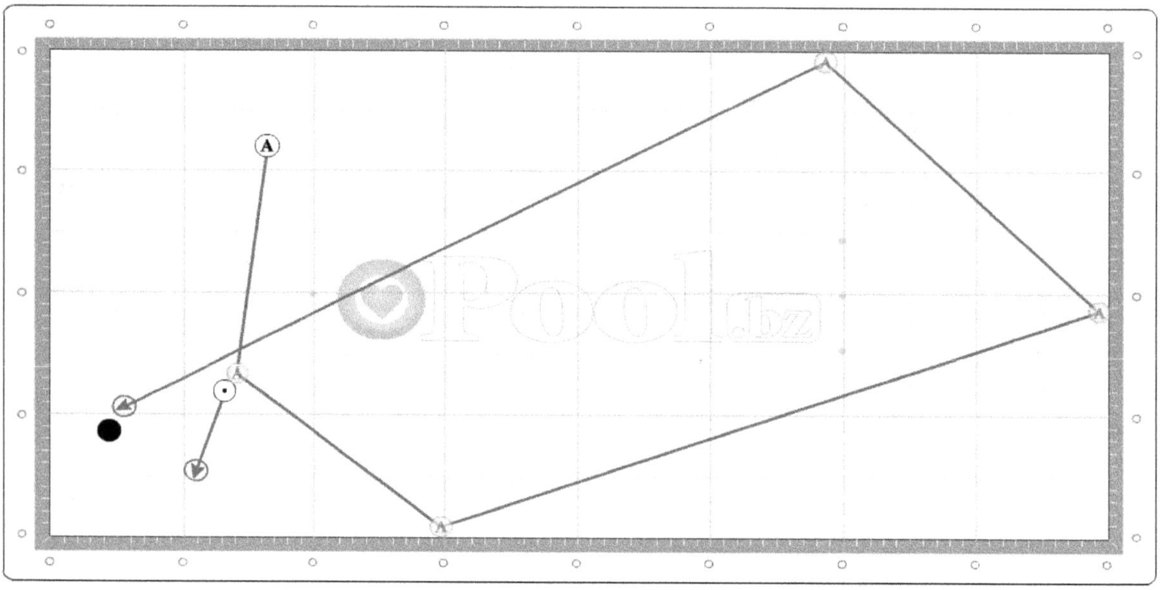

D:2c – Piirustus

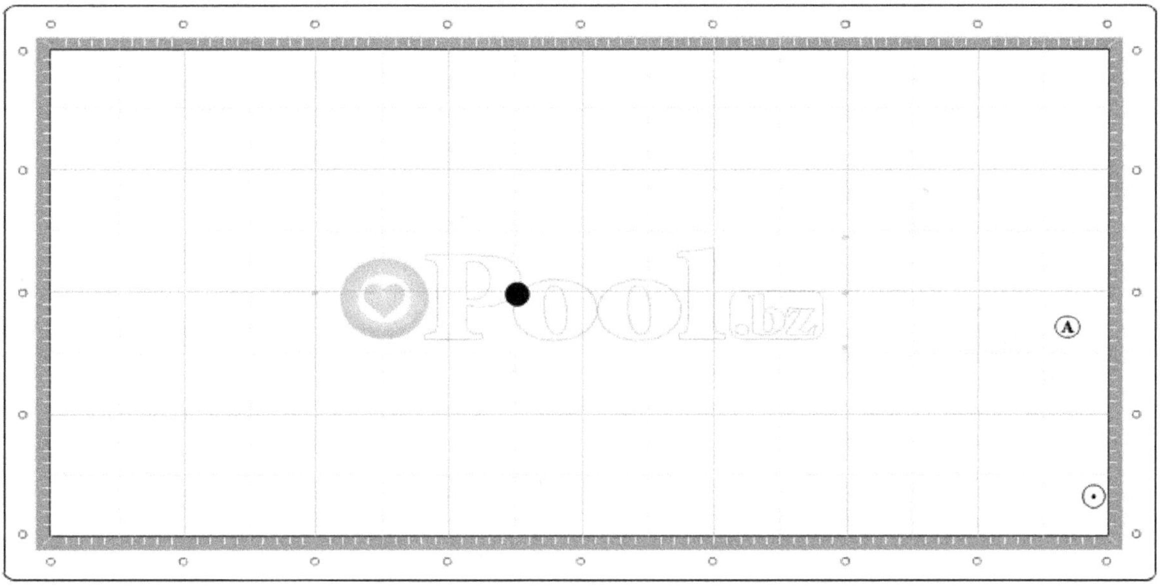

Huomautuksia ja ideoita:

Pallokuviota

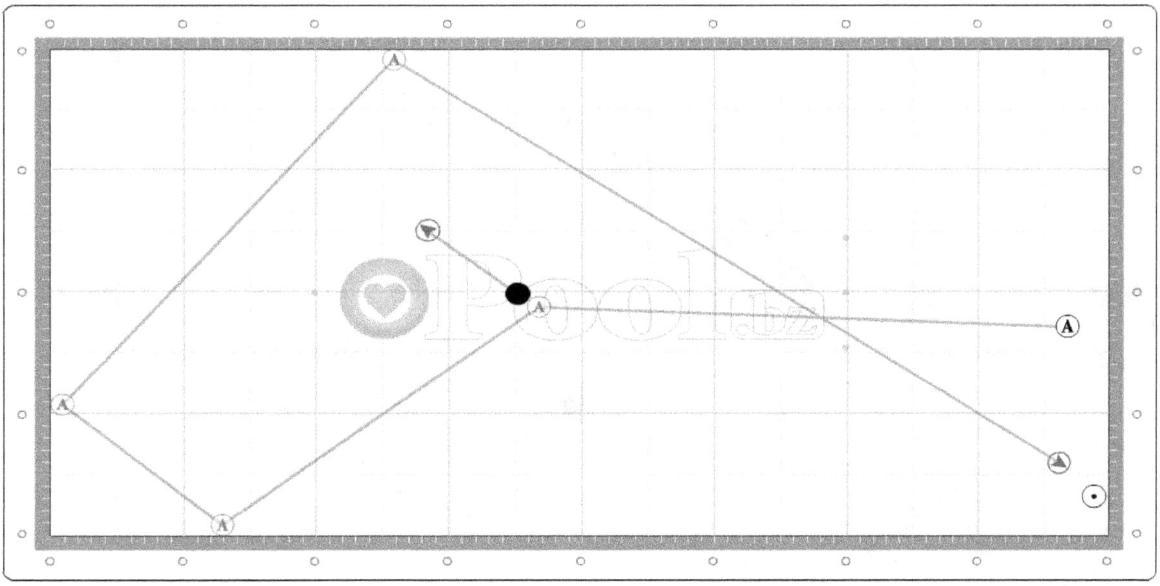

D:2d – Piirustus

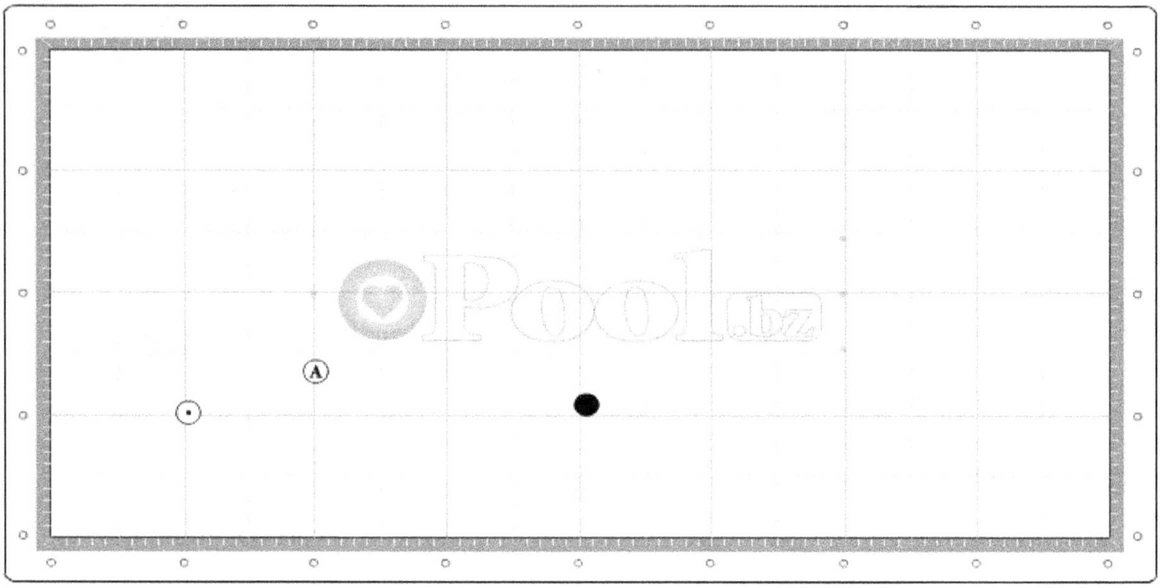

Huomautuksia ja ideoita:

Pallokuviota

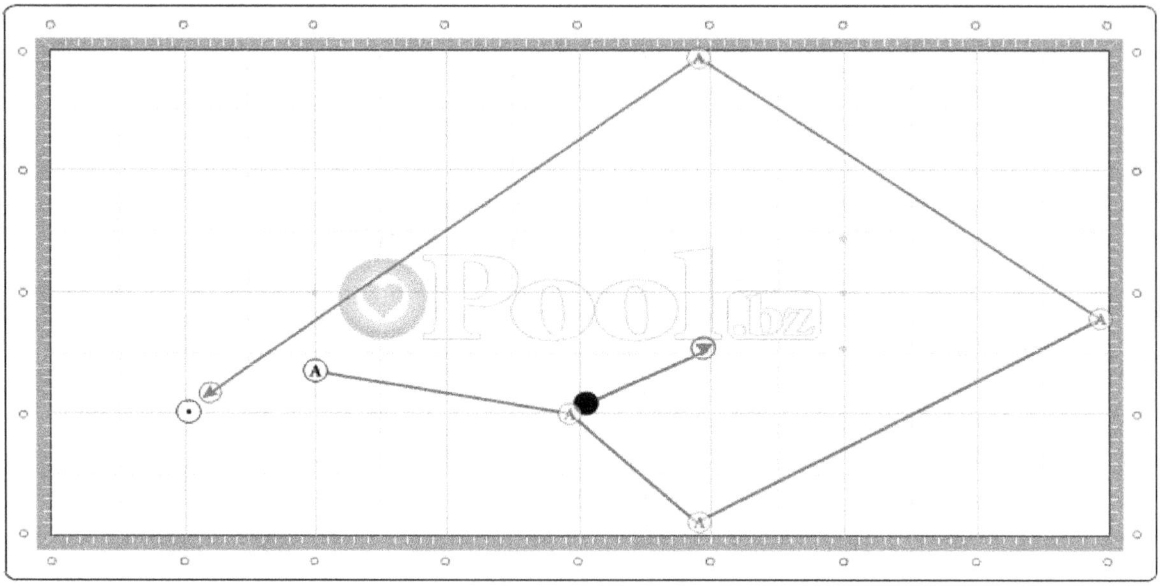

D: Ryhmä 3

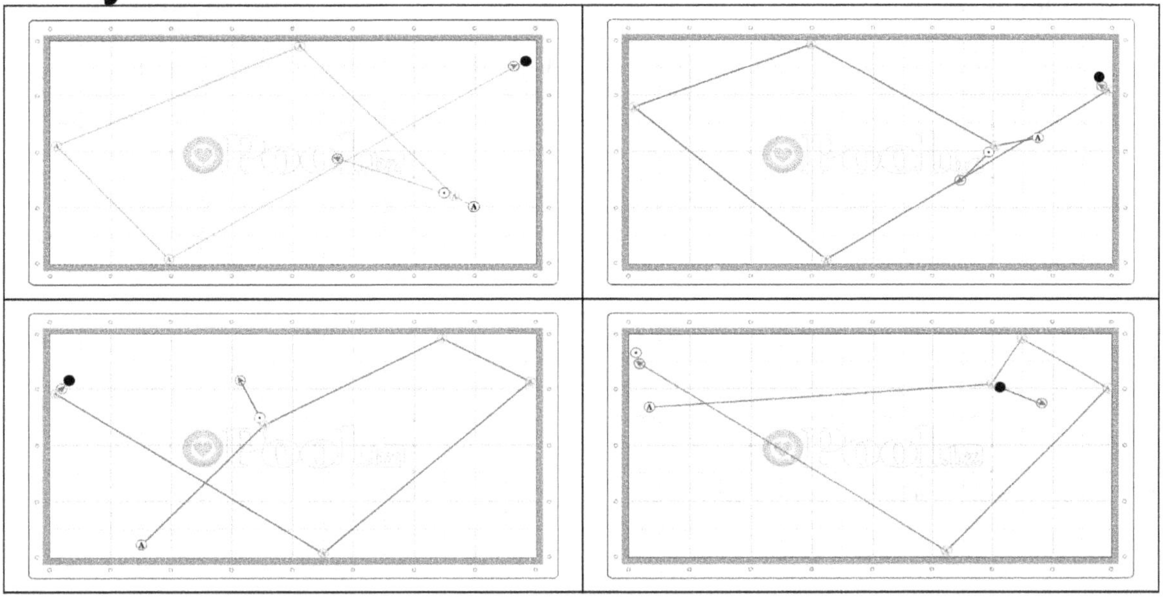

Analyysi:

D:3a. ____________________

D:3b. ____________________

D:3c. ____________________

D:3d. ____________________

D:3a – Piirustus

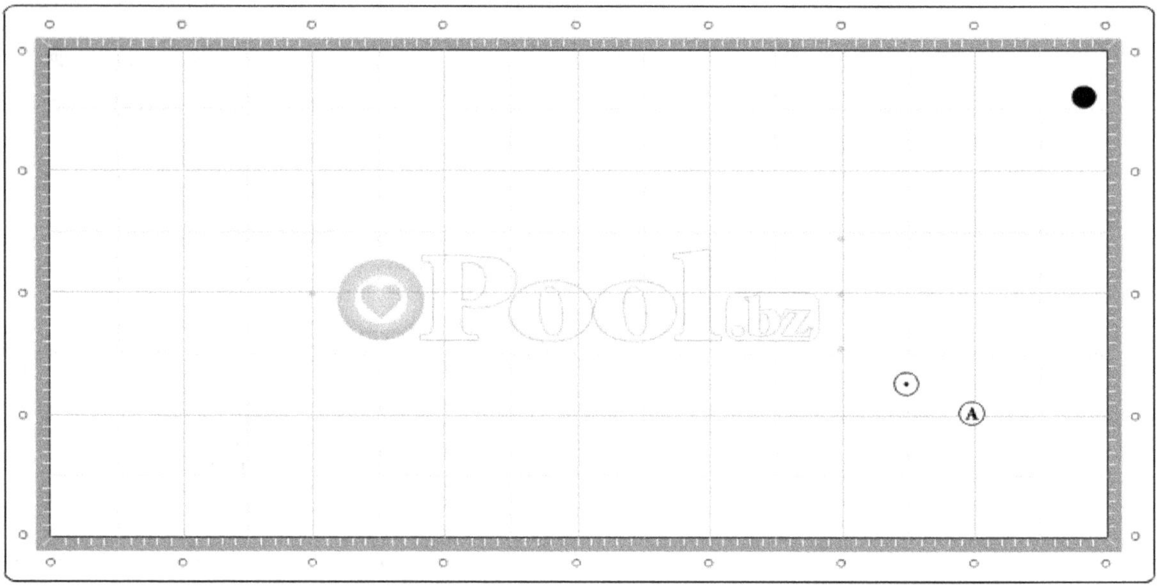

Huomautuksia ja ideoita:

Pallokuviota

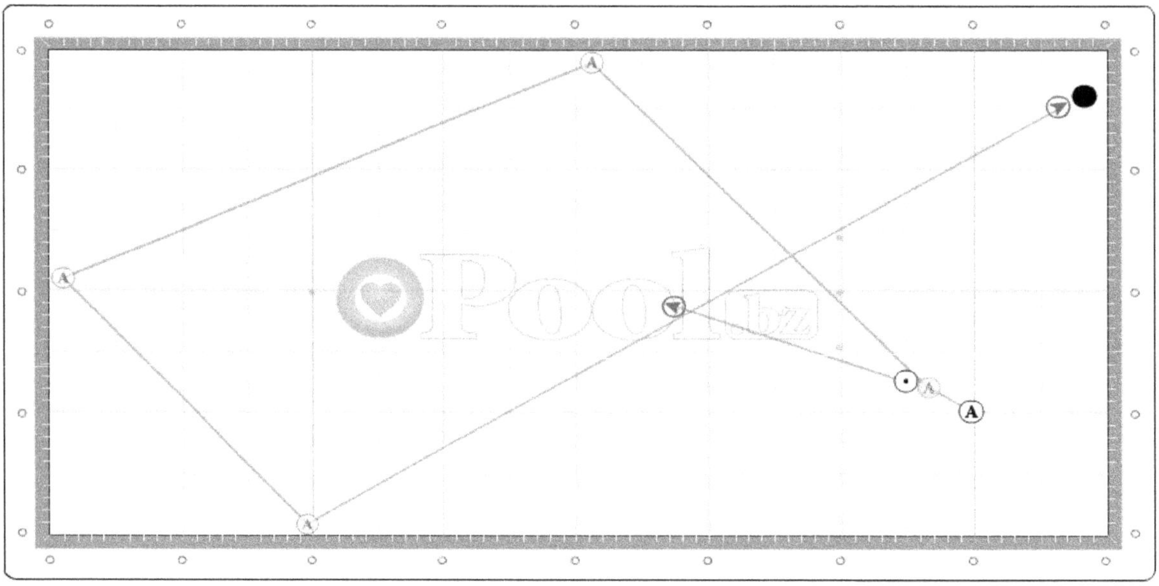

D:3b – Piirustus

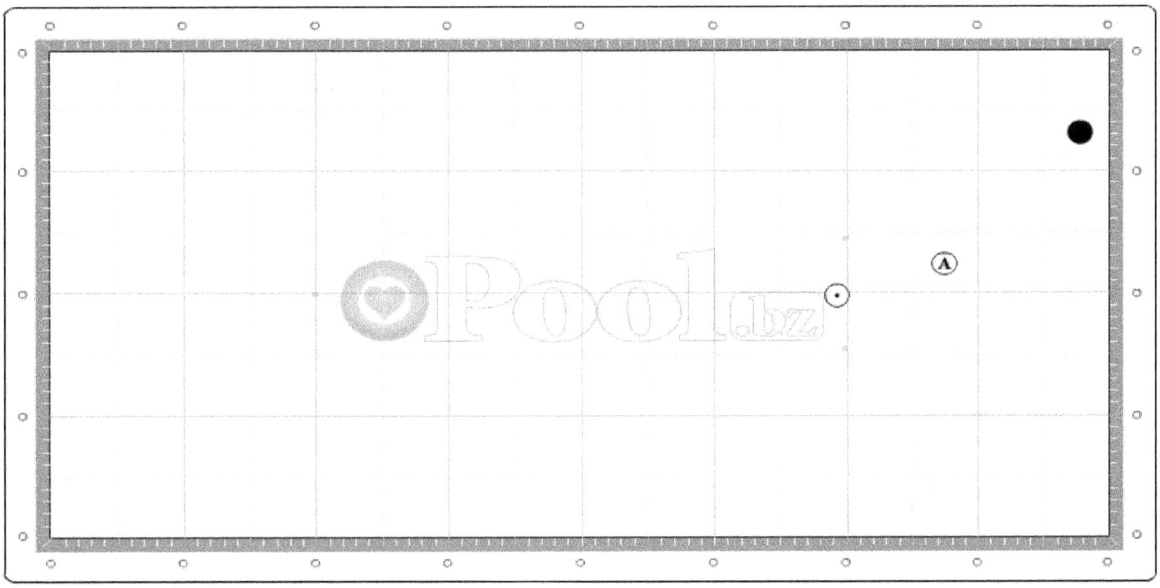

Huomautuksia ja ideoita:

Pallokuviota

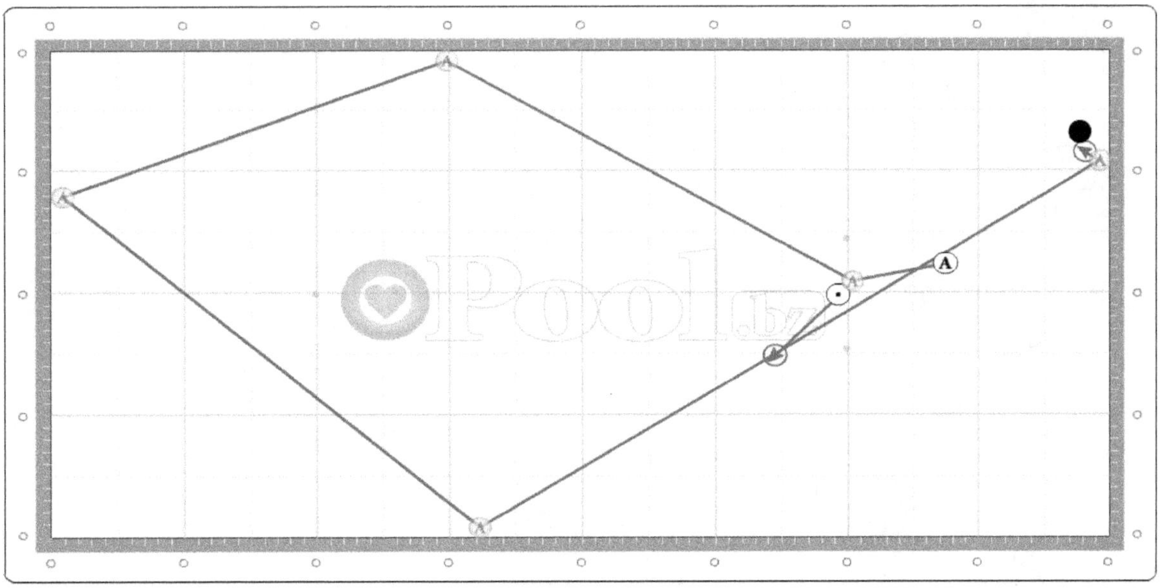

D:3c – Piirustus

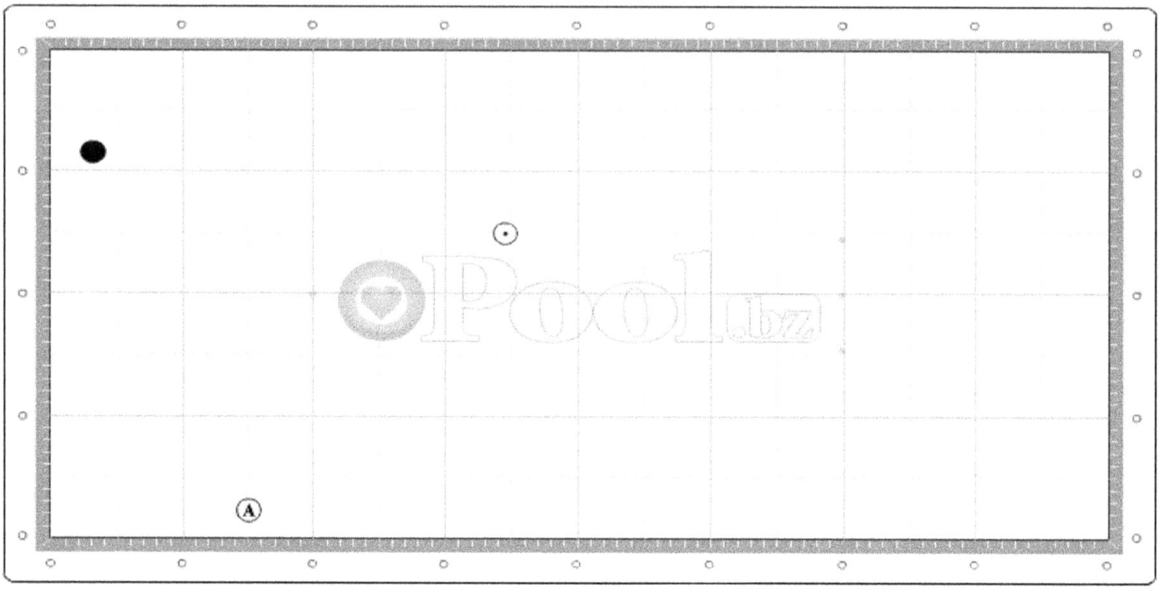

Huomautuksia ja ideoita:

Pallokuviota

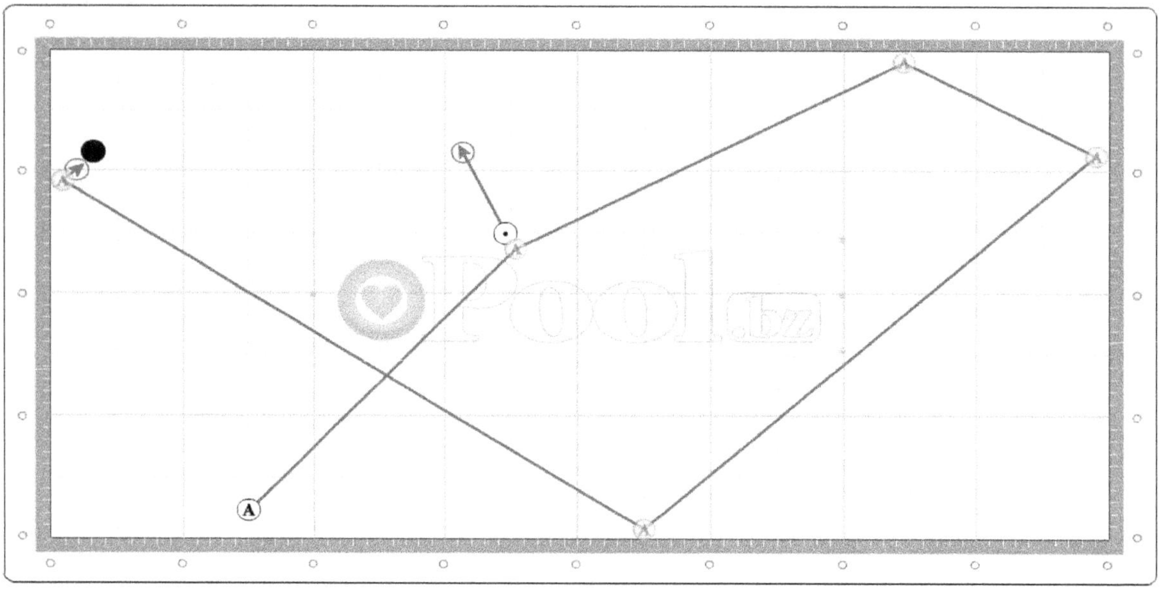

D:3d – Piirustus

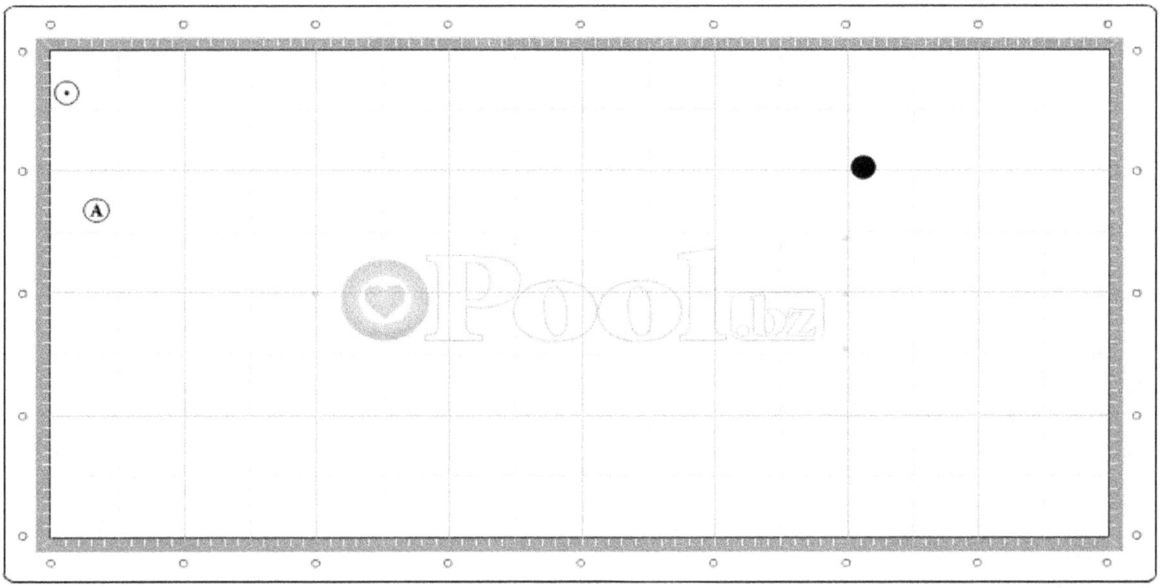

Huomautuksia ja ideoita:

Pallokuviota

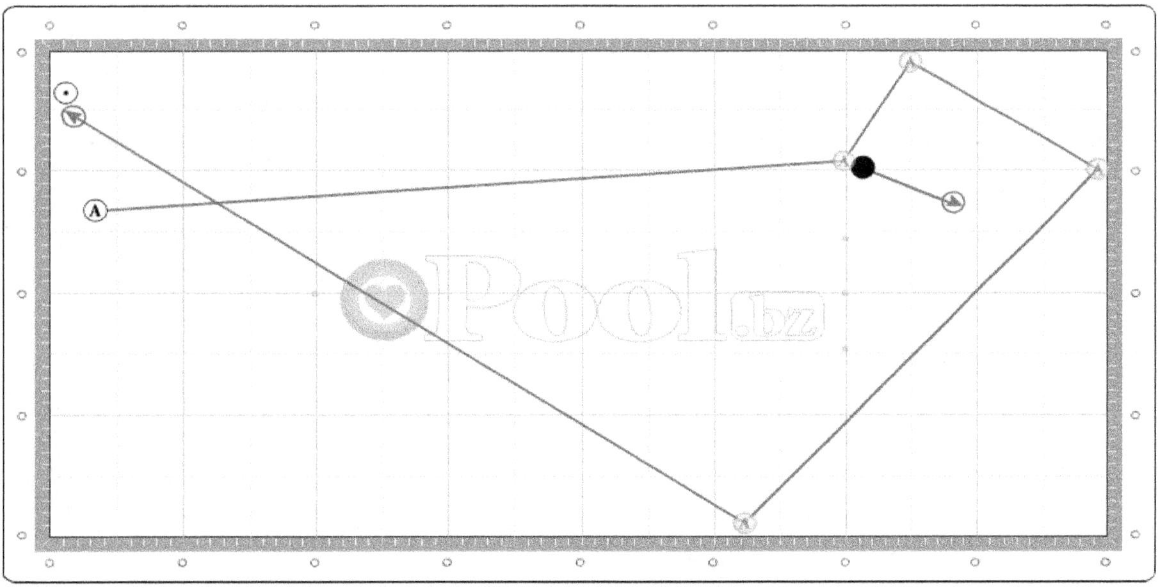

D: Ryhmä 4

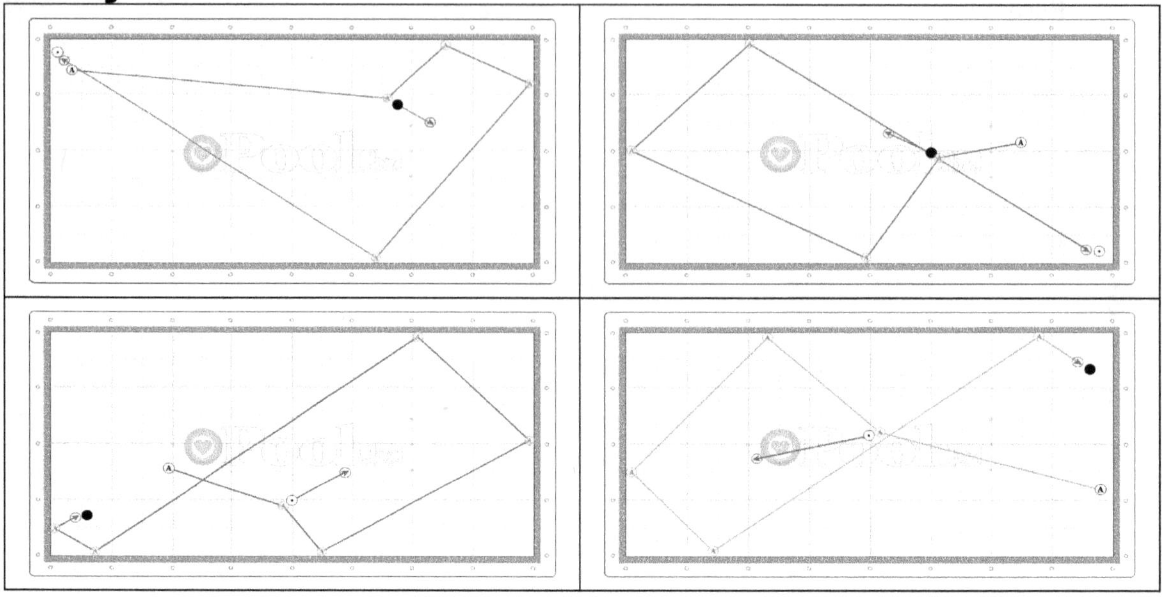

Analyysi:

D:4a. ____________________

D:4b. ____________________

D:4c. ____________________

D:4d. ____________________

D:4a – Piirustus

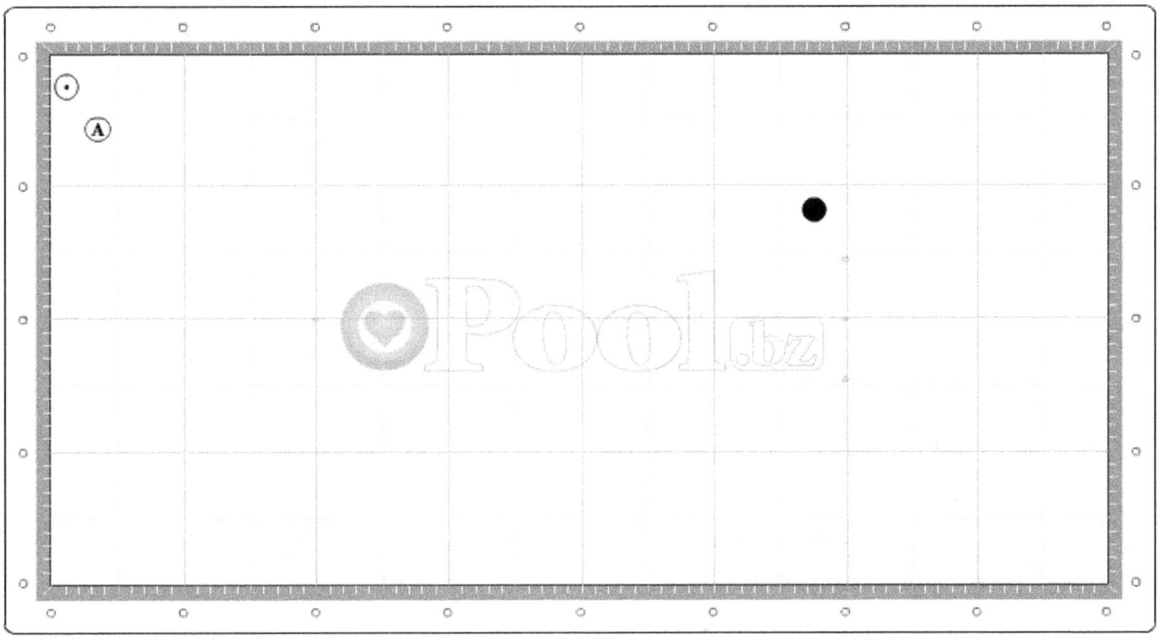

Huomautuksia ja ideoita:

Pallokuviota

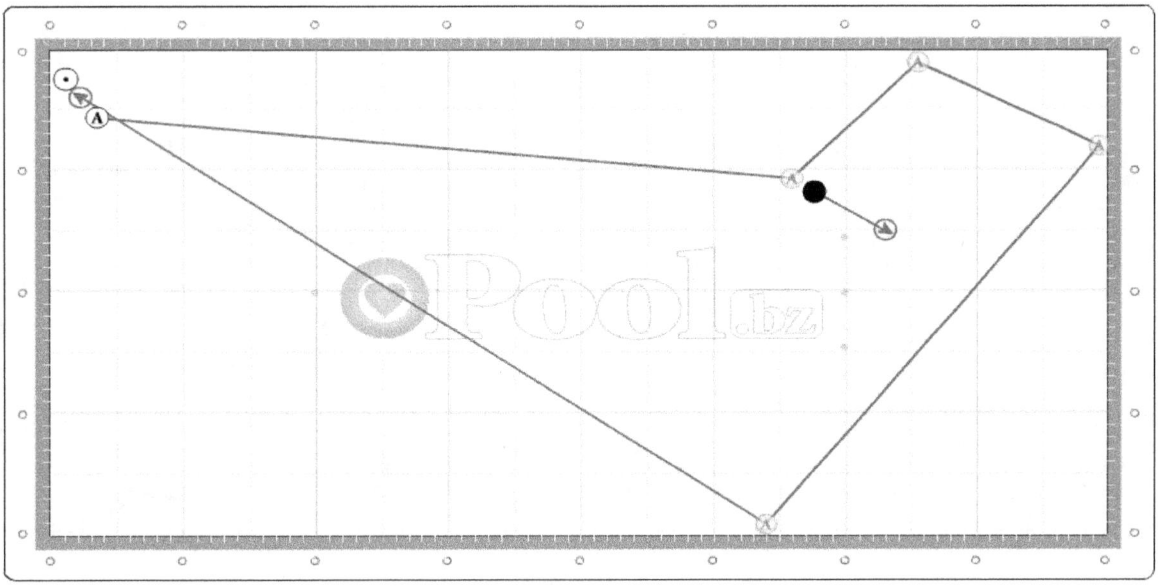

D:4b – Piirustus

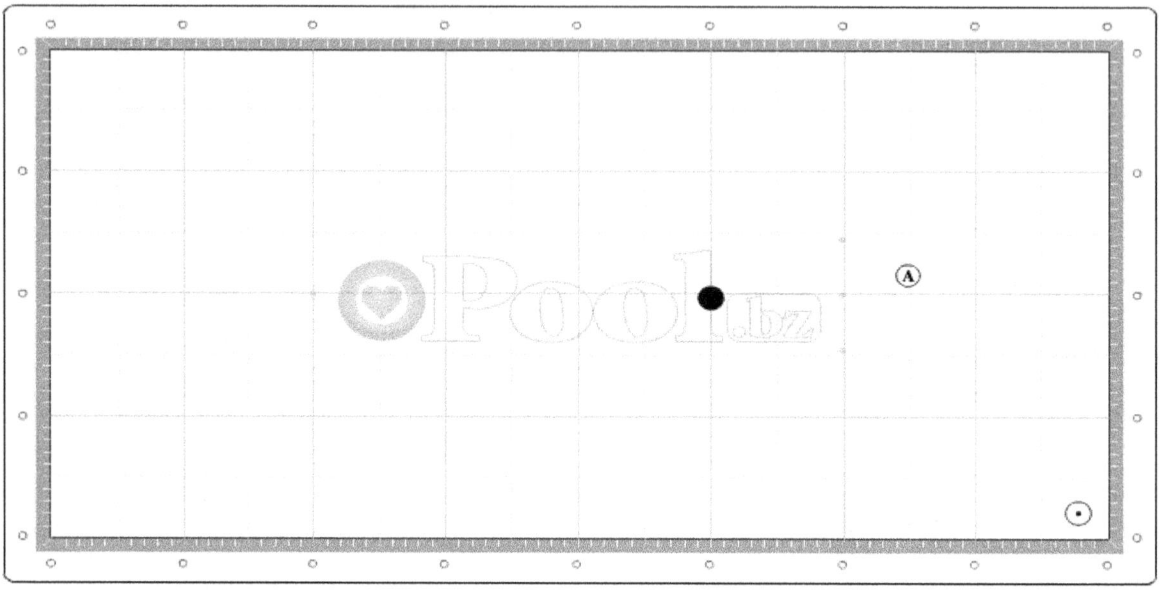

Huomautuksia ja ideoita:

Pallokuviota

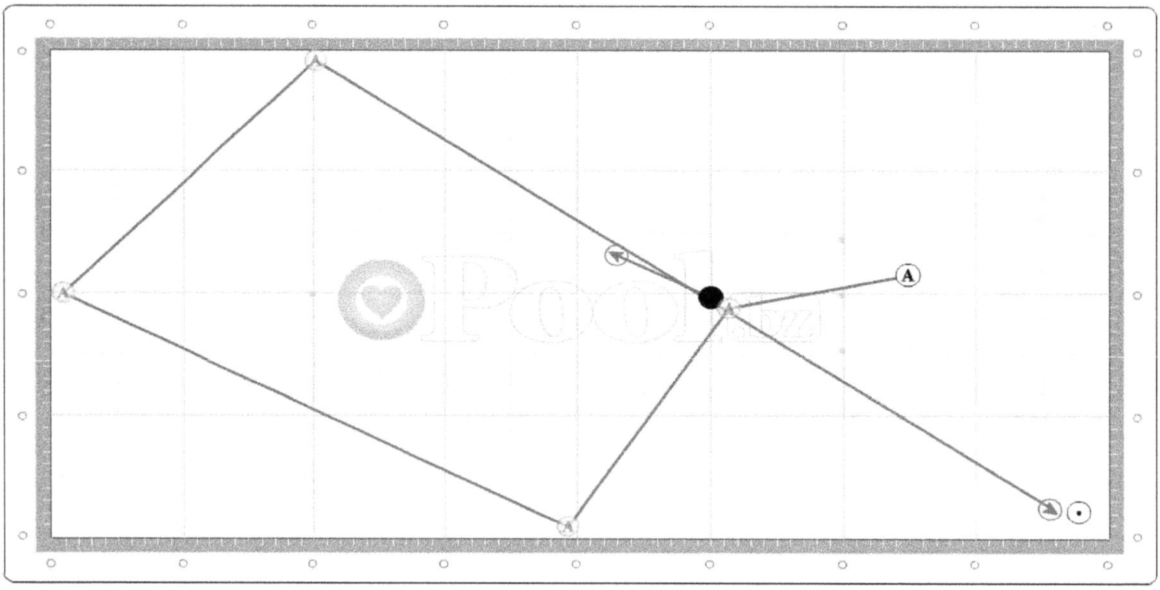

D:4c – Piirustus

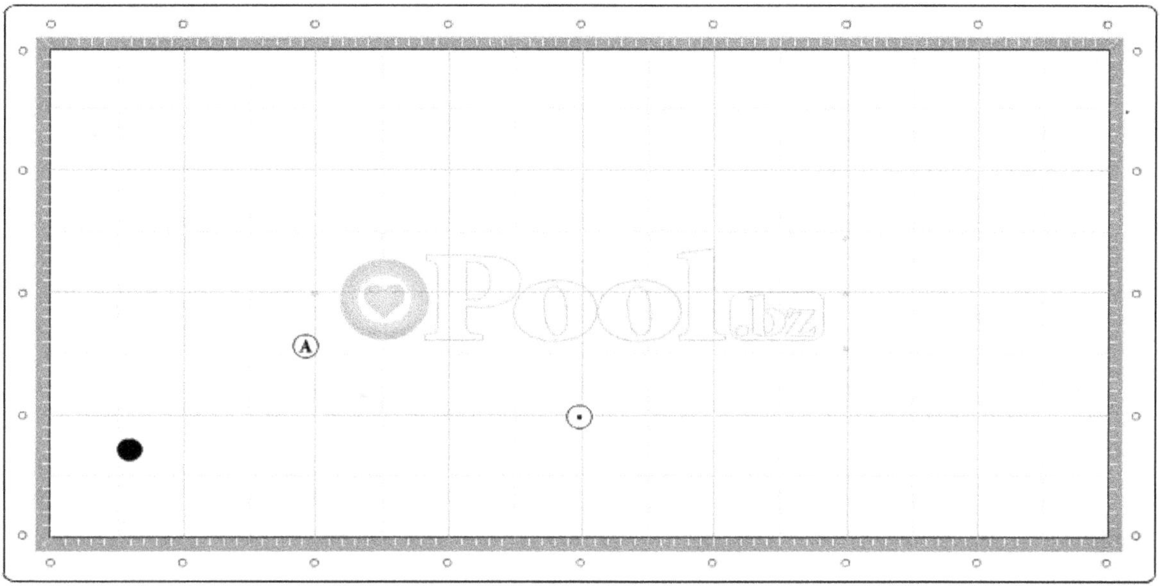

Huomautuksia ja ideoita:

Pallokuviota

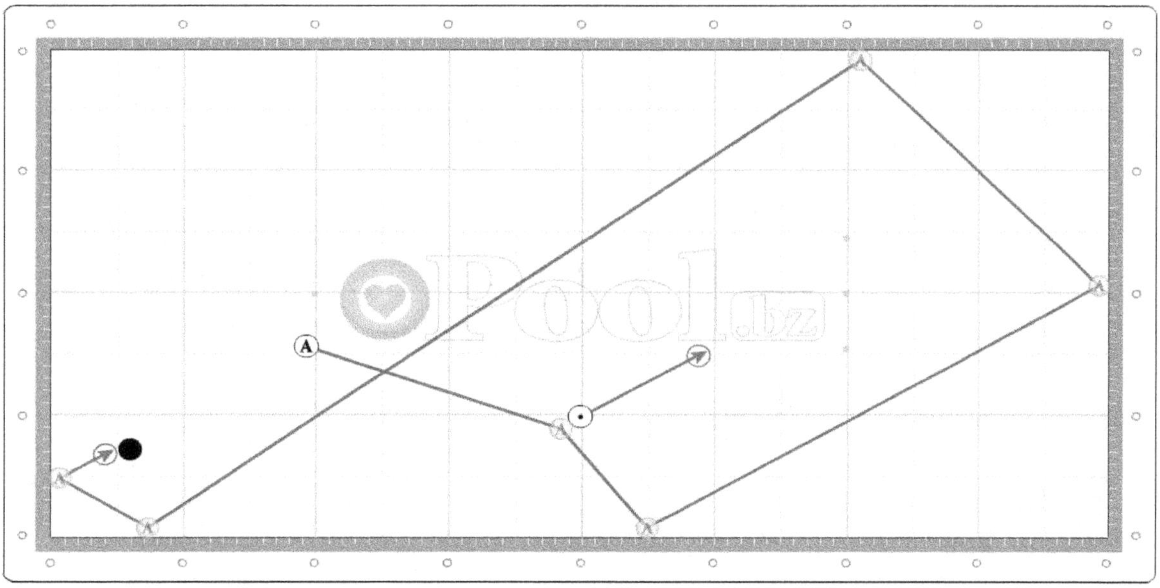

D:4d – Piirustus

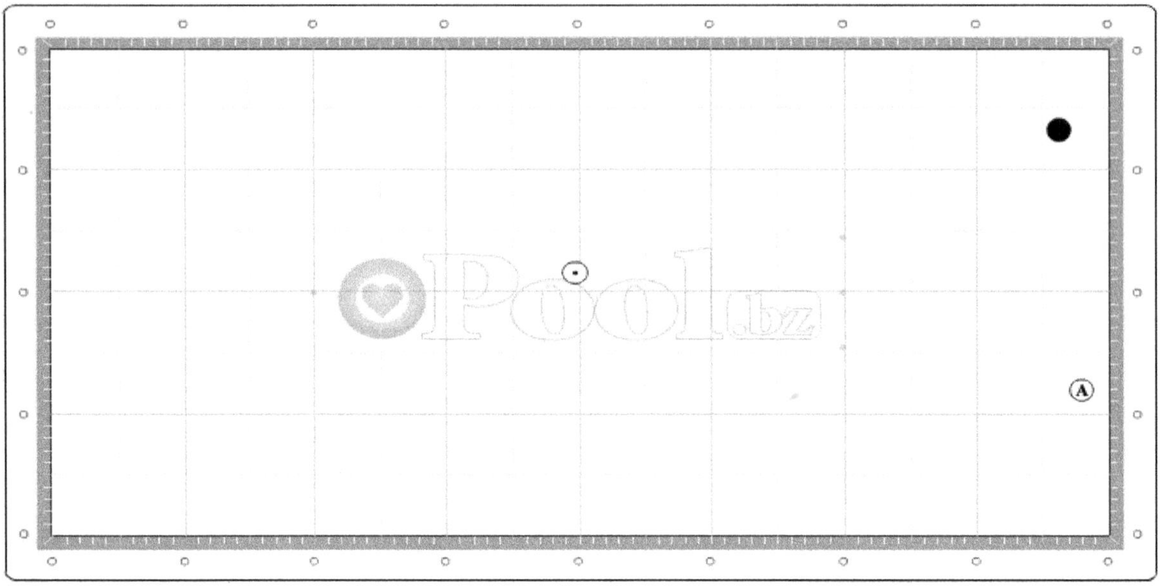

Huomautuksia ja ideoita:

Pallokuviota

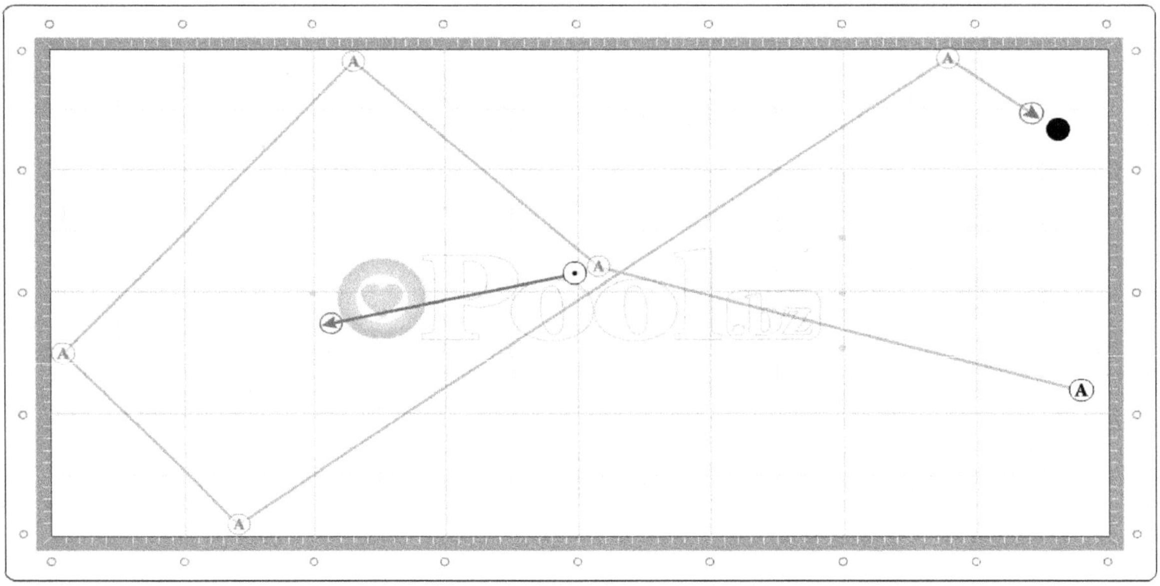

D: Ryhmä 5

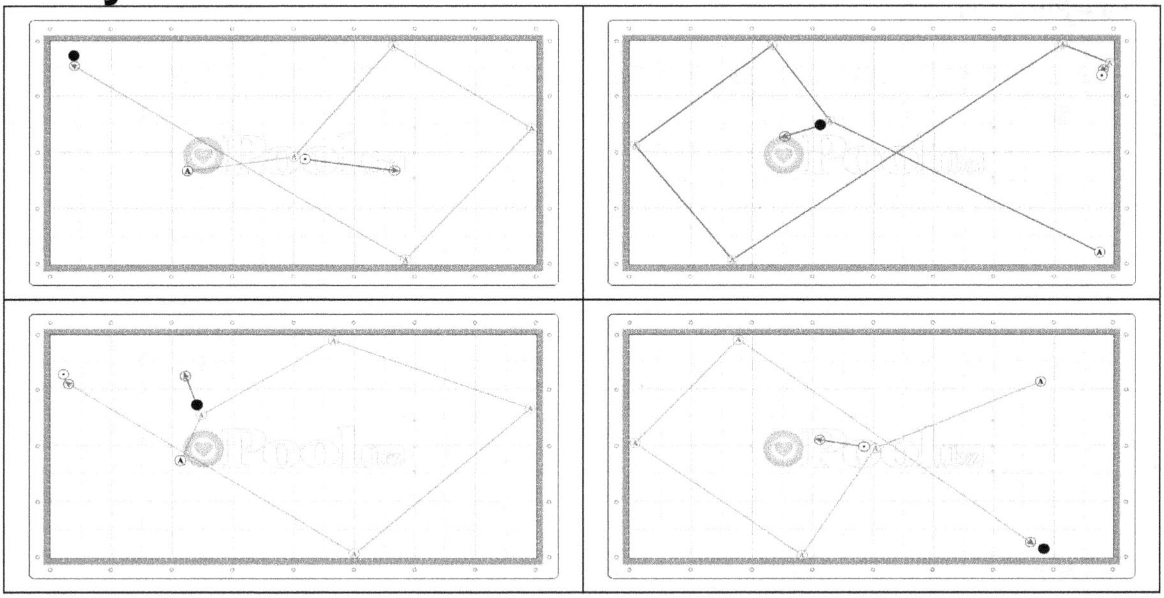

Analyysi:

D:5a. ____

D:5b. ____

D:5c. ____

D:5d. ____

D:5a – Piirustus

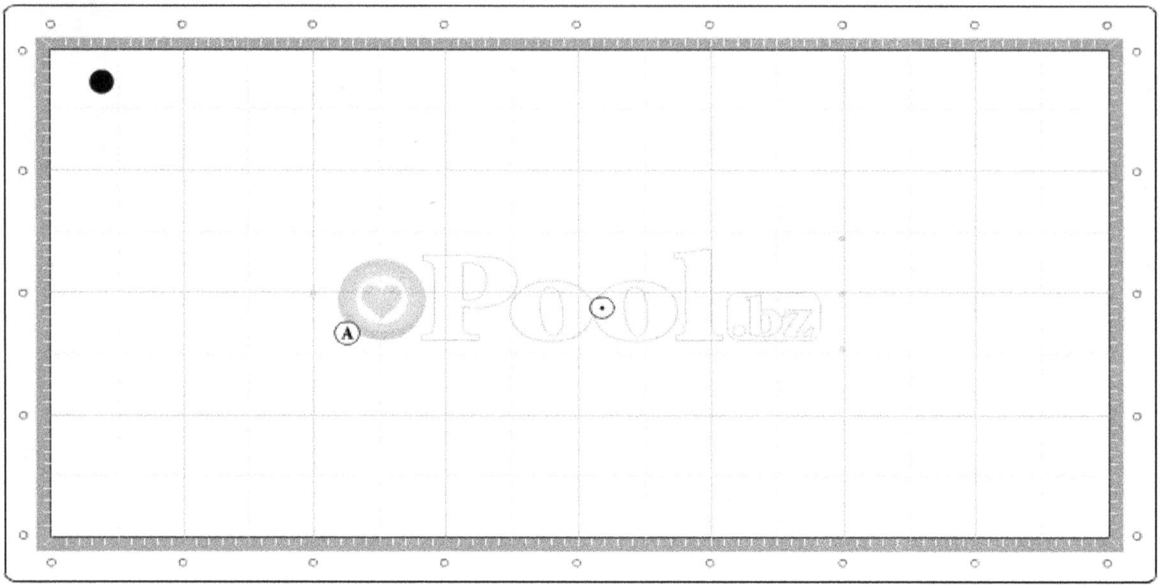

Huomautuksia ja ideoita:

Pallokuviota

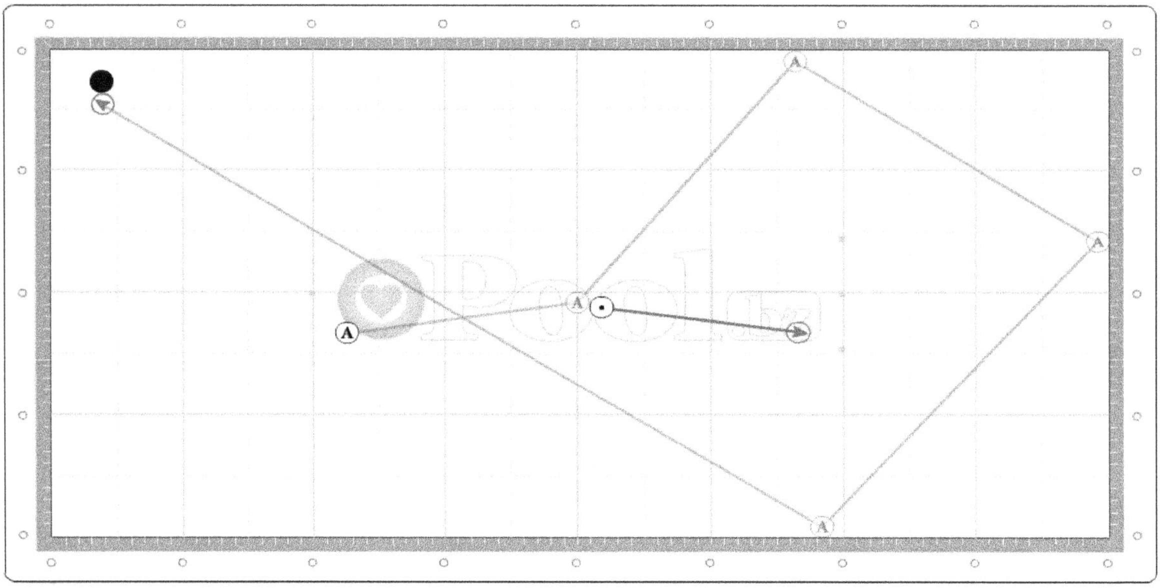

D:5b – Piirustus

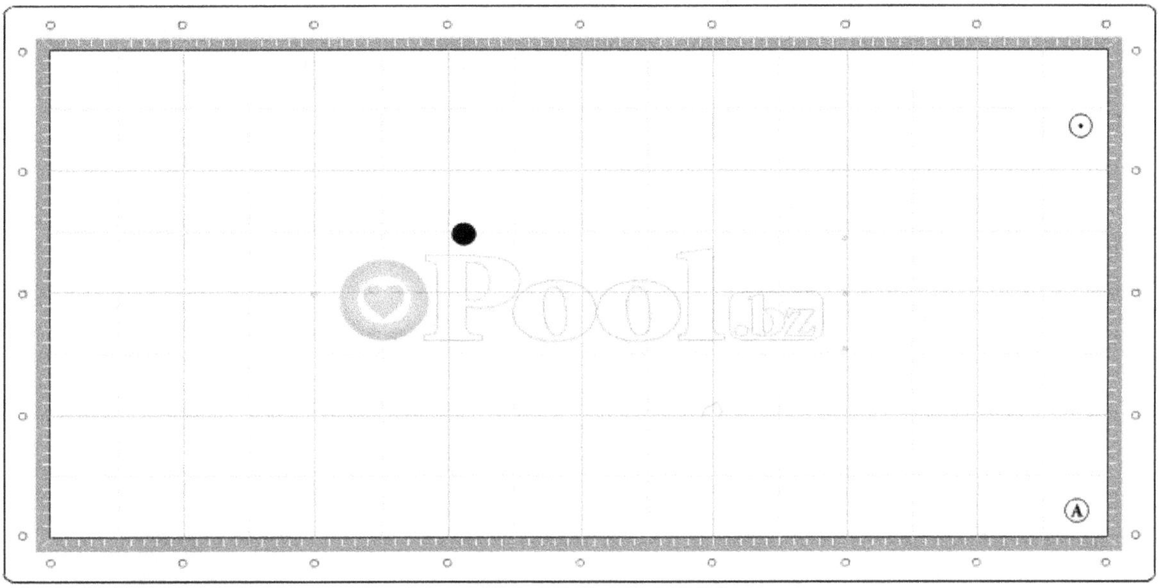

Huomautuksia ja ideoita:

Pallokuviota

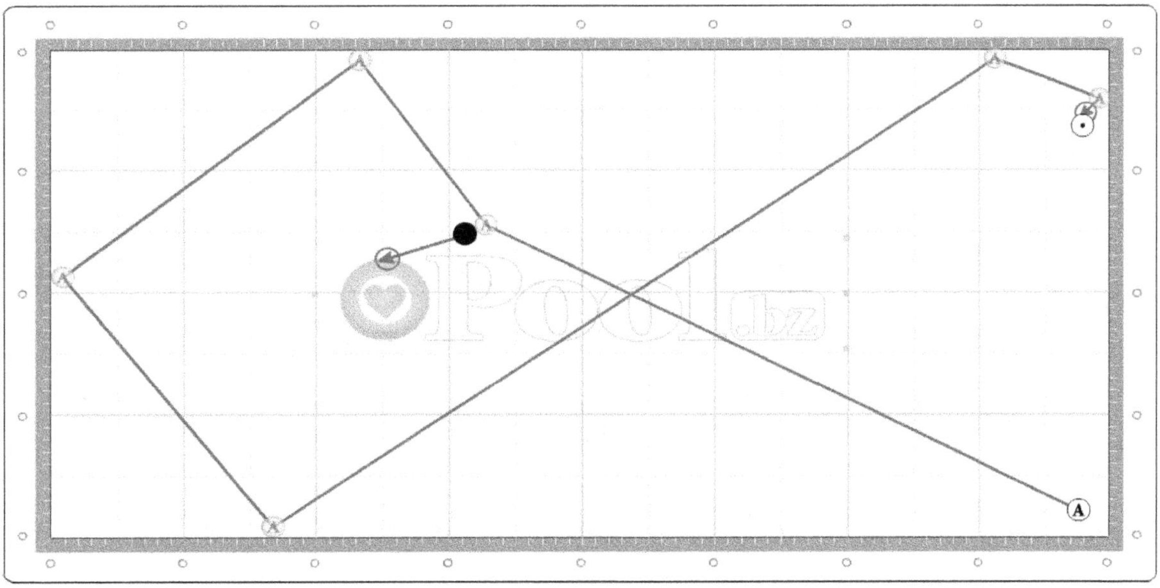

D:5c – Piirustus

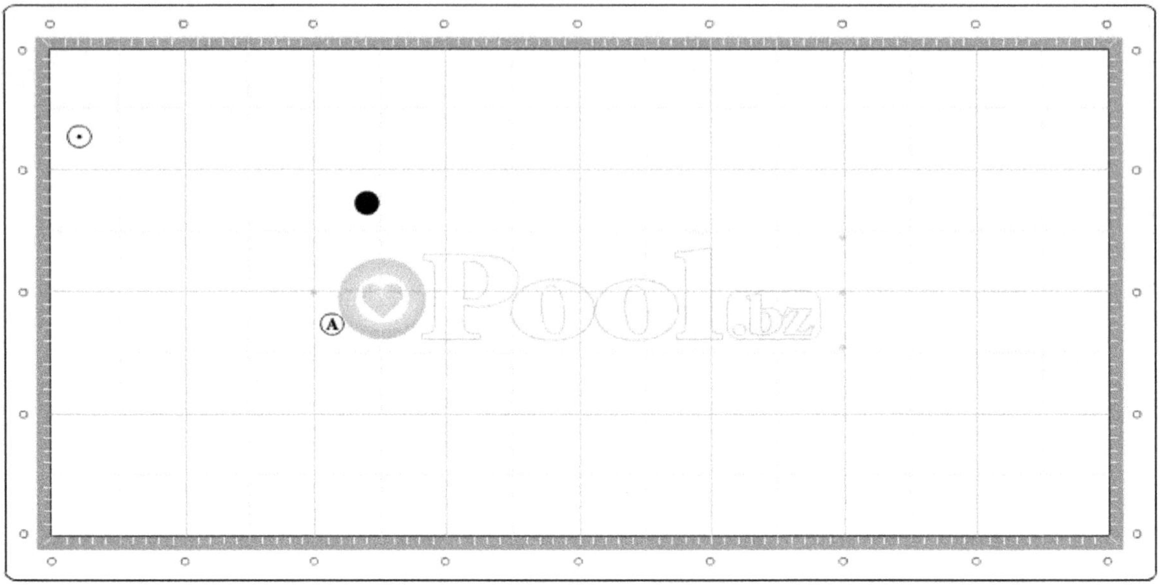

Huomautuksia ja ideoita:

Pallokuviota

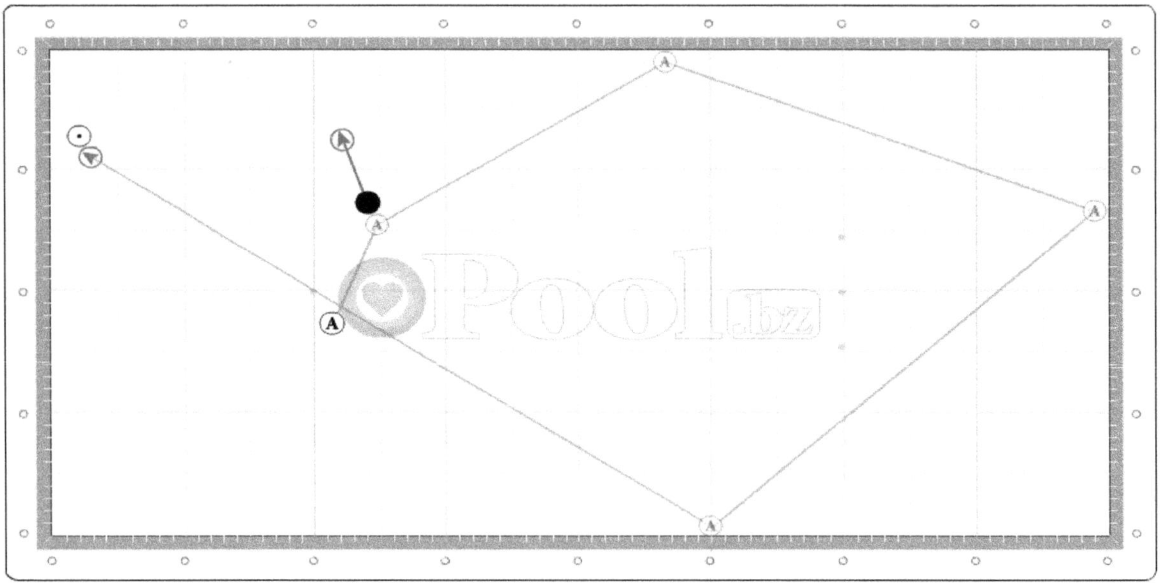

D:5d – Piirustus

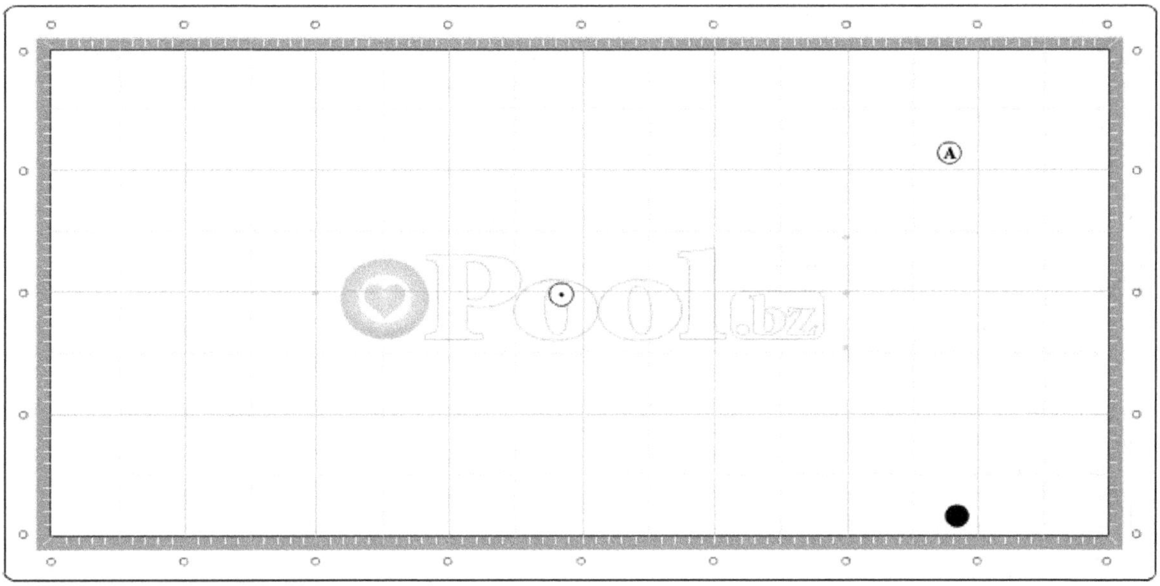

Huomautuksia ja ideoita:

Pallokuviota

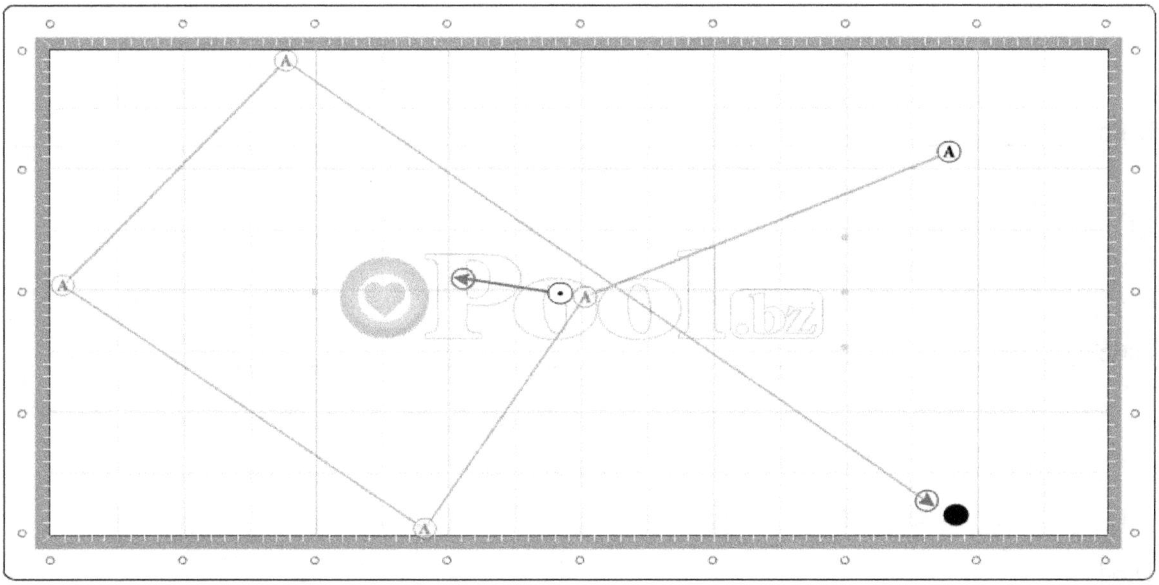

D: Ryhmä 6

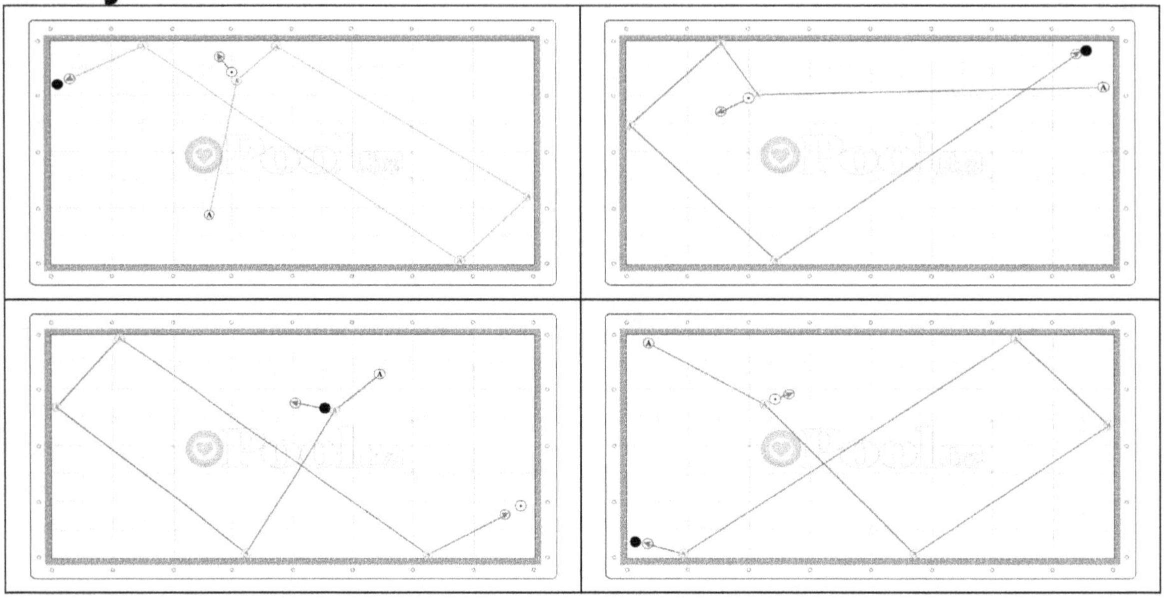

Analyysi:

D:6a. ______________________________

D:6b. ______________________________

D:6c. ______________________________

D:6d. ______________________________

D:6a – Piirustus

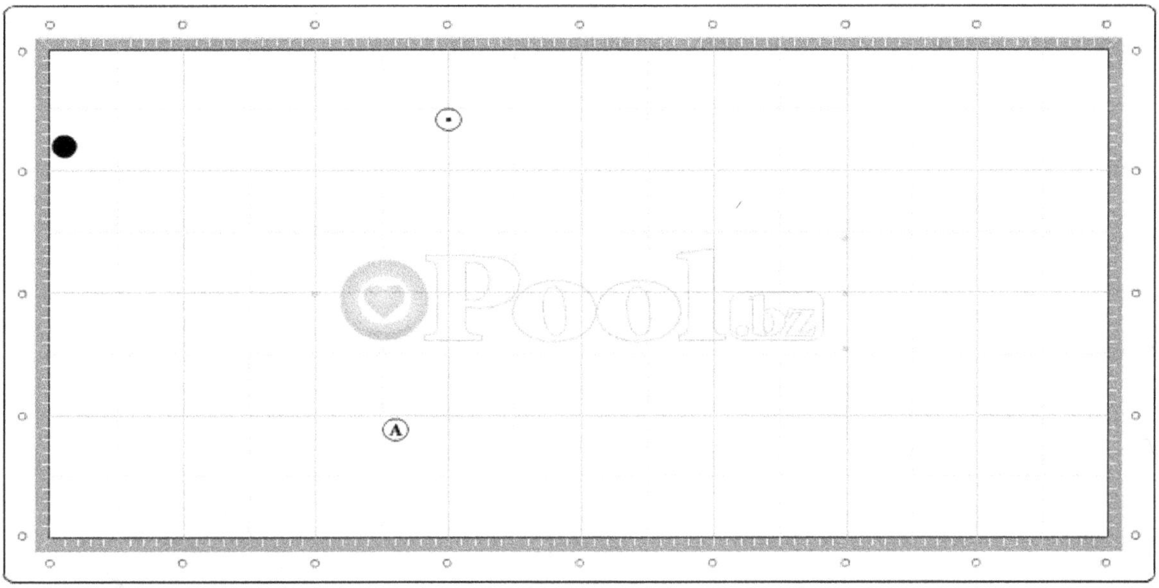

Huomautuksia ja ideoita:

Pallokuviota

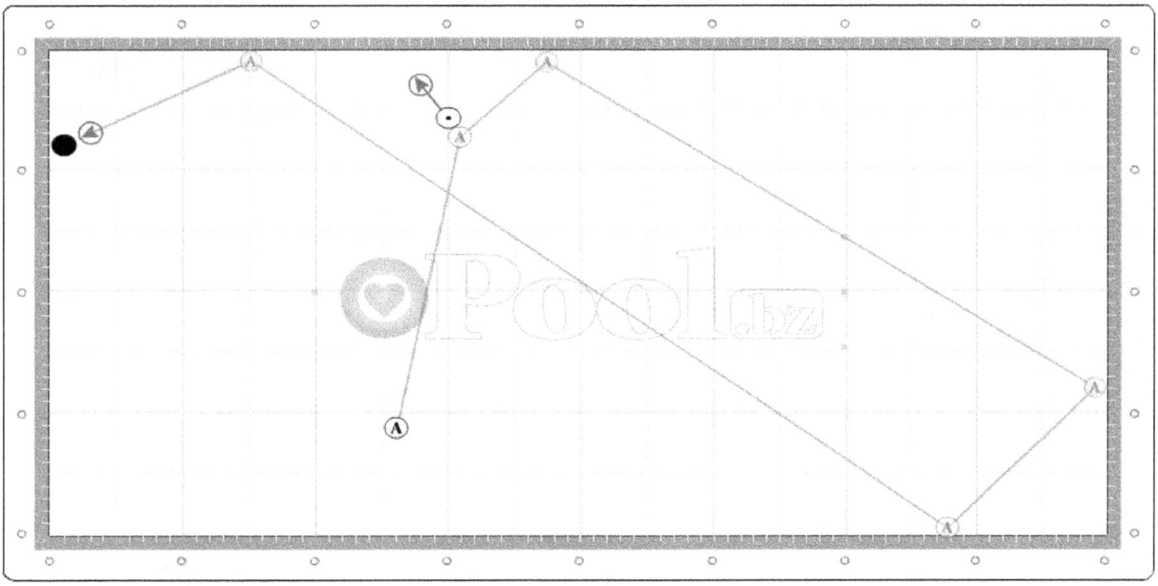

D:6b – Piirustus

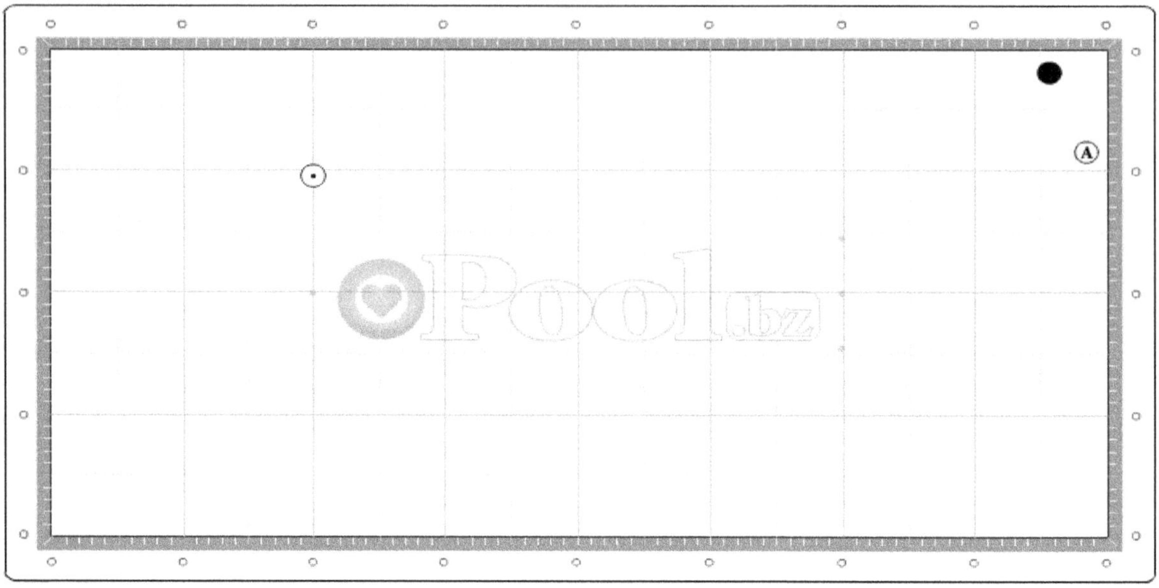

Huomautuksia ja ideoita:

Pallokuviota

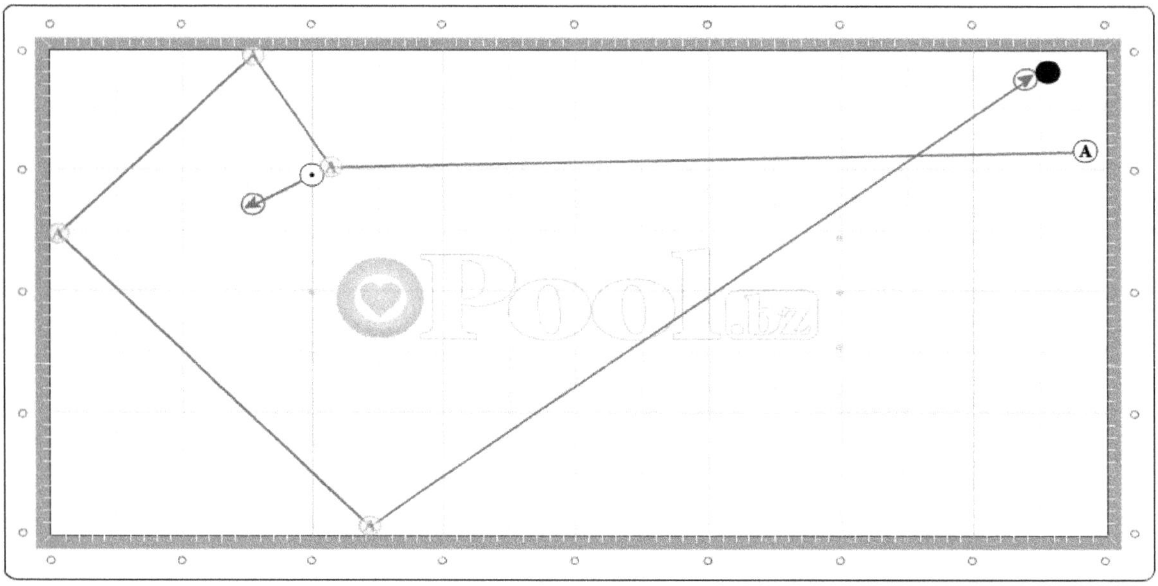

D:6c – Piirustus

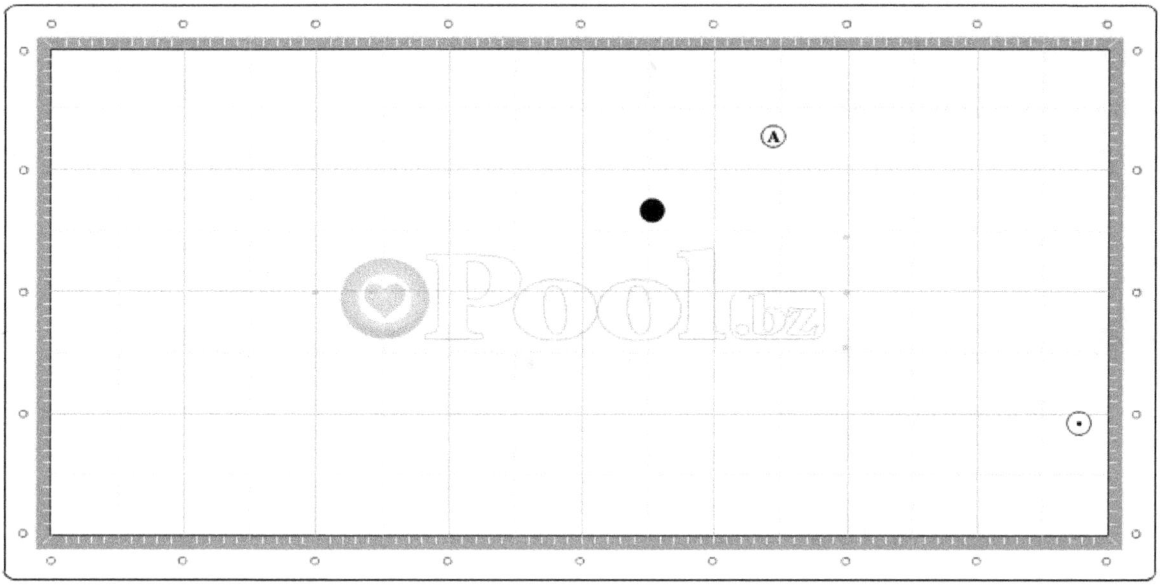

Huomautuksia ja ideoita:

Pallokuviota

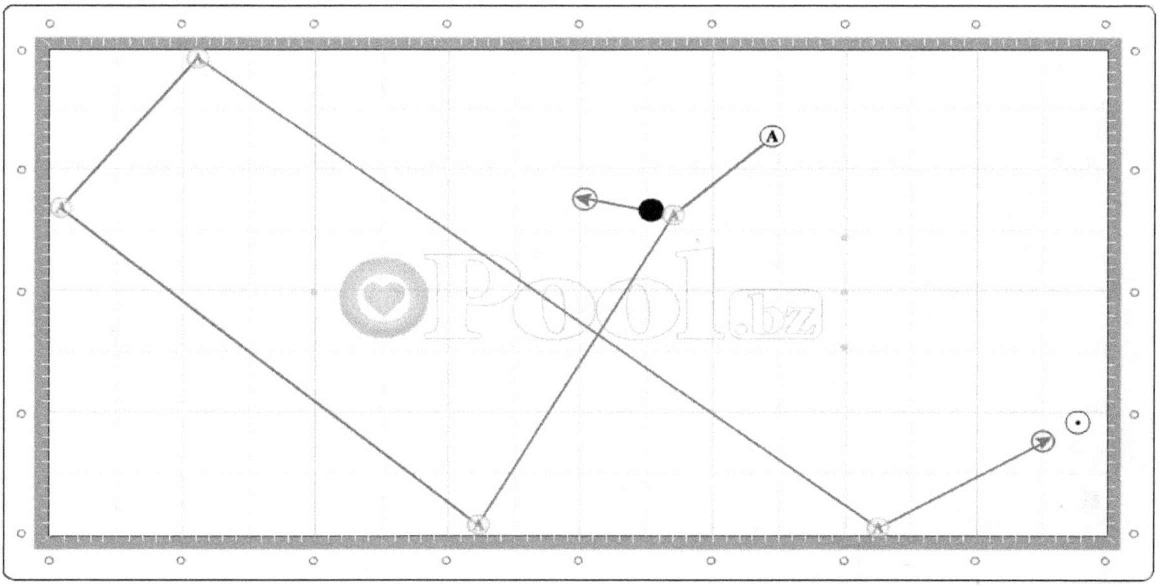

D:6d – Piirustus

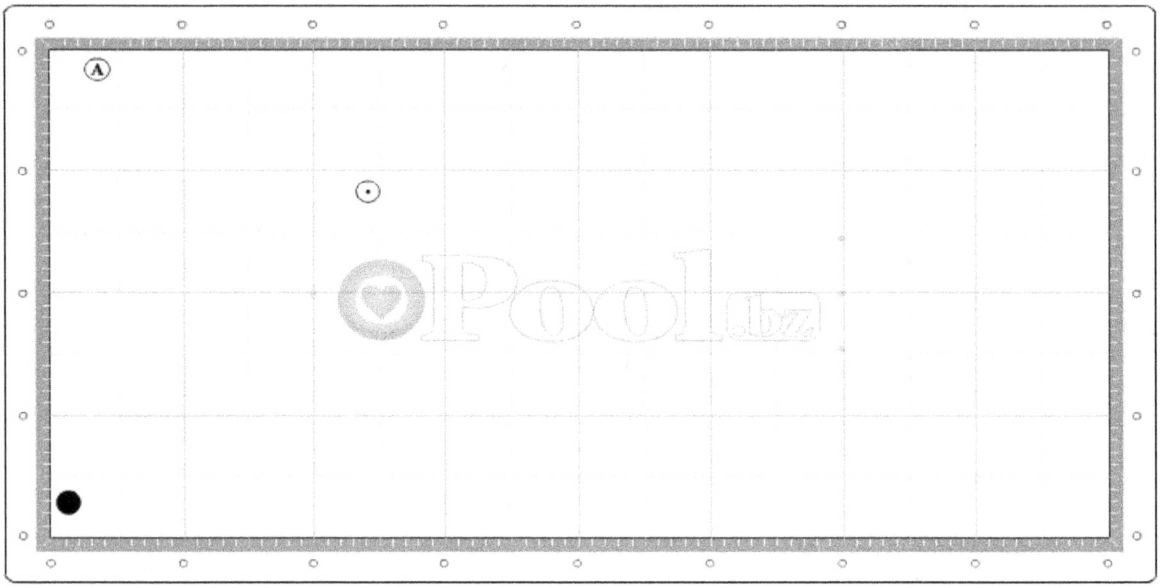

Huomautuksia ja ideoita:

Pallokuviota

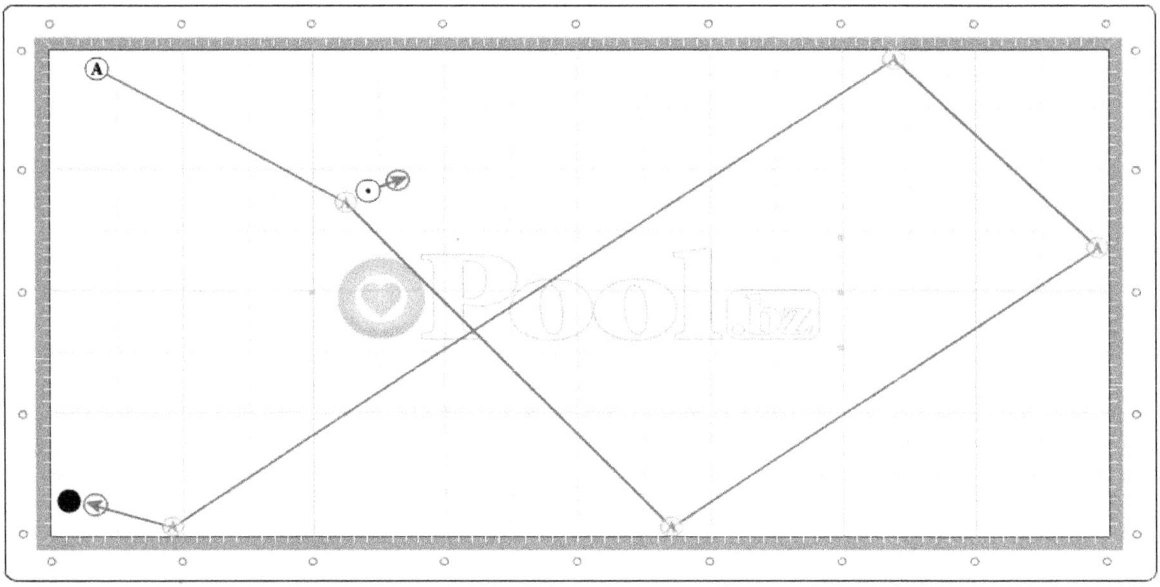

D: Ryhmä 7

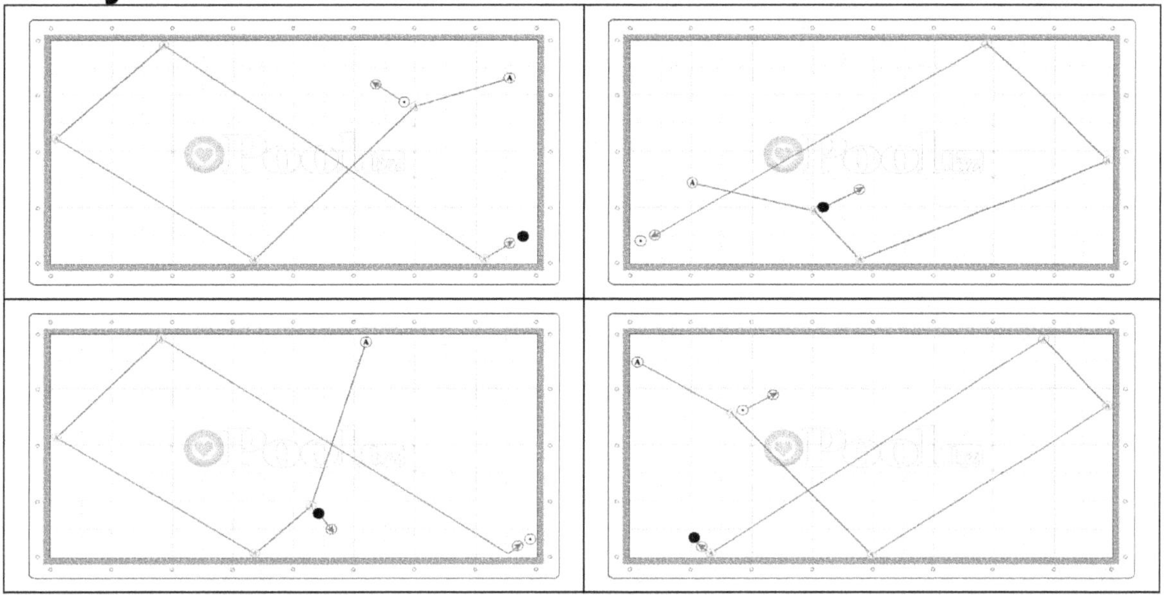

Analyysi:

D:7a. ____

D:7b. ____

D:7c. ____

D:7d. ____

D:7a – Piirustus

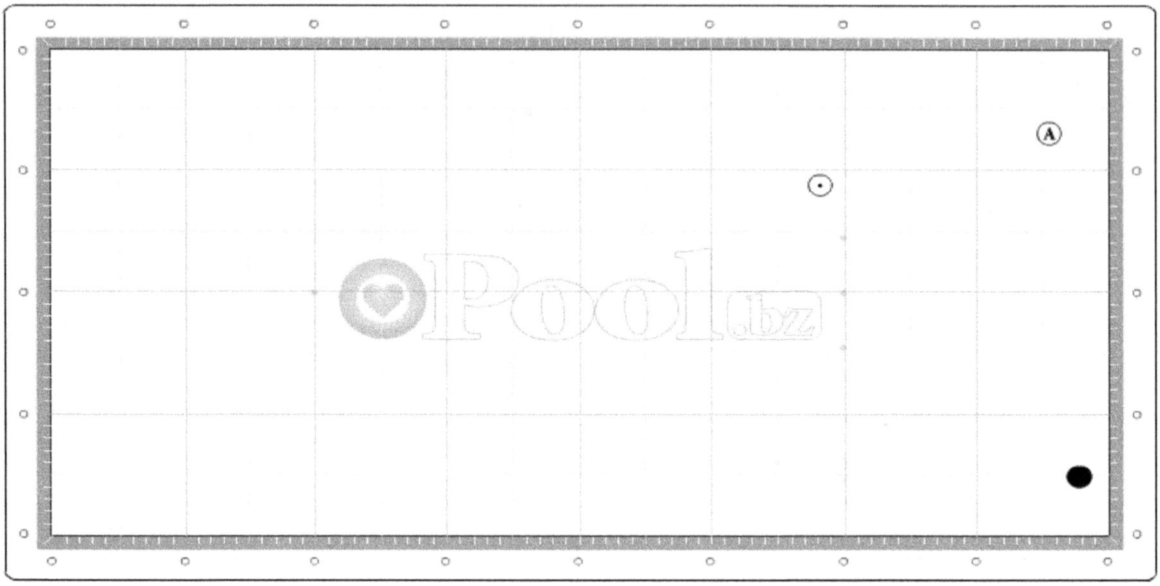

Huomautuksia ja ideoita:

Pallokuviota

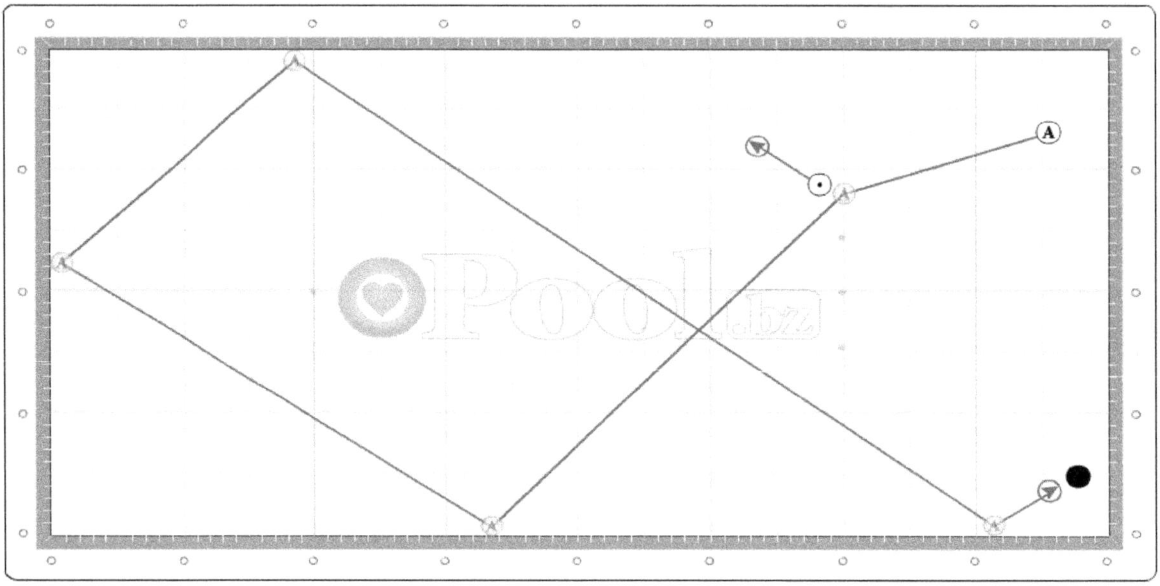

D:7b – Piirustus

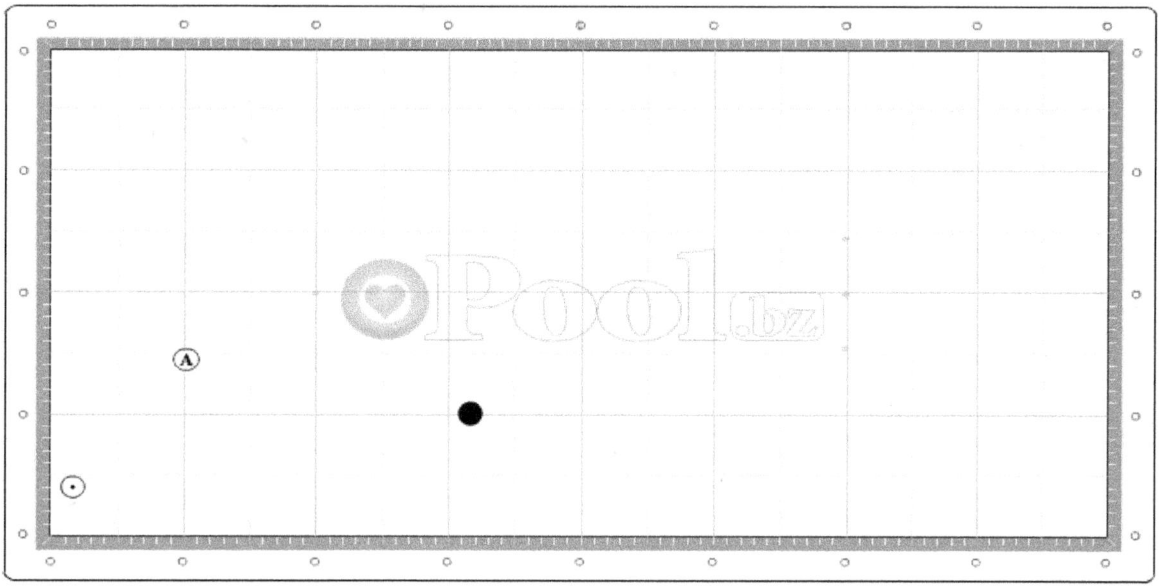

Huomautuksia ja ideoita:

Pallokuviota

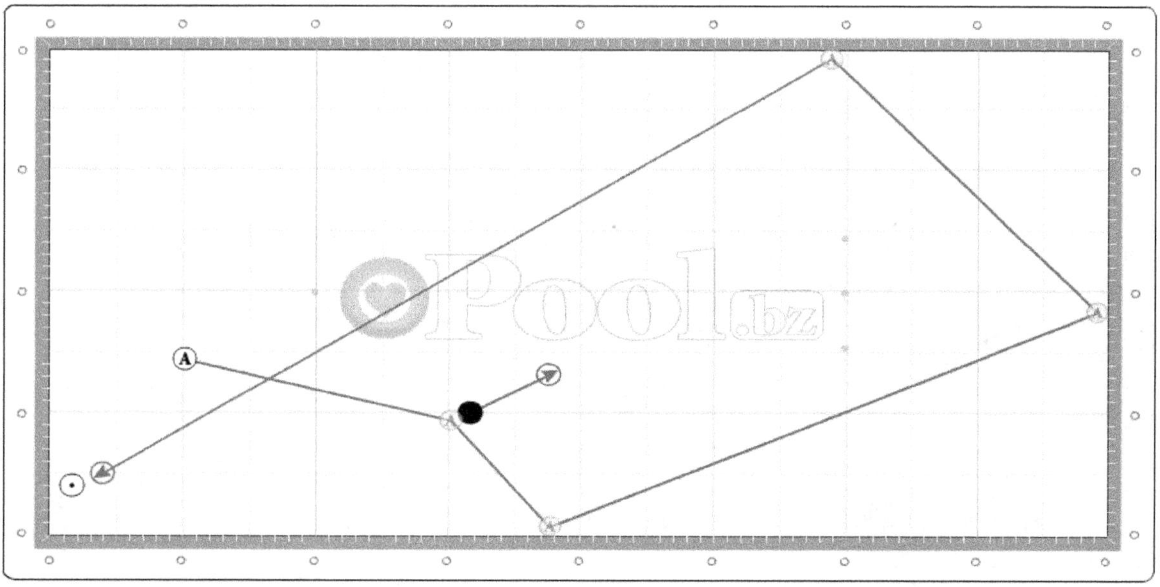

D:7c – Piirustus

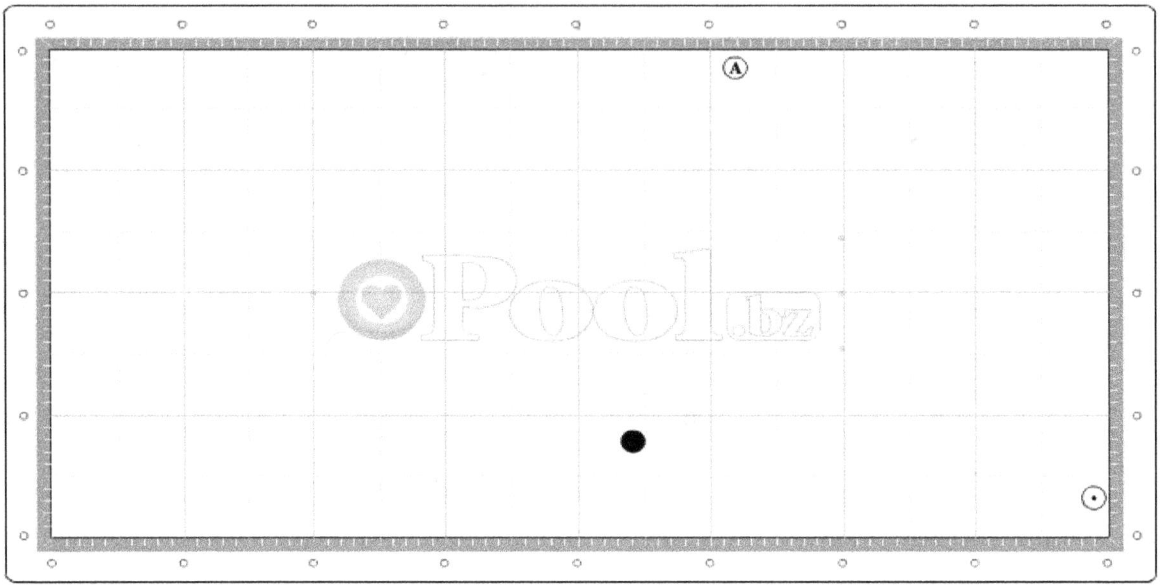

Huomautuksia ja ideoita:

Pallokuviota

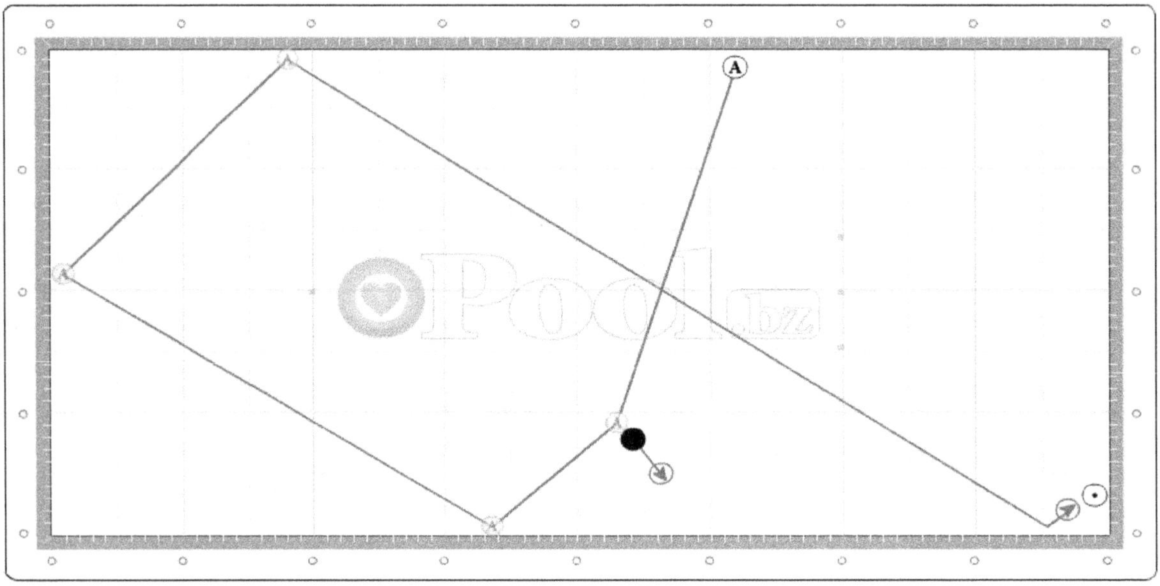

D:7d – Piirustus

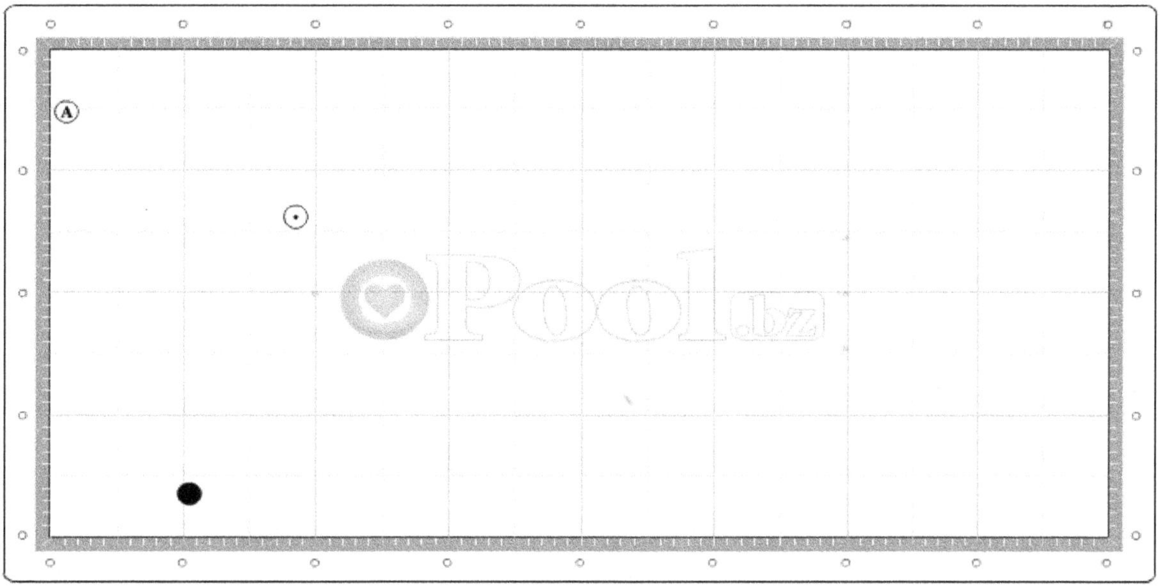

Huomautuksia ja ideoita:

Pallokuviota

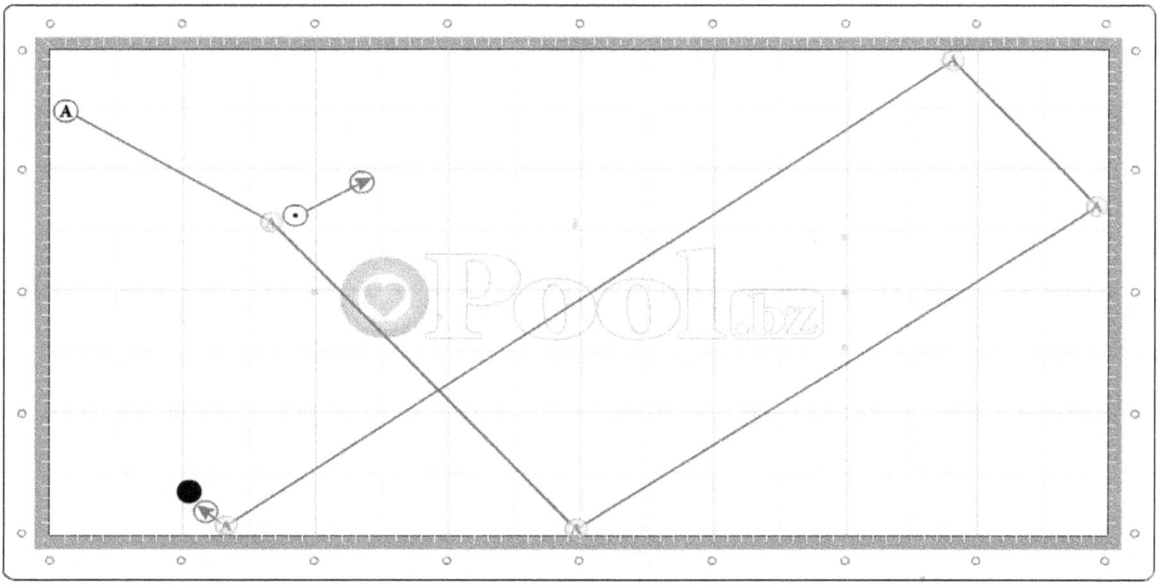

D: Ryhmä 8

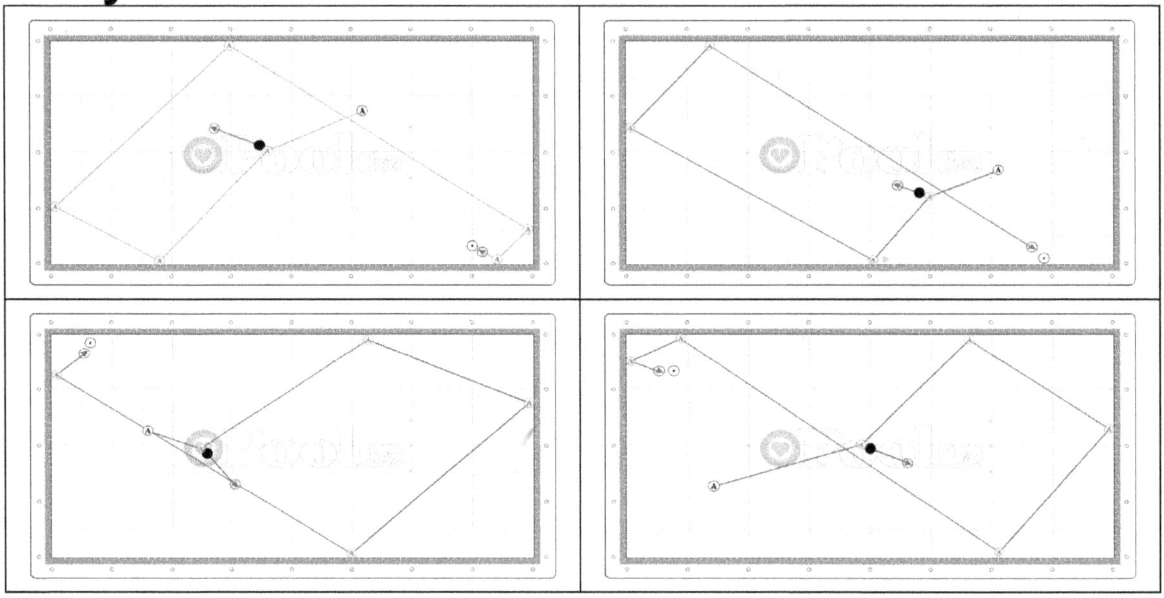

Analyysi:

D:8a. ____

D:8b. ____

D:8c. ____

D:8d. ____

D:8a – Piirustus

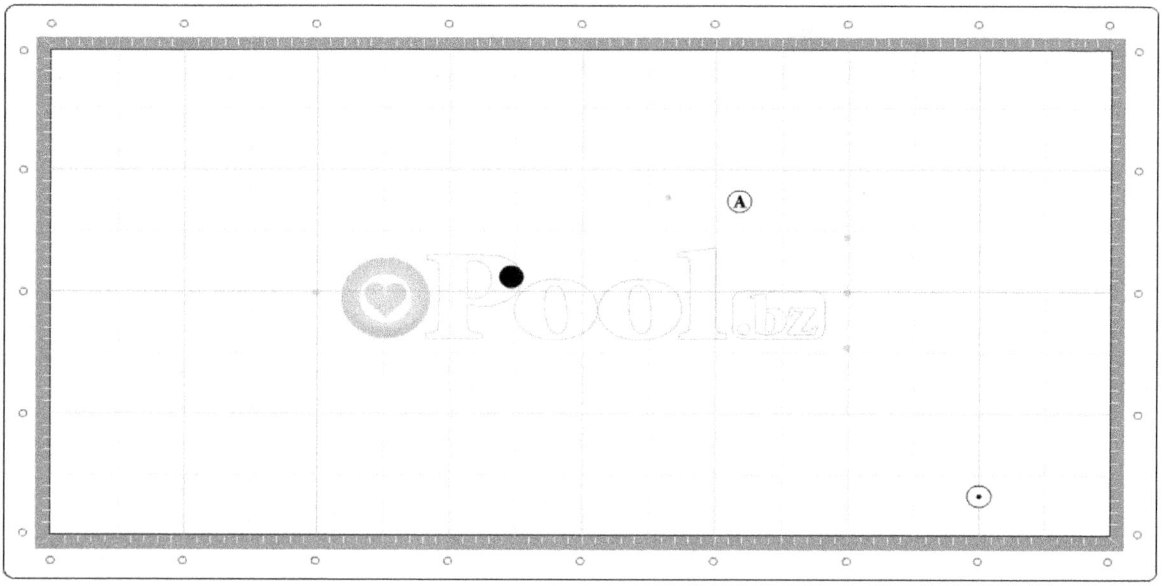

Huomautuksia ja ideoita:

Pallokuviota

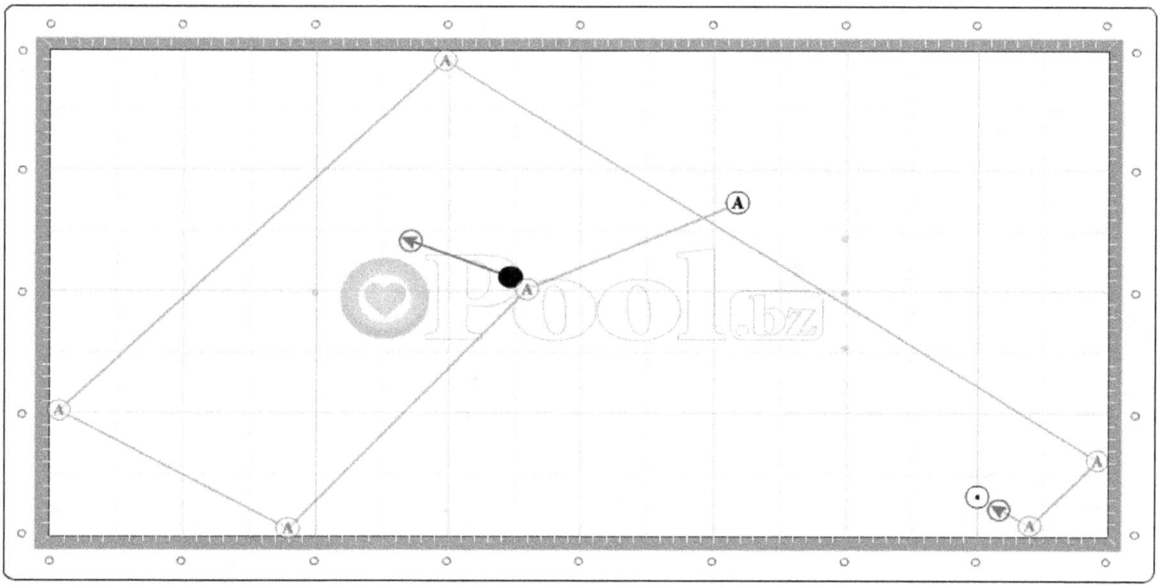

D:8b – Piirustus

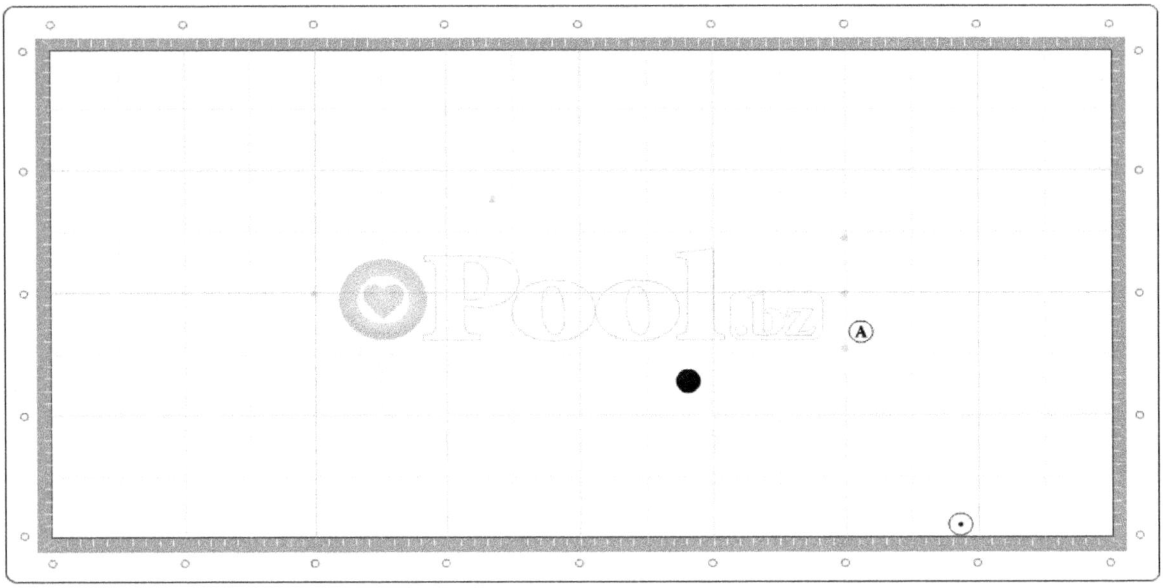

Huomautuksia ja ideoita:

Pallokuviota

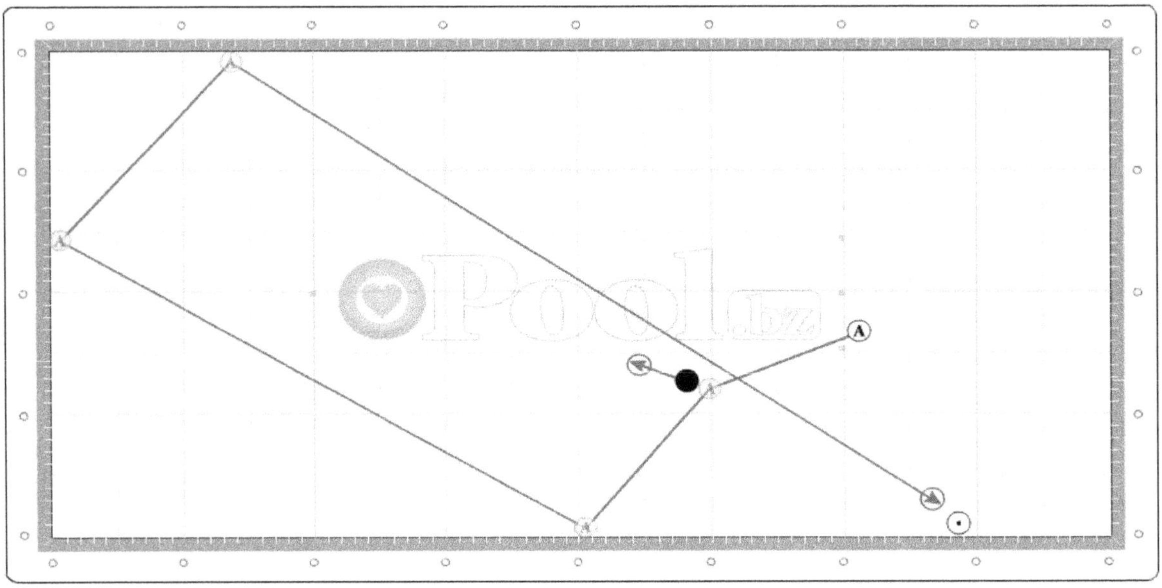

D:8c – Piirustus

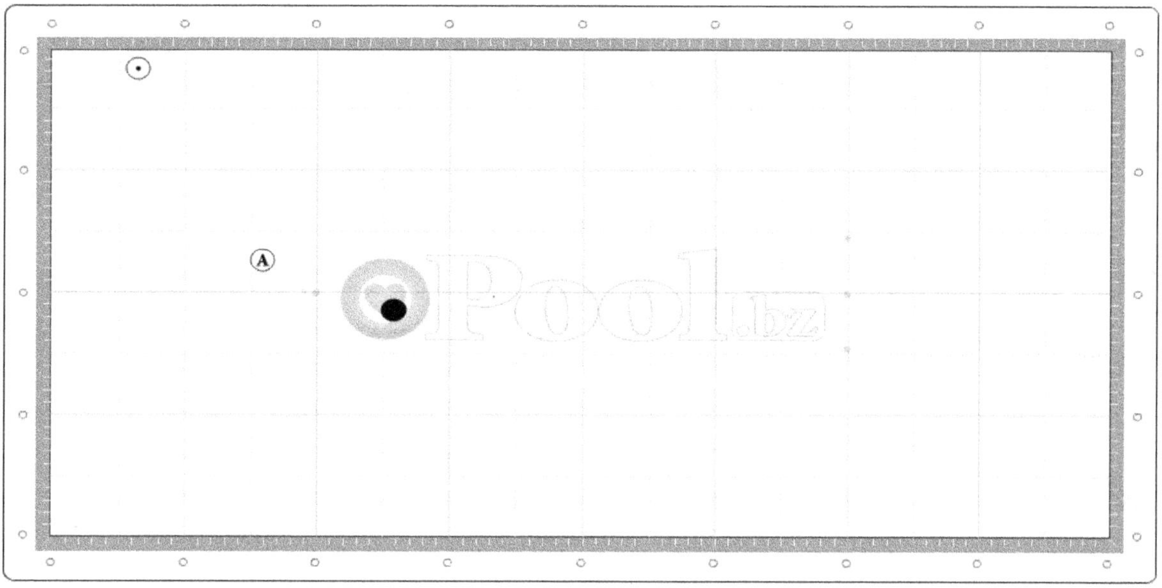

Huomautuksia ja ideoita:

Pallokuviota

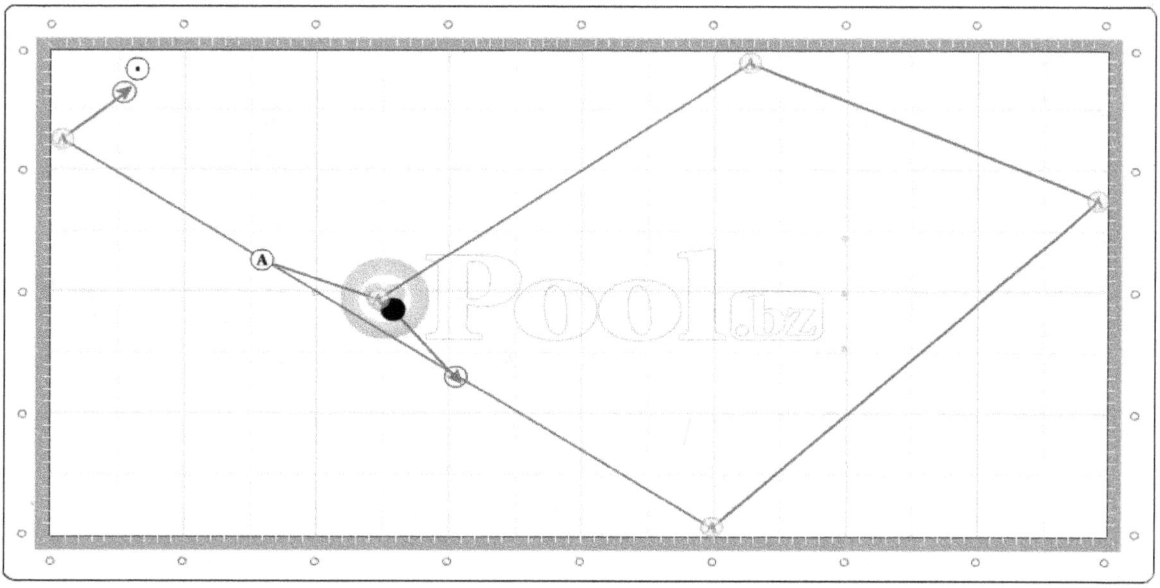

D:8d – Piirustus

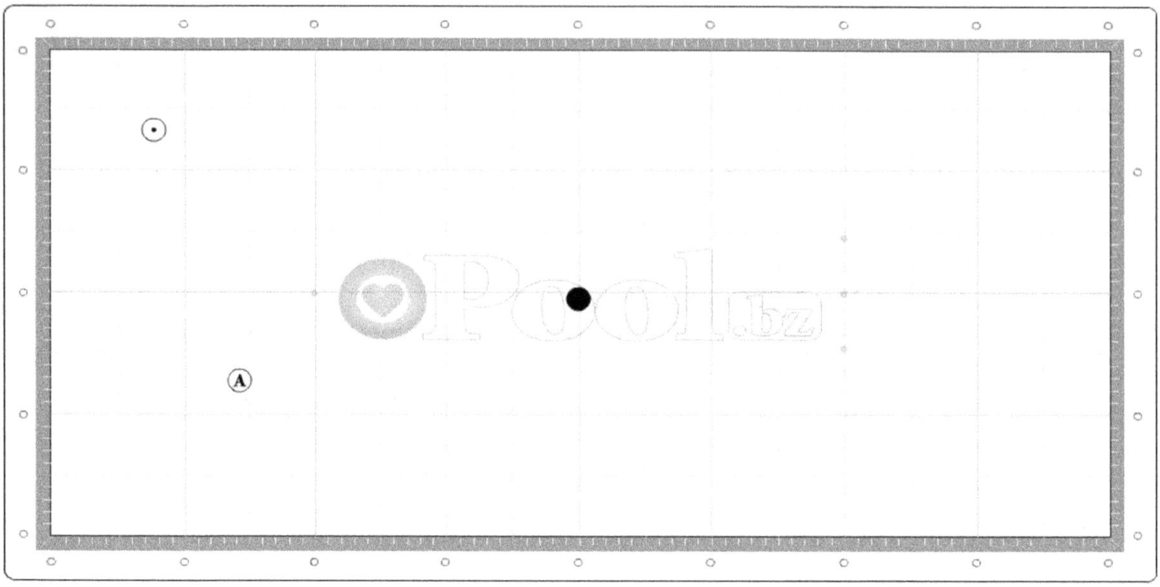

Huomautuksia ja ideoita:

Pallokuviota

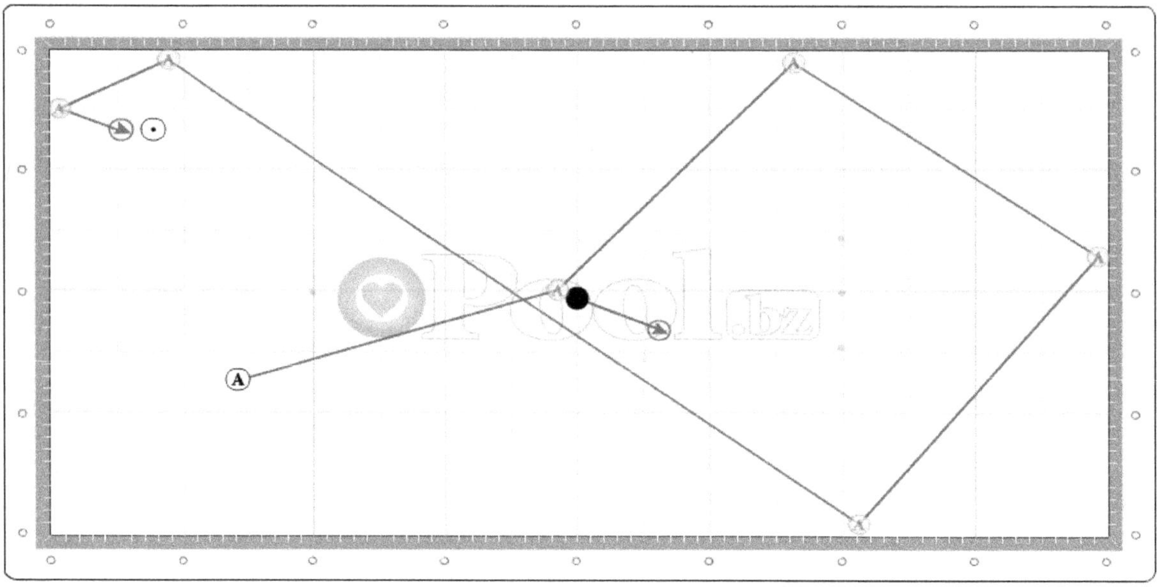

D: Ryhmä 9

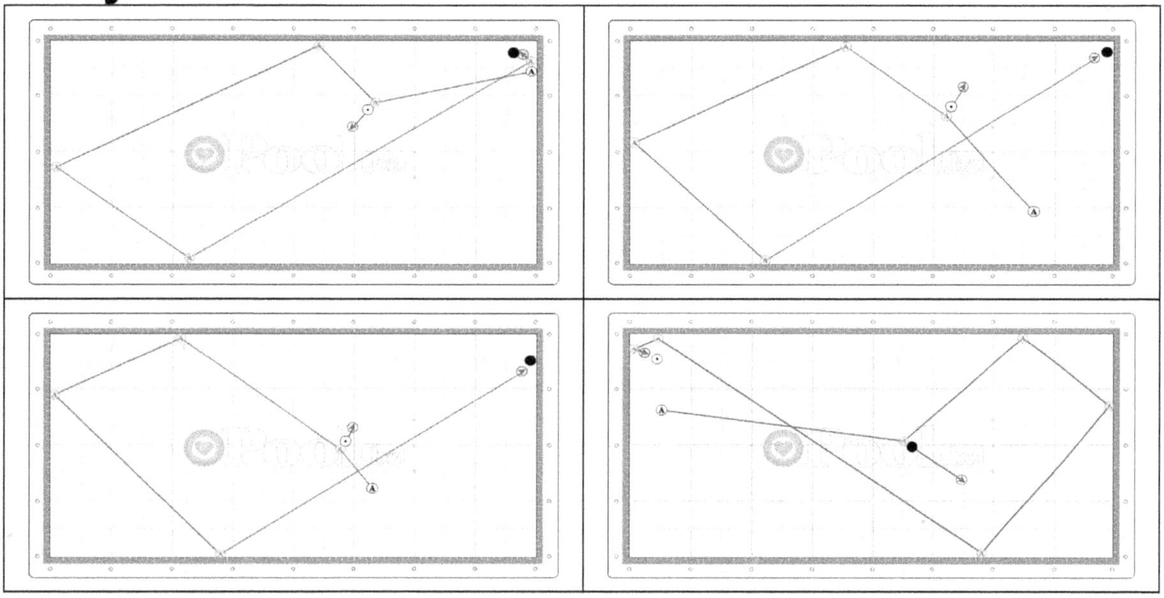

Analyysi:

D:9a. ____________________

D:9b. ____________________

D:9c. ____________________

D:9d. ____________________

D:9a – Piirustus

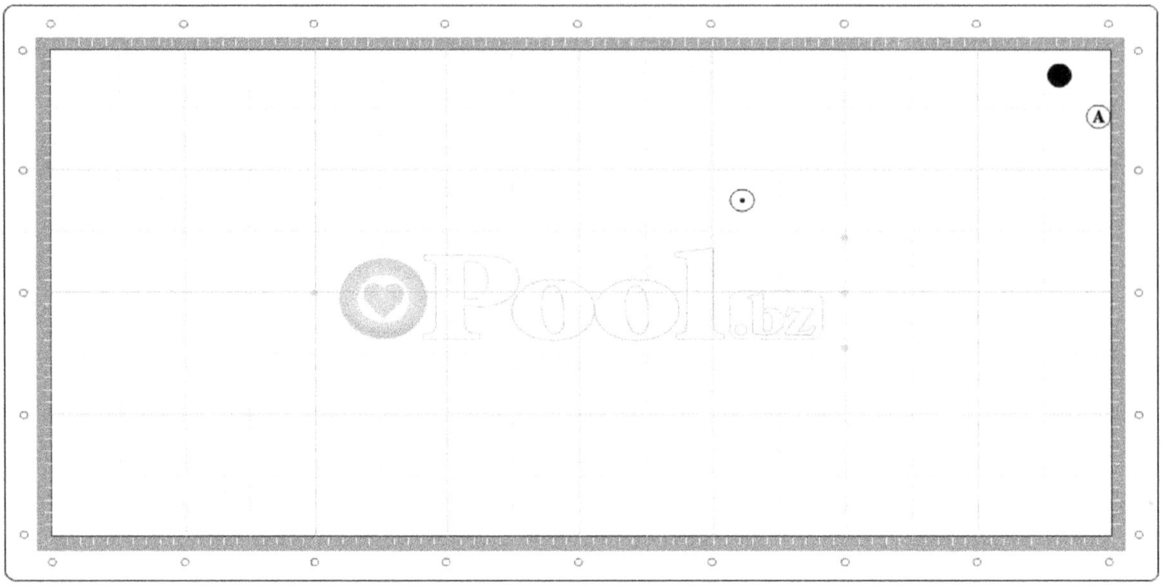

Huomautuksia ja ideoita:

Pallokuviota

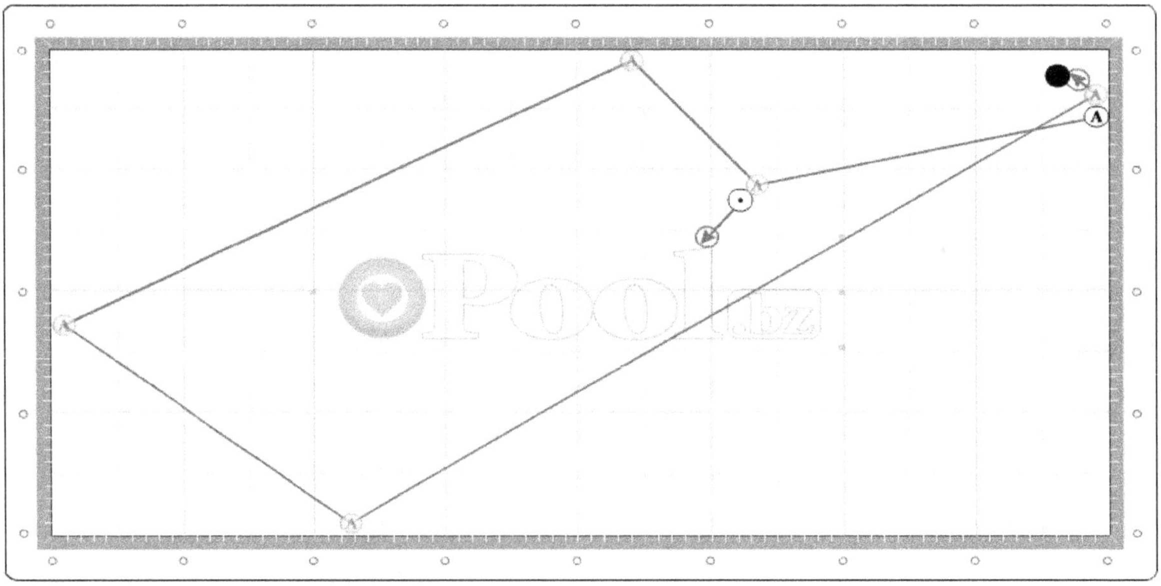

D:9b – Piirustus

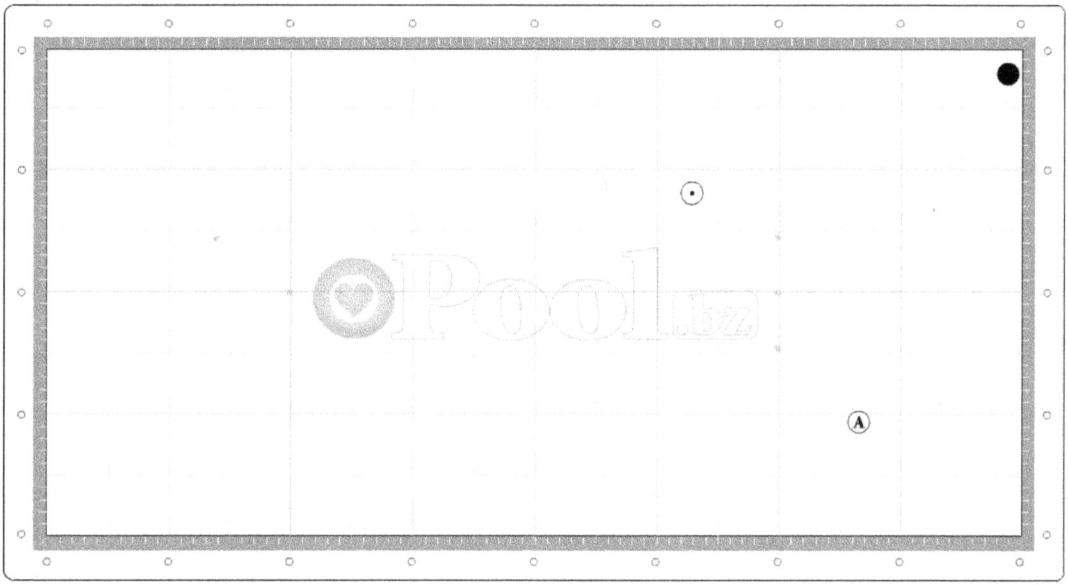

Huomautuksia ja ideoita:

Pallokuviota

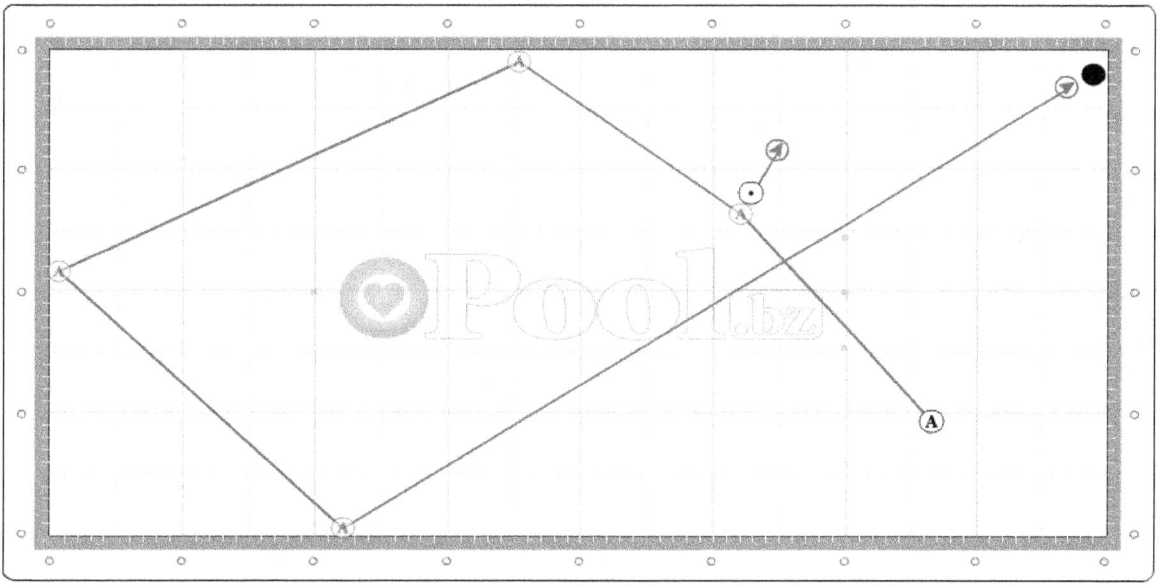

D:9c – Piirustus

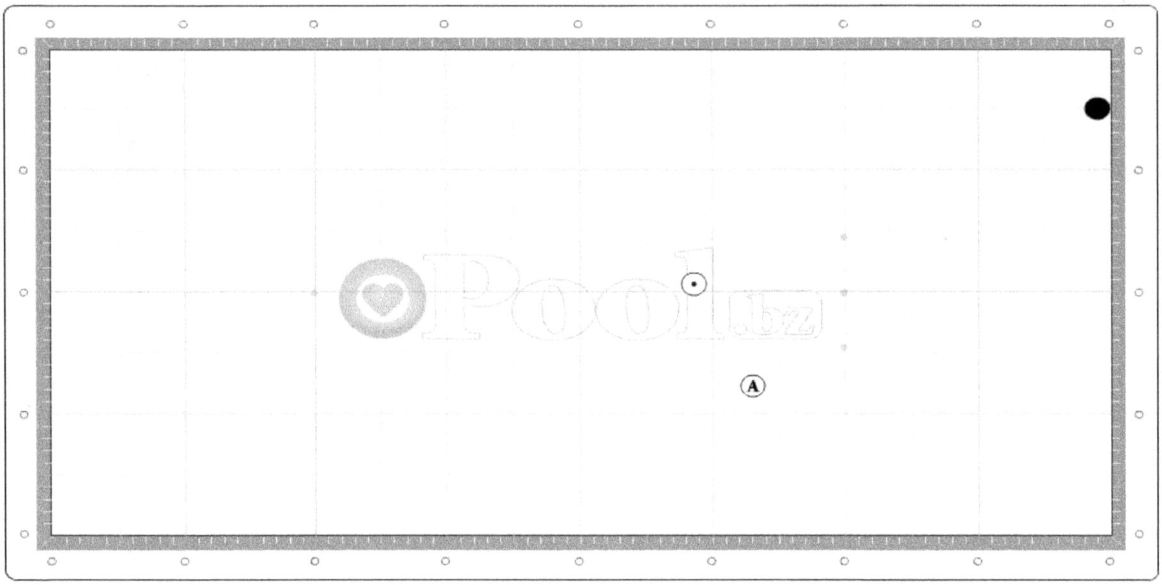

Huomautuksia ja ideoita:

Pallokuviota

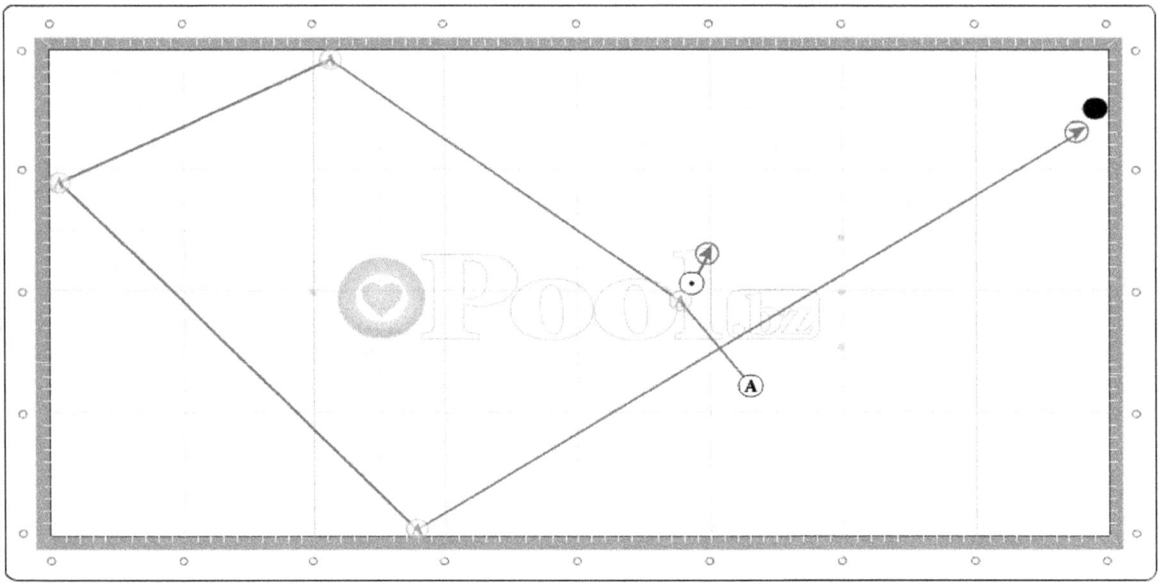

D:9d – Piirustus

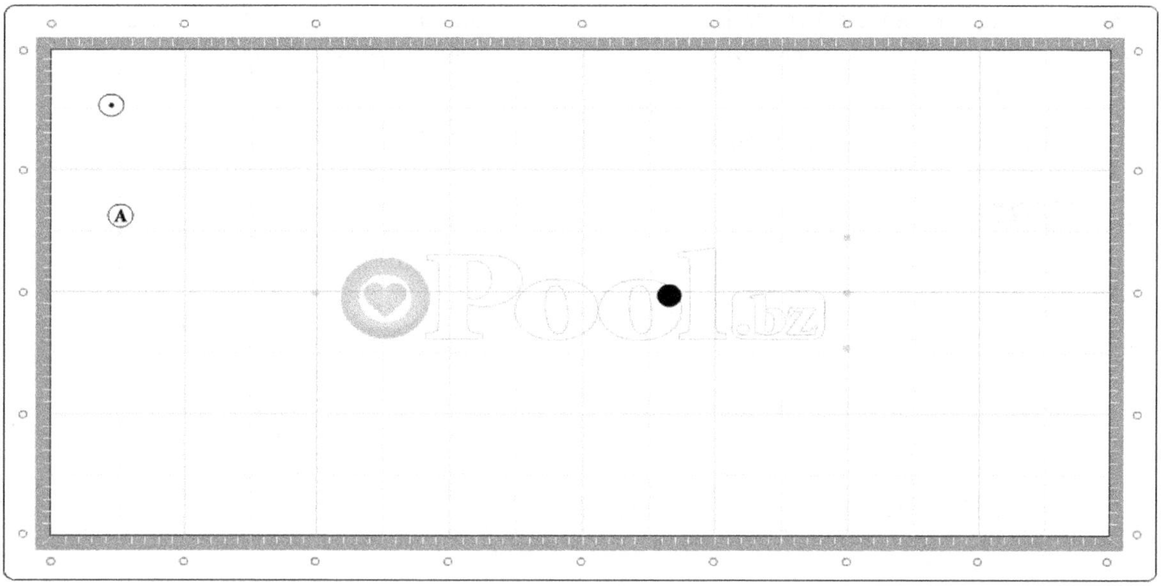

Huomautuksia ja ideoita:

Pallokuviota

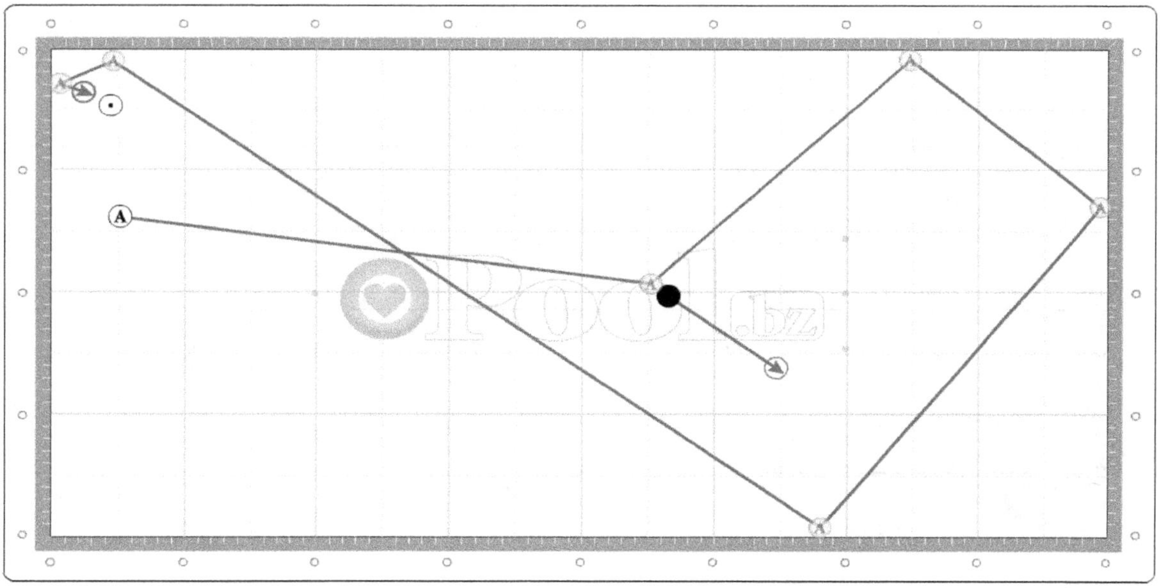

E: Seuraa kulmaa

(CB) tulee ensimmäisestä (OB): stä ja seuraavaan kolmeen vallin, noudattaen standardia maailmankuvion ympärillä. Koska toinen (OB) on (CB) polulle kotiurheilussa, (CB) voi osua toiseen (OB) pisteeseen.

Ⓐ (CB) (sinun biljardipallo) – ⊙ (OB) (vastustaja biljardipallo) – ● (OB) (punainen biljardipallo)

E: Ryhmä 1

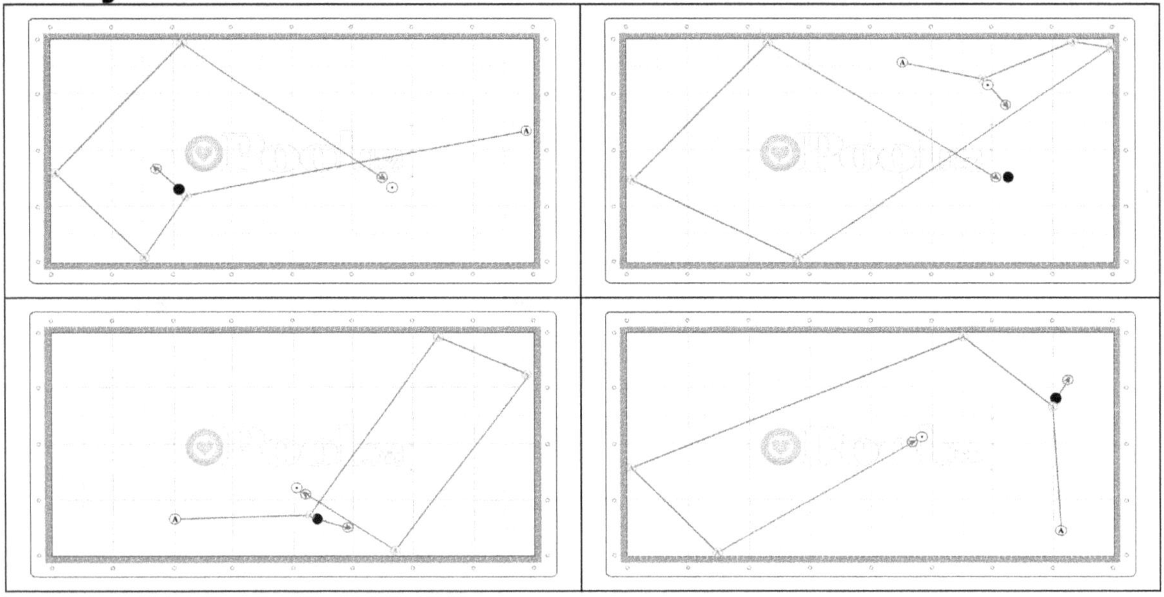

Analyysi:

E:1a. ____

E:1b. ____

E:1c. ____

E:1d. ____

E:1a – Piirustus

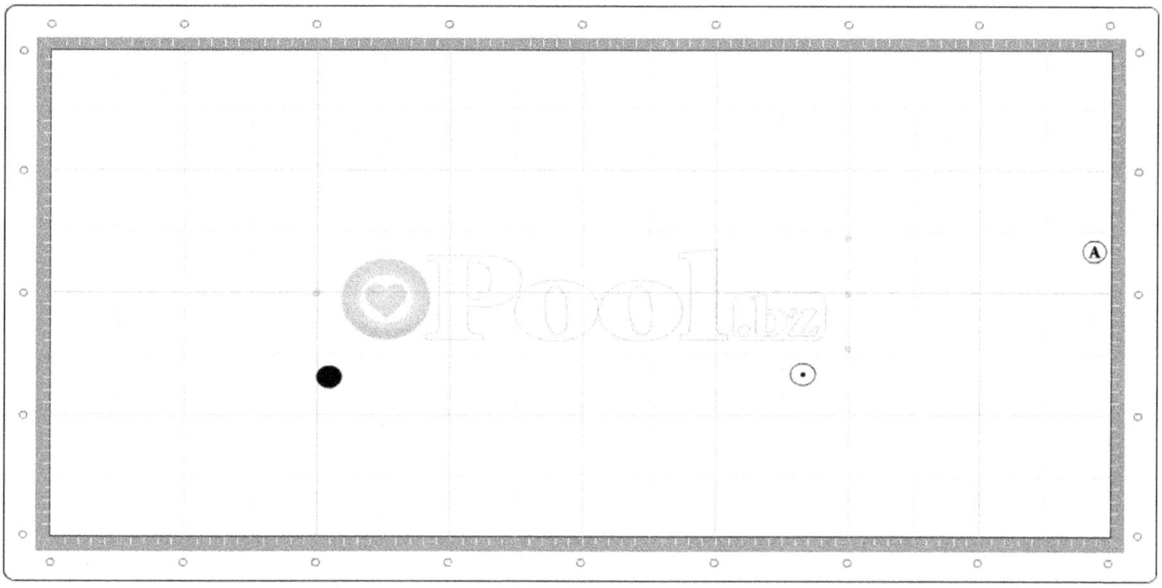

Huomautuksia ja ideoita:

Pallokuviota

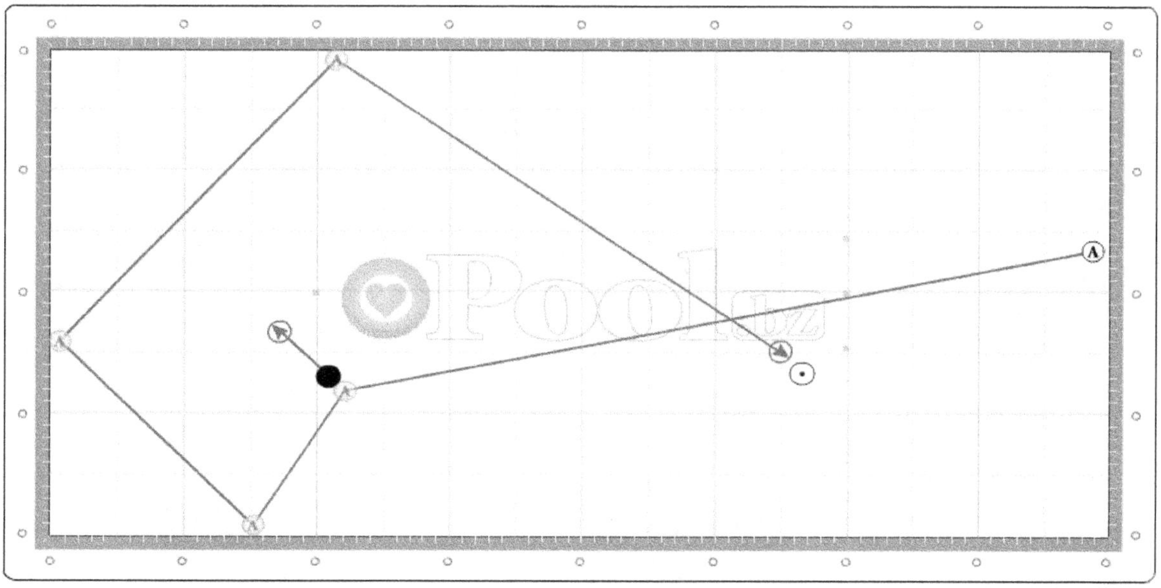

E:1b – Piirustus

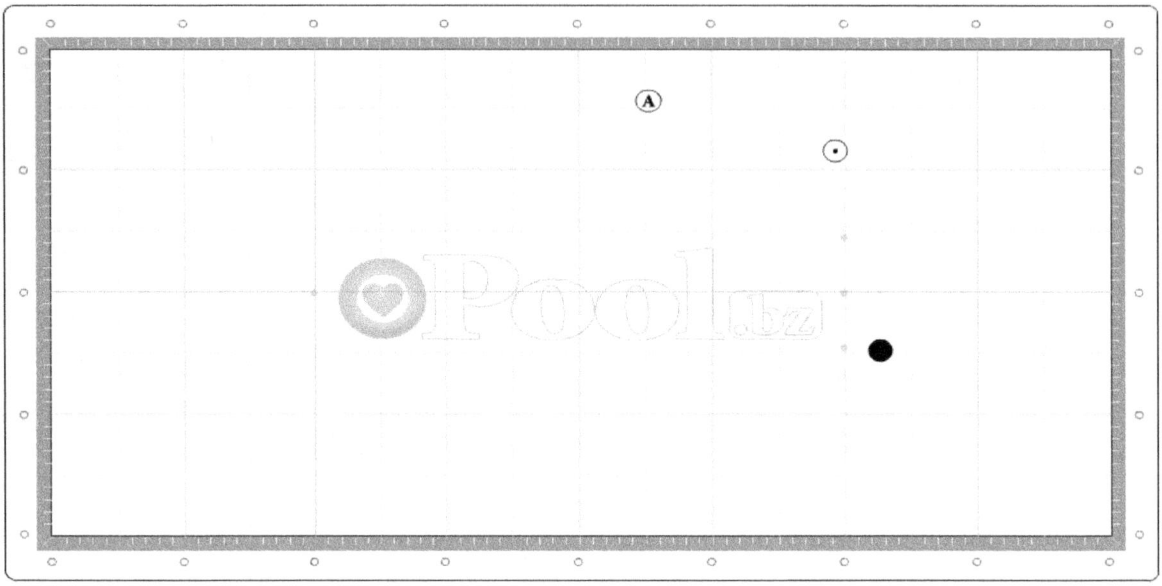

Huomautuksia ja ideoita:

Pallokuviota

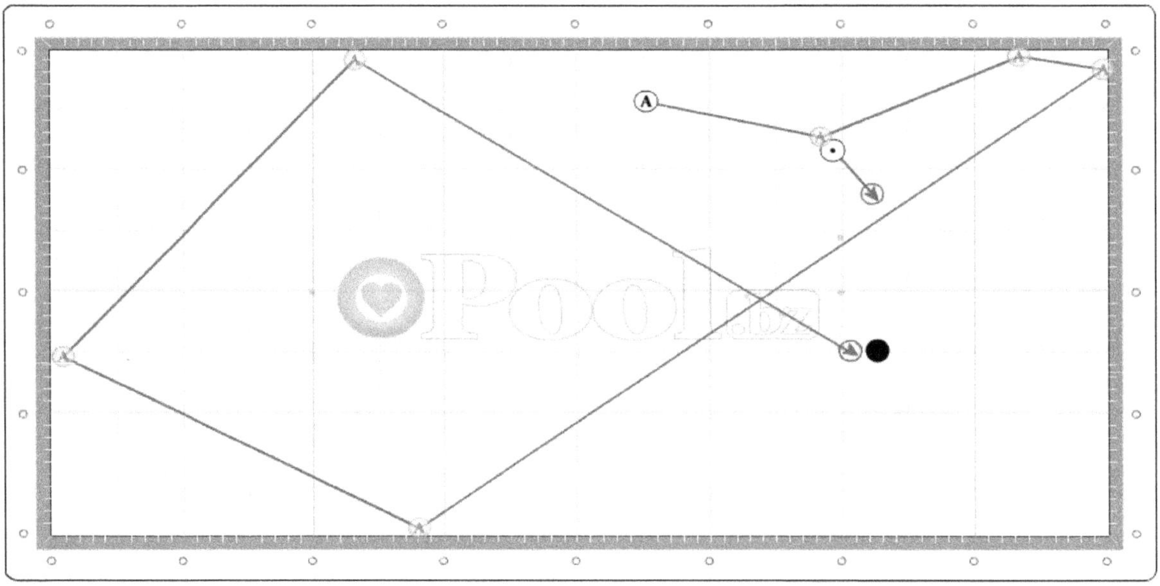

E:1c – Piirustus

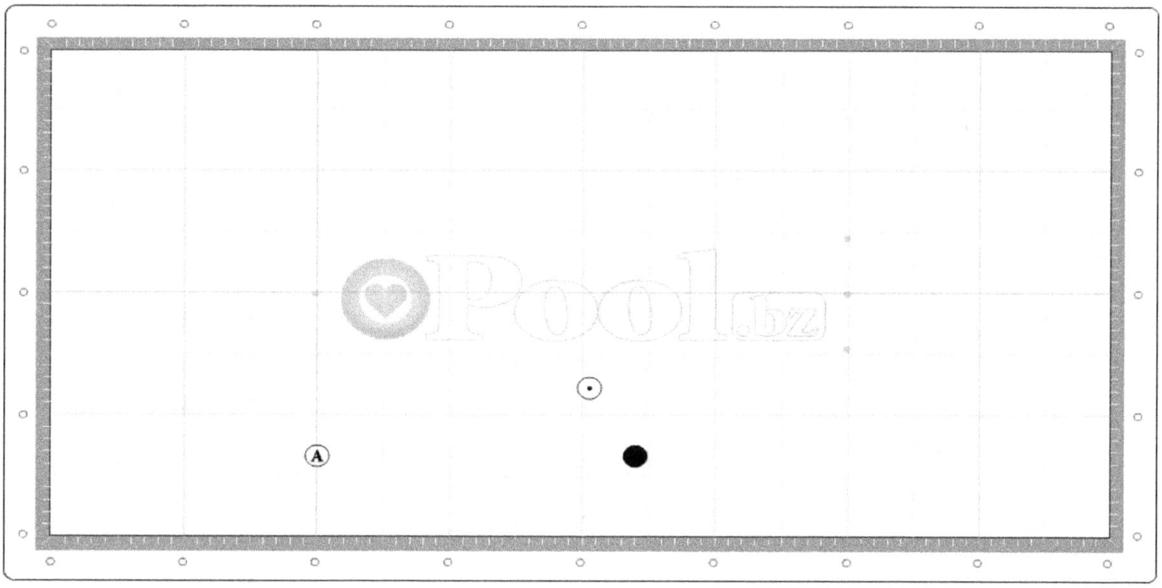

Huomautuksia ja ideoita:

Pallokuviota

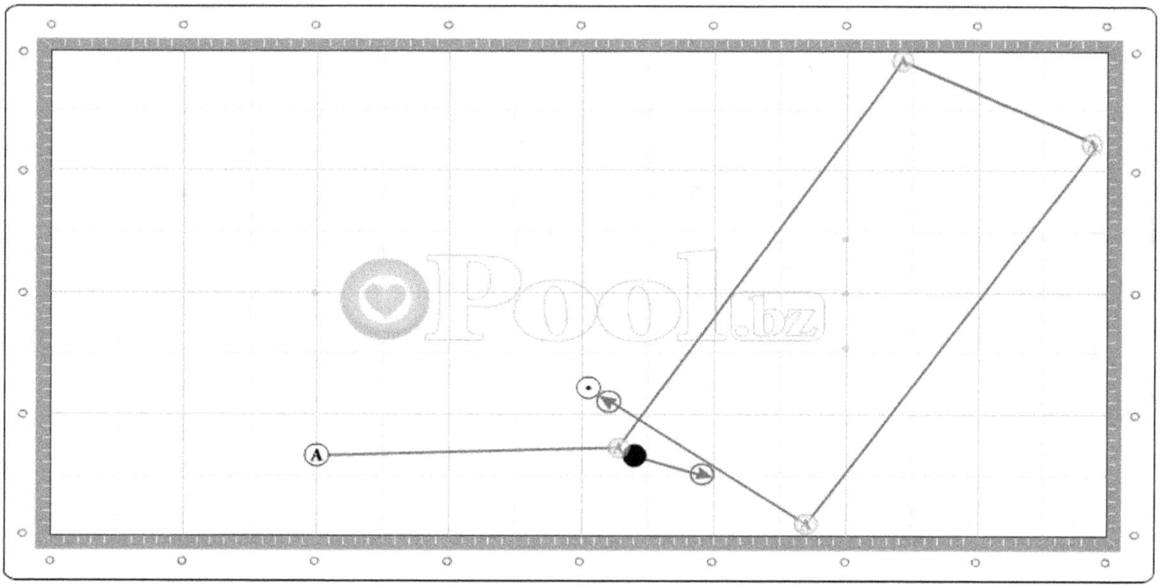

E:1d – Piirustus

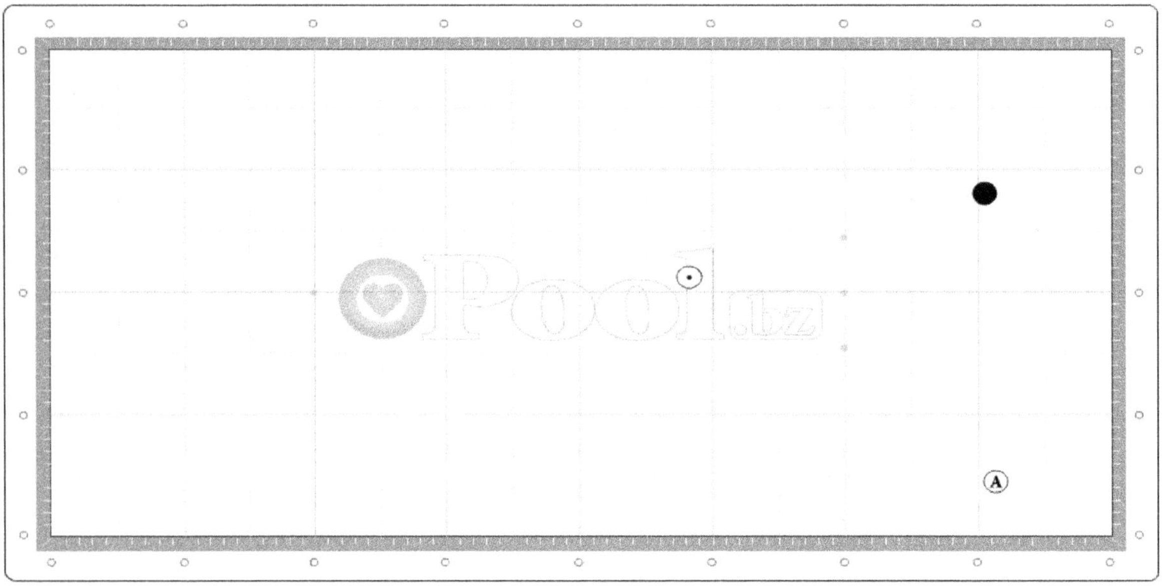

Huomautuksia ja ideoita:

Pallokuviota

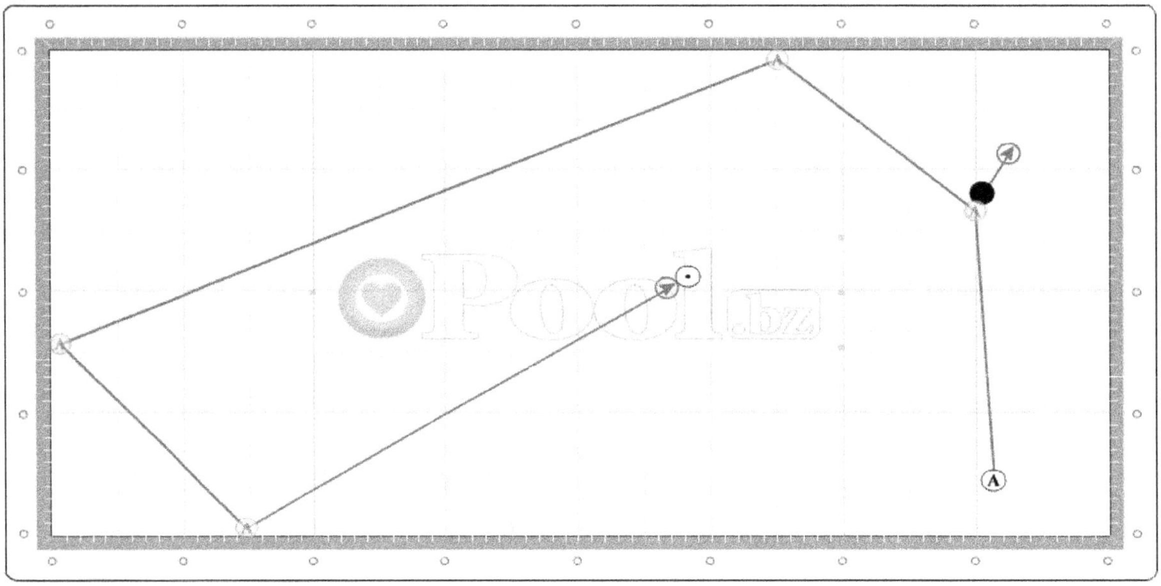

E: Ryhmä 2

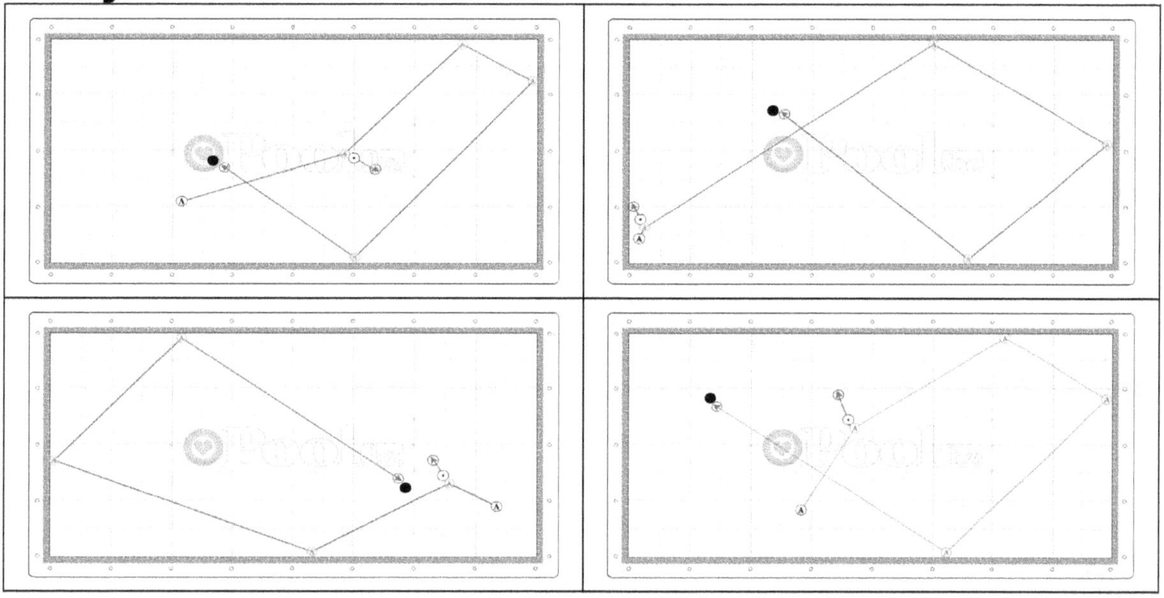

Analyysi:

E:2a. ____________________

E:2b. ____________________

E:2c. ____________________

E:2d. ____________________

E:2a – Piirustus

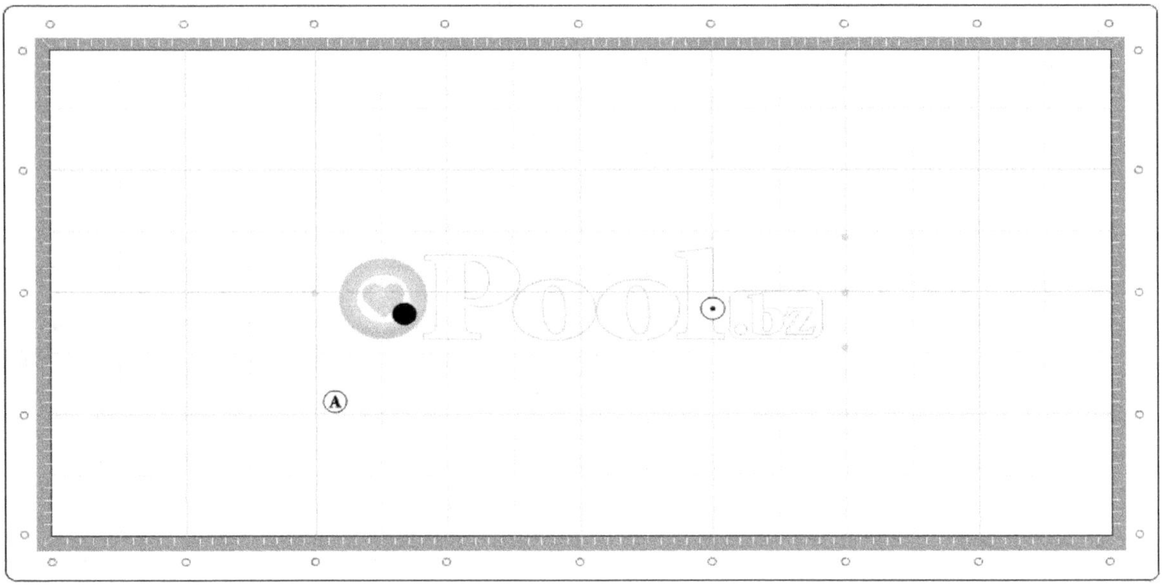

Huomautuksia ja ideoita:

Pallokuviota

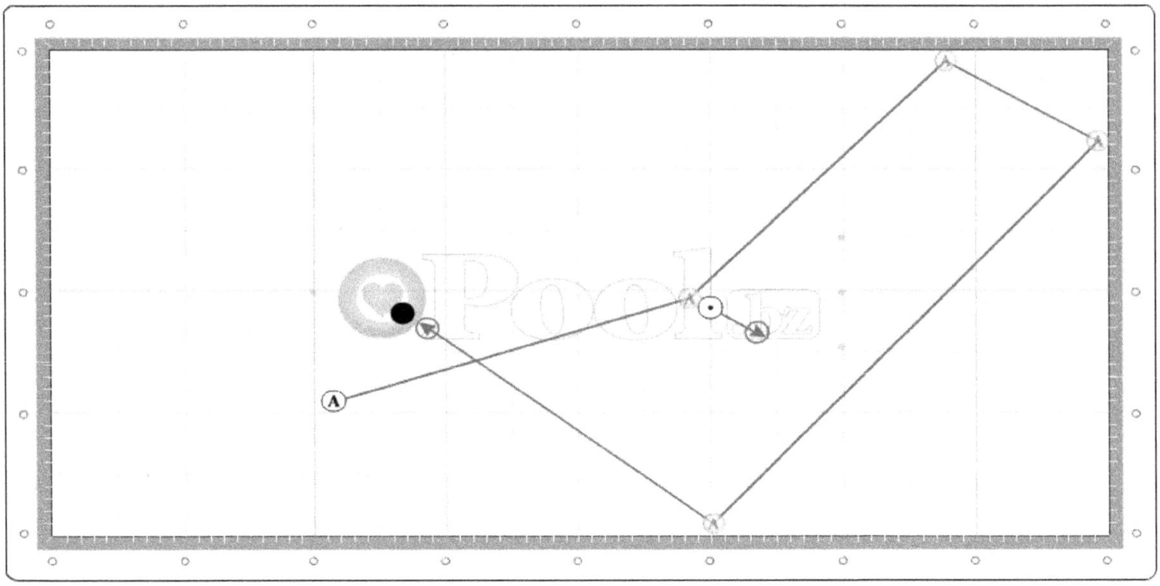

E:2b – Piirustus

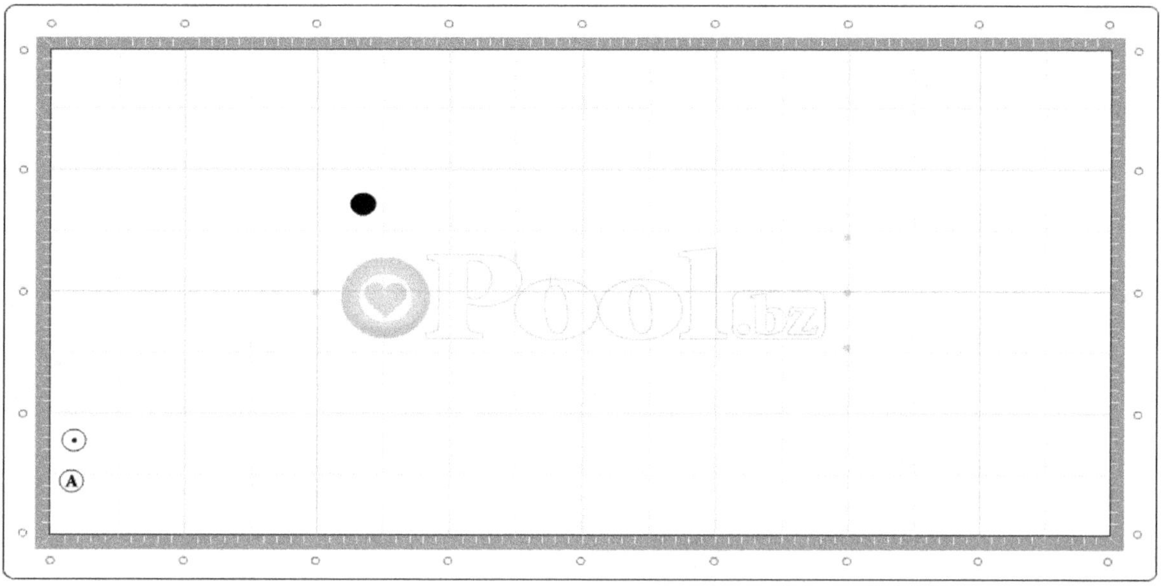

Huomautuksia ja ideoita:

Pallokuviota

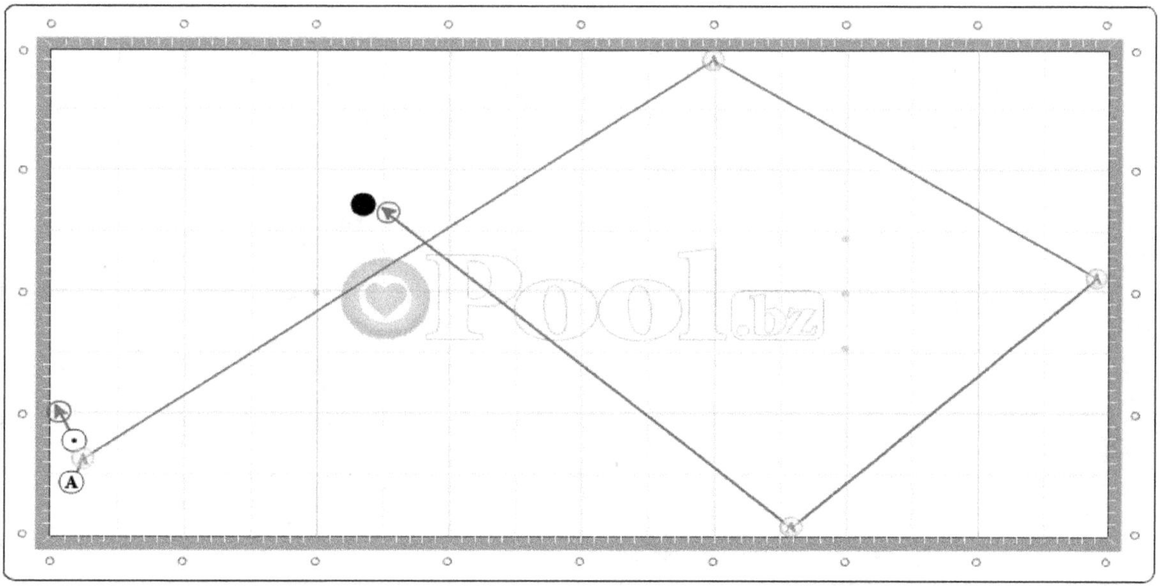

E:2c – Piirustus

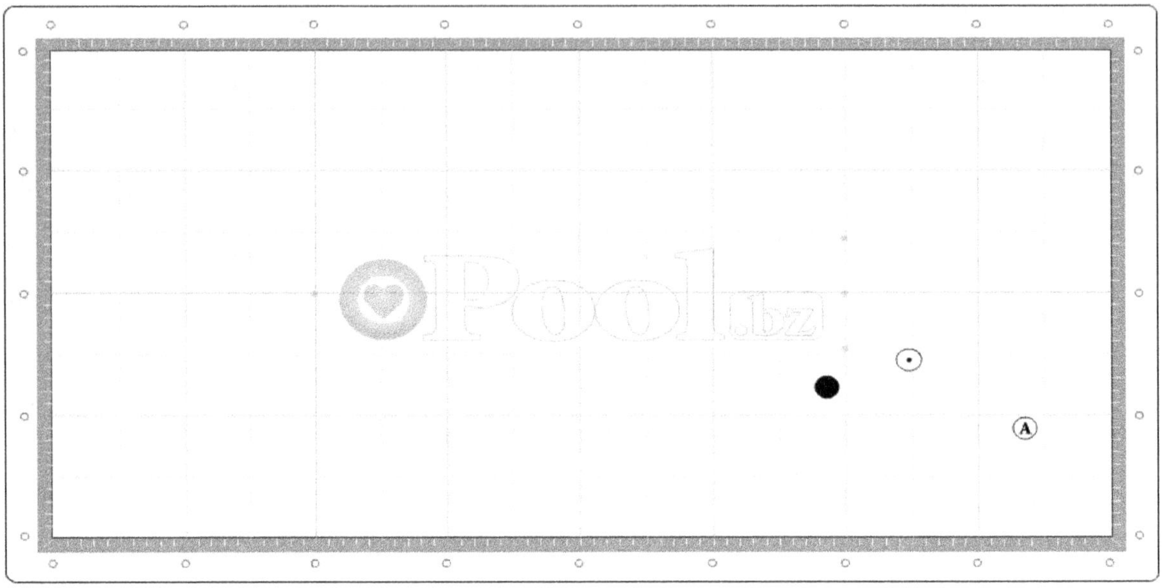

Huomautuksia ja ideoita:

Pallokuviota

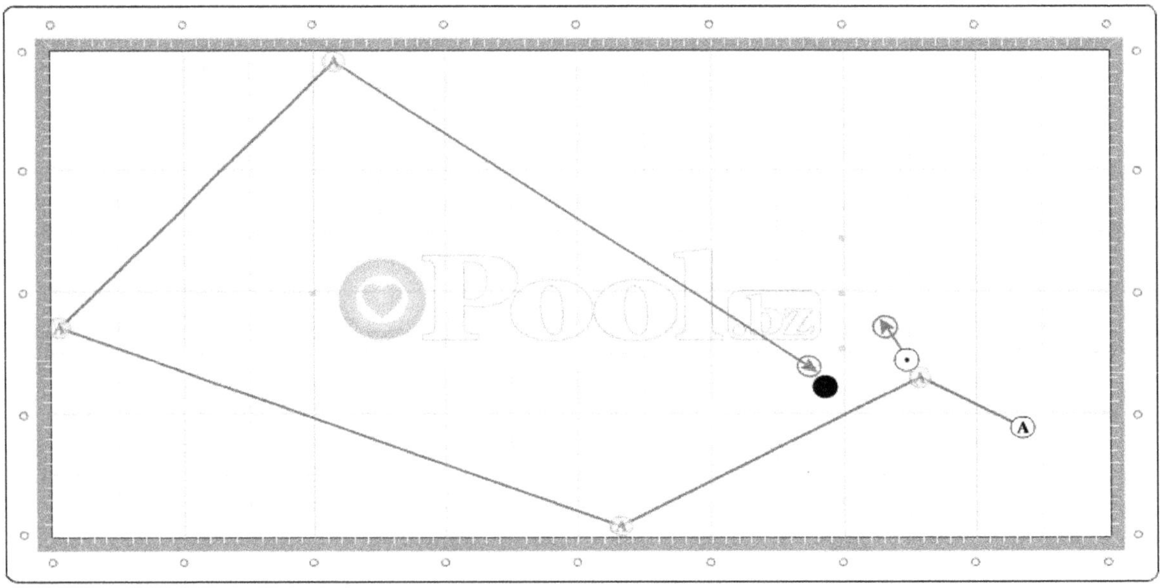

E:2d – Piirustus

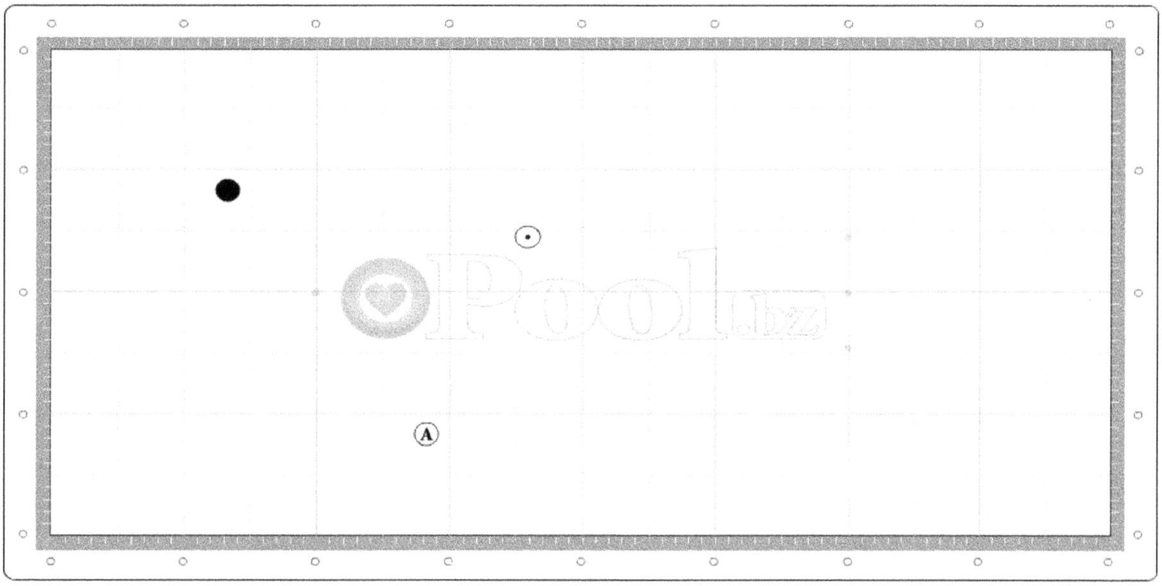

Huomautuksia ja ideoita:

Pallokuviota

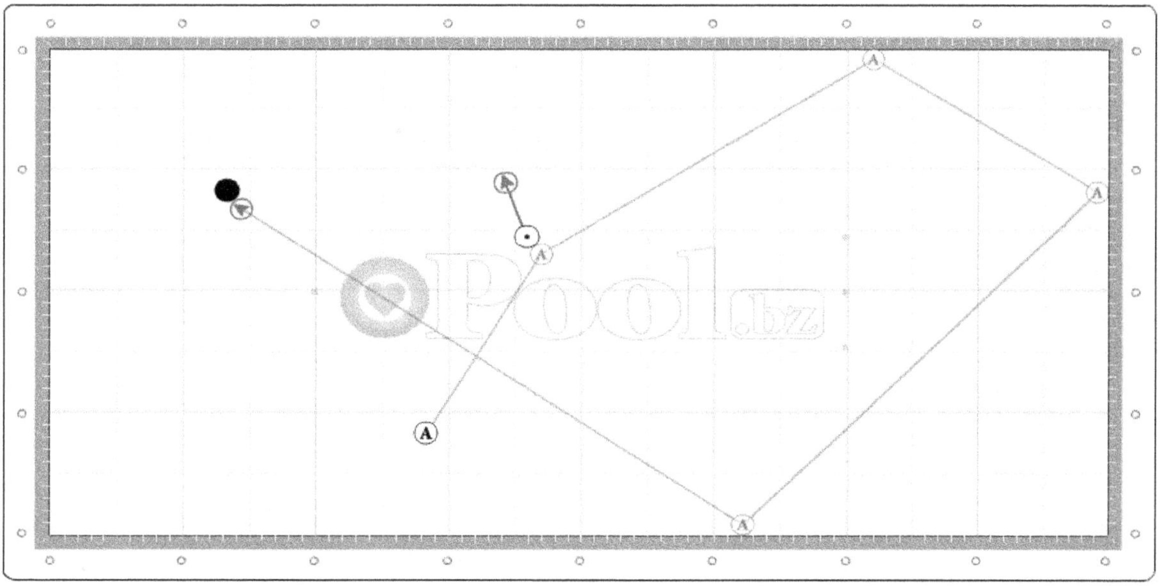

E: Ryhmä 3

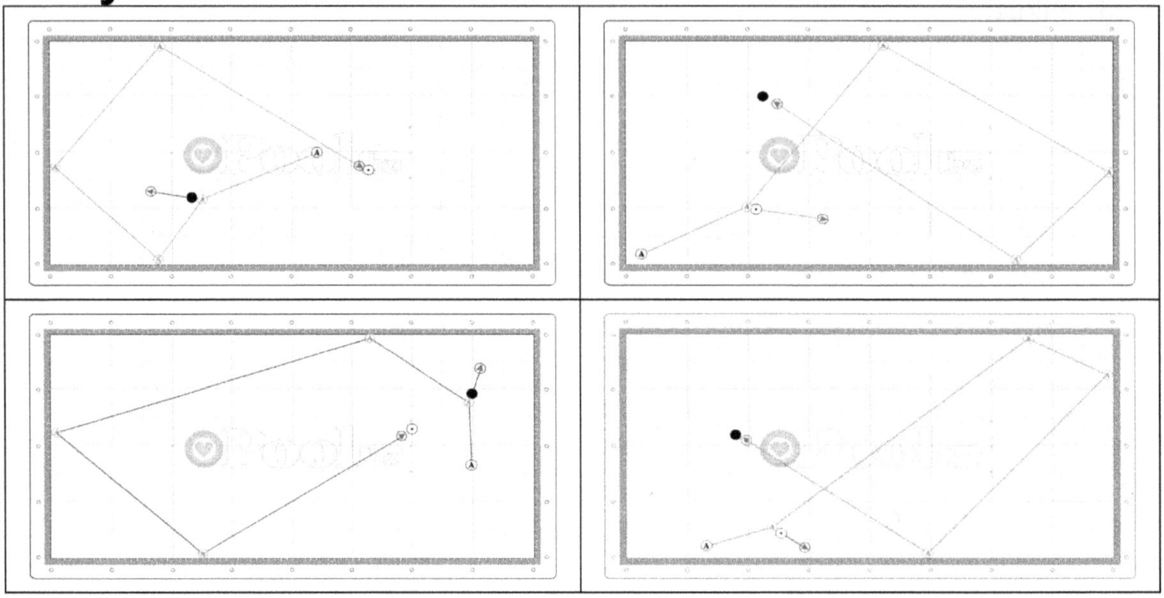

Analyysi:

E:3a. ______________________________

E:3b. ______________________________

E:3c. ______________________________

E:3d. ______________________________

E:3a – Piirustus

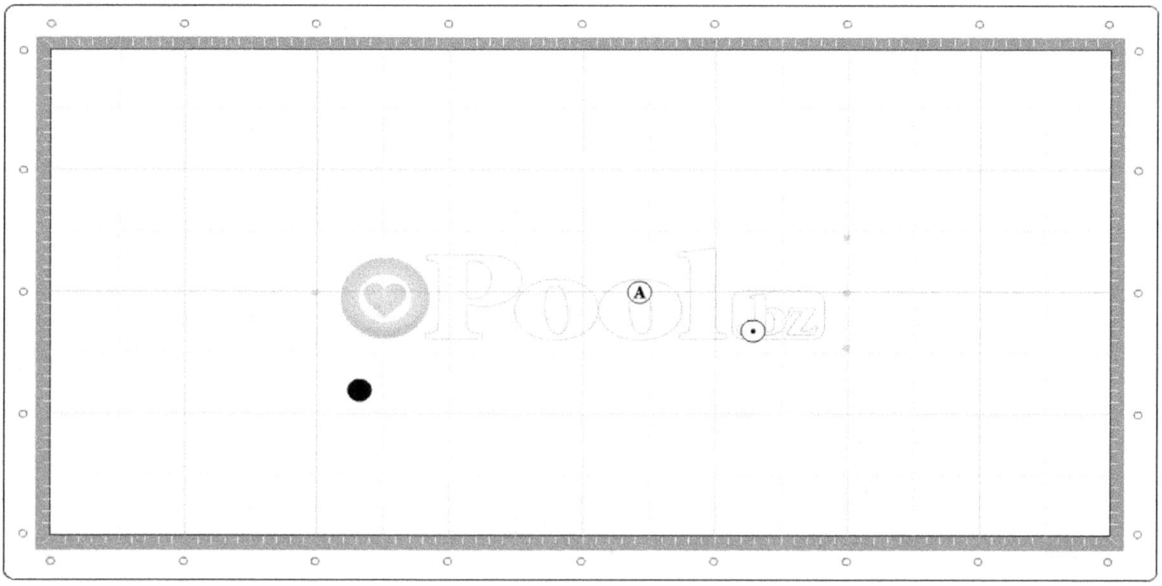

Huomautuksia ja ideoita:

Pallokuviota

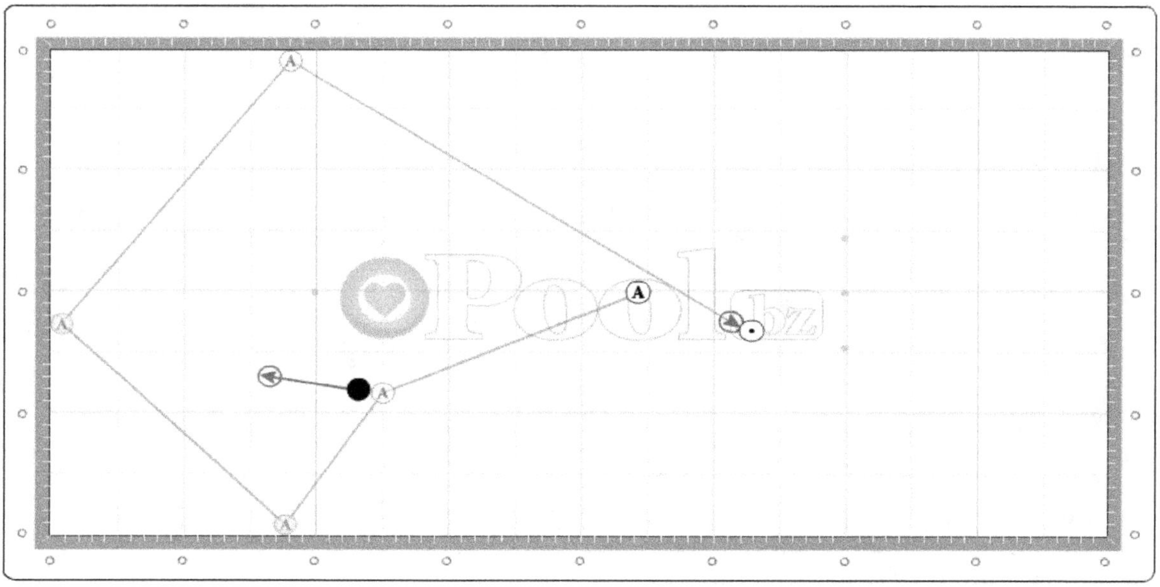

E:3b – Piirustus

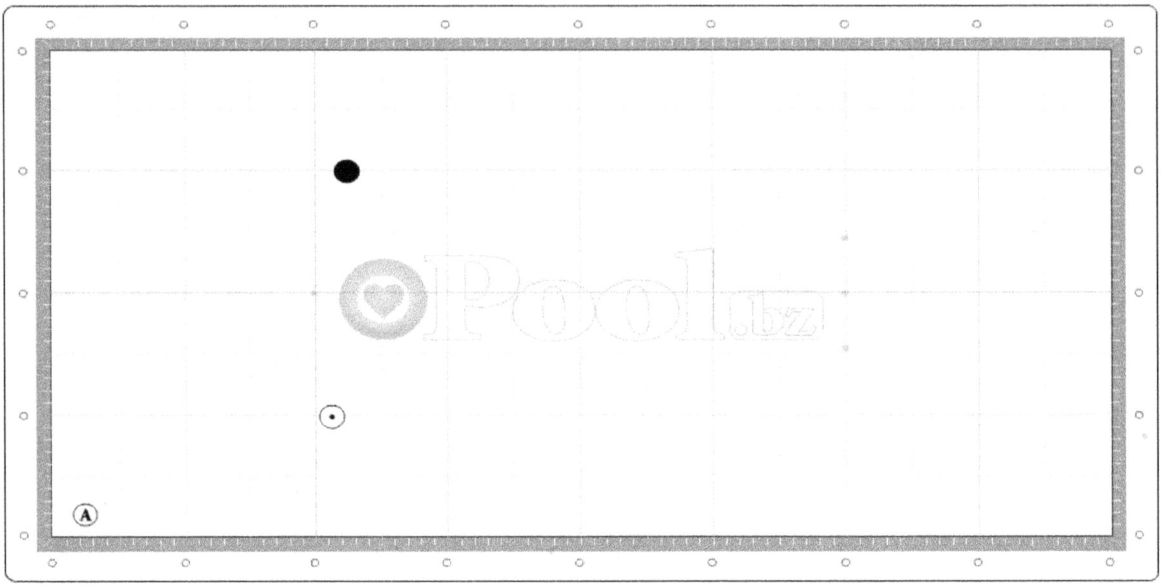

Huomautuksia ja ideoita:

Pallokuviota

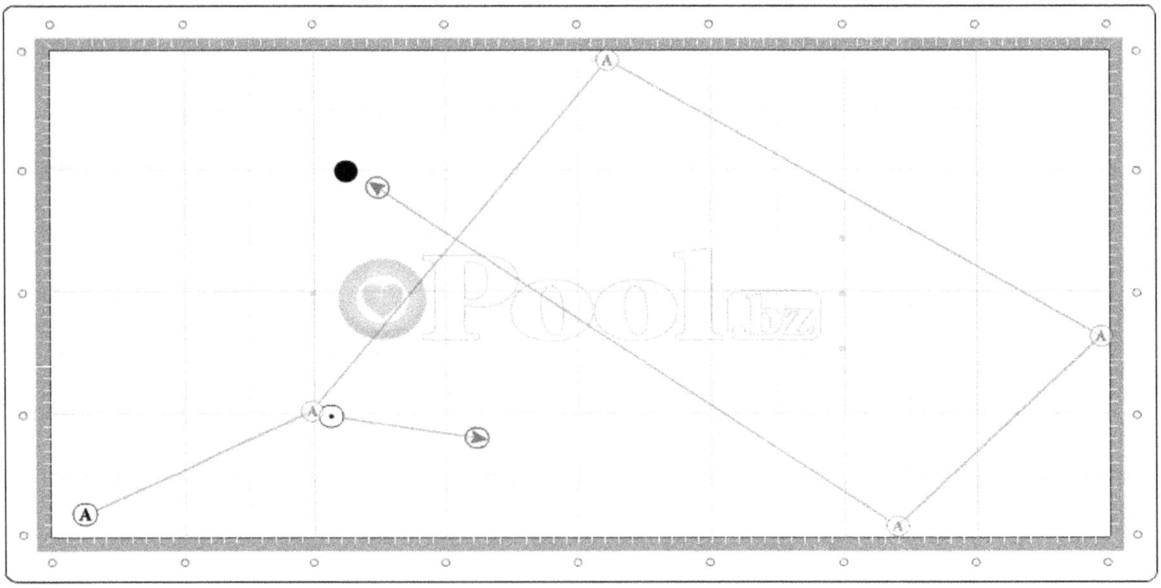

E:3c – Piirustus

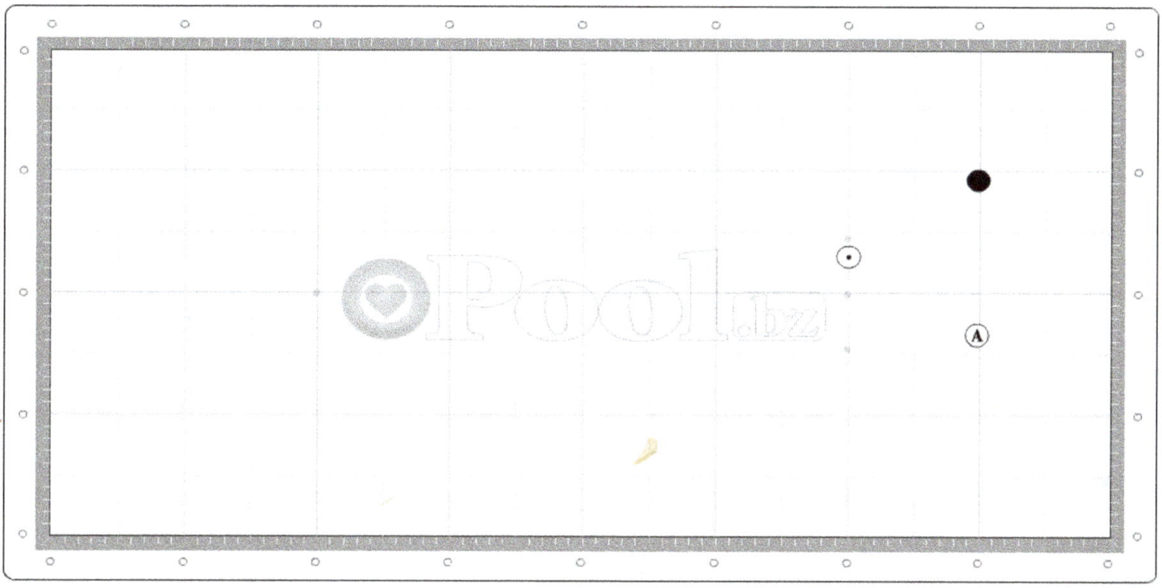

Huomautuksia ja ideoita:

Pallokuviota

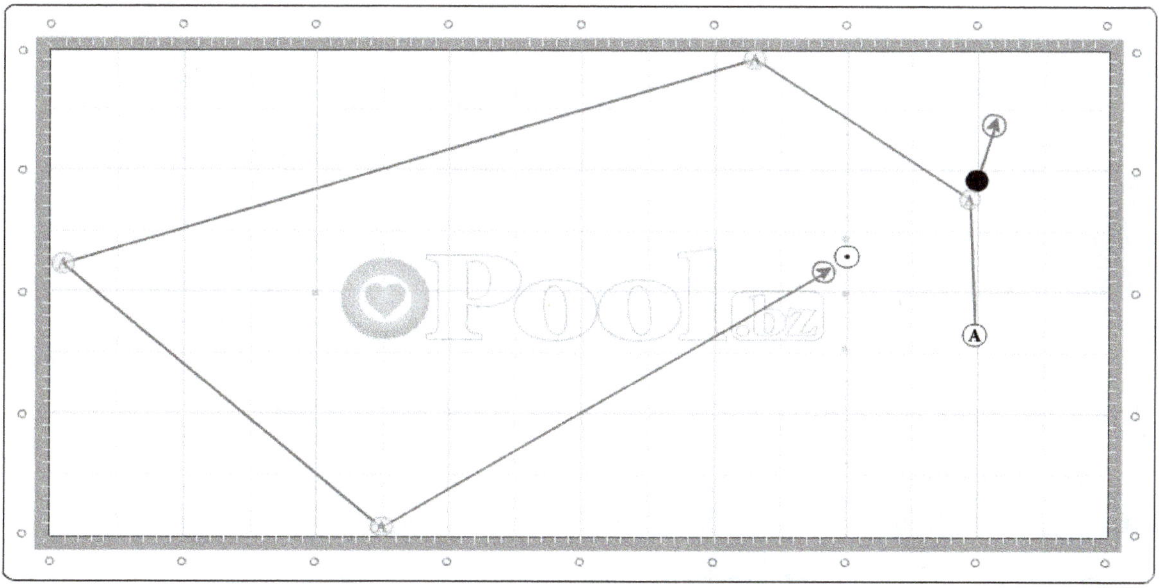

E:3d – Piirustus

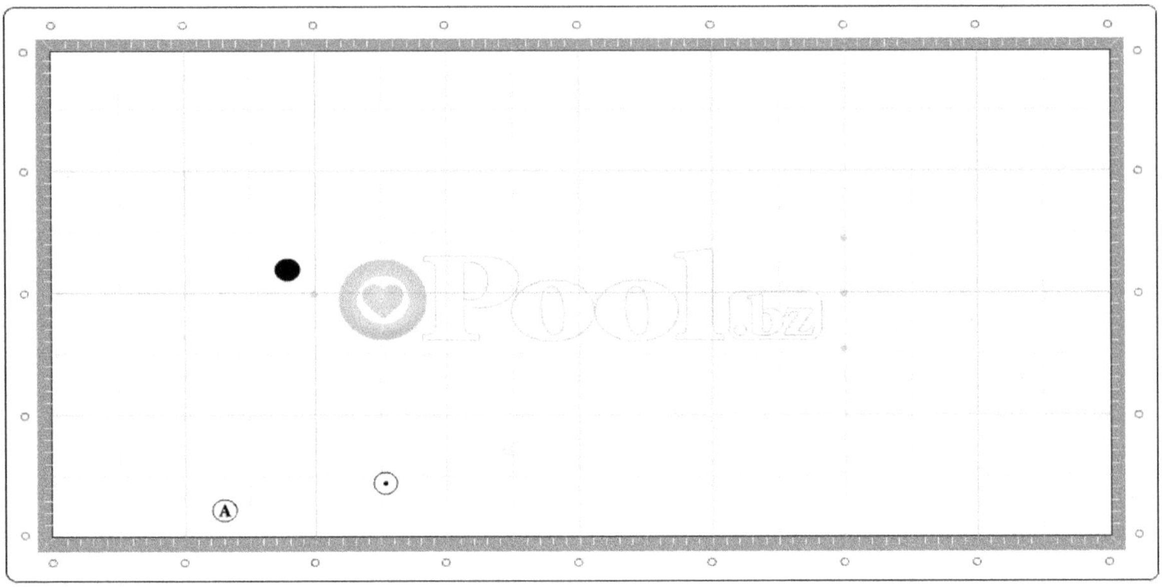

Huomautuksia ja ideoita:

Pallokuviota

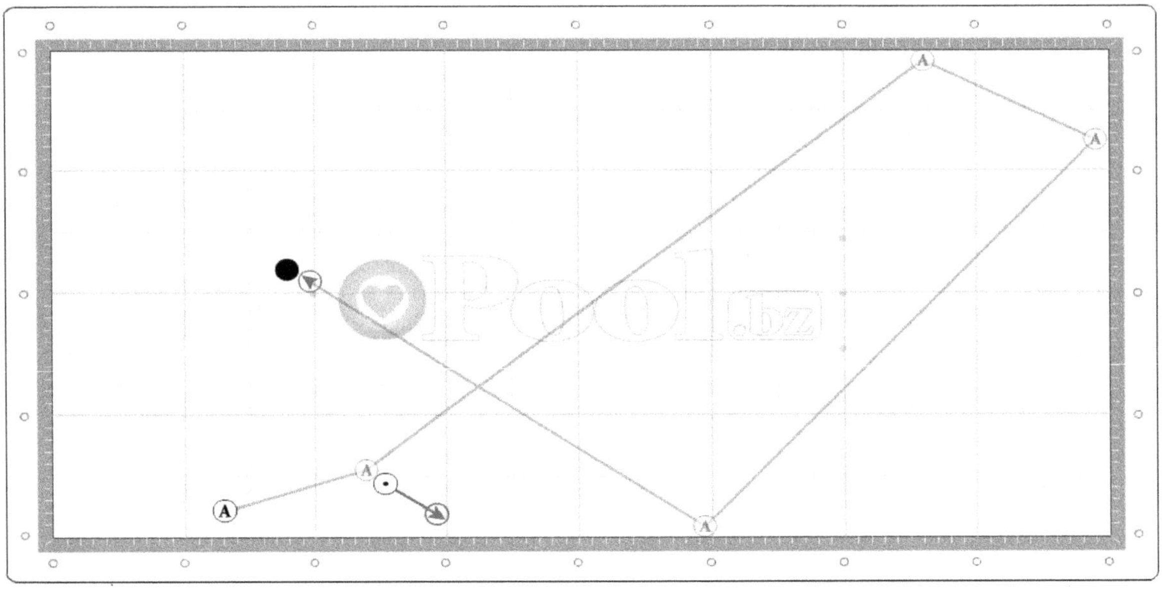

F: Lyhyt muokattu kuvio

(CB) menee ensimmäiseen (OB) ja noudattaa standardia maailmankuvion ympärillä. Kuviota muutetaan kuitenkin, koska toinen (OB) ei ole normaalilla polulla kodin kulmaan. Tämä tarkoittaa, että kulmat on säädettävä, jotta saavutetaan osuma toisella (OB).

Ⓐ (CB) (sinun biljardipallo) – ⊙ (OB) (vastustaja biljardipallo) – ● (OB) (punainen biljardipallo)

F: Ryhmä 1

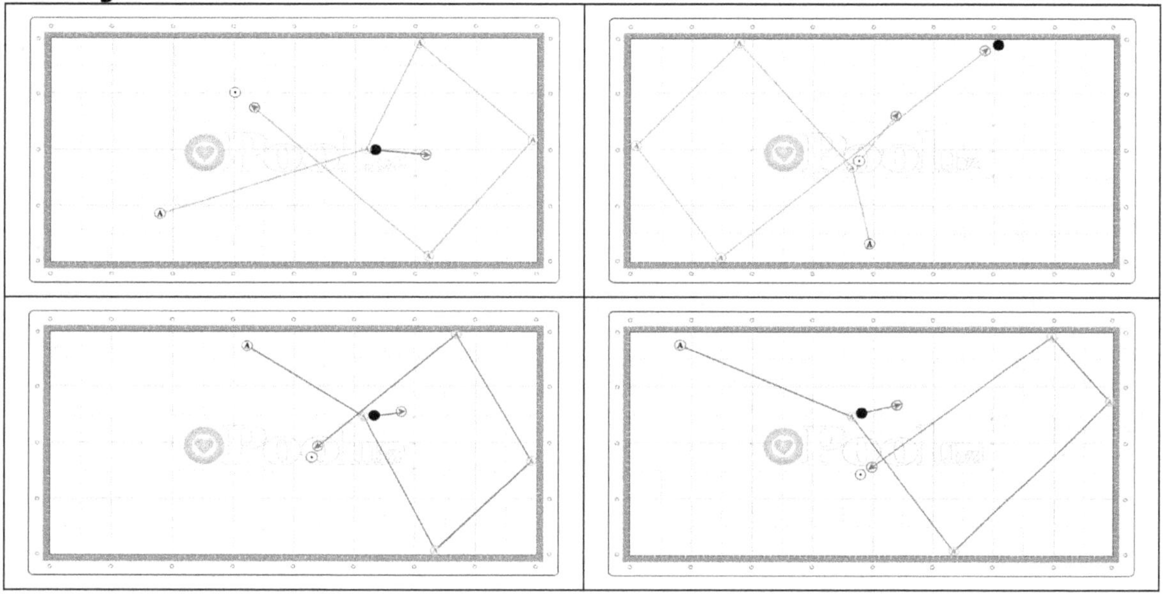

Analyysi:

F:1a. ____

F:1b. ____

F:1c. ____

F:1d. ____

F:1a – Piirustus

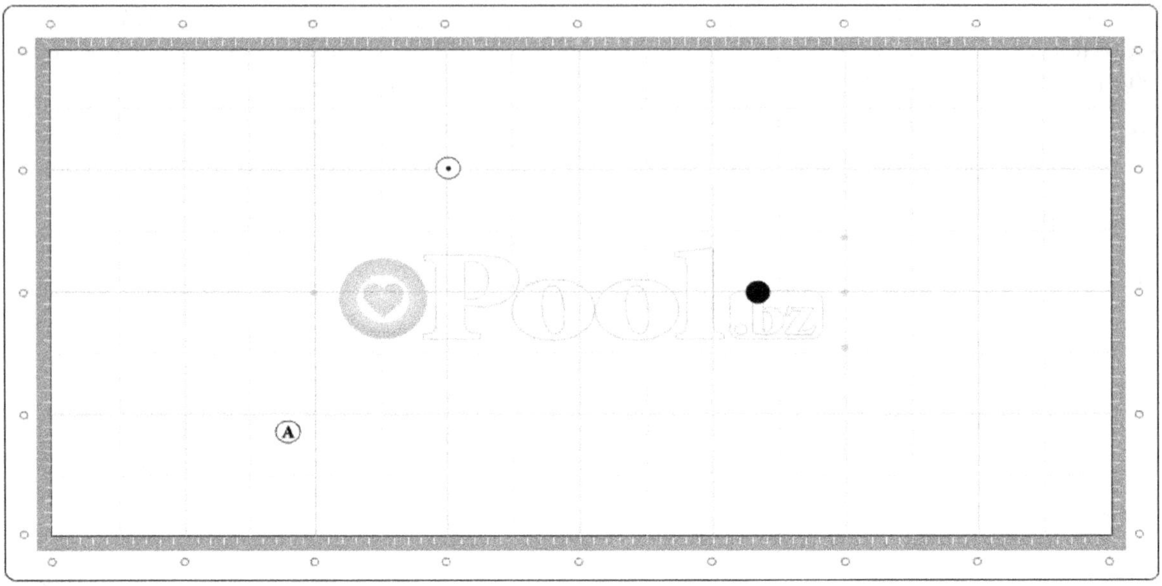

Huomautuksia ja ideoita:

Pallokuviota

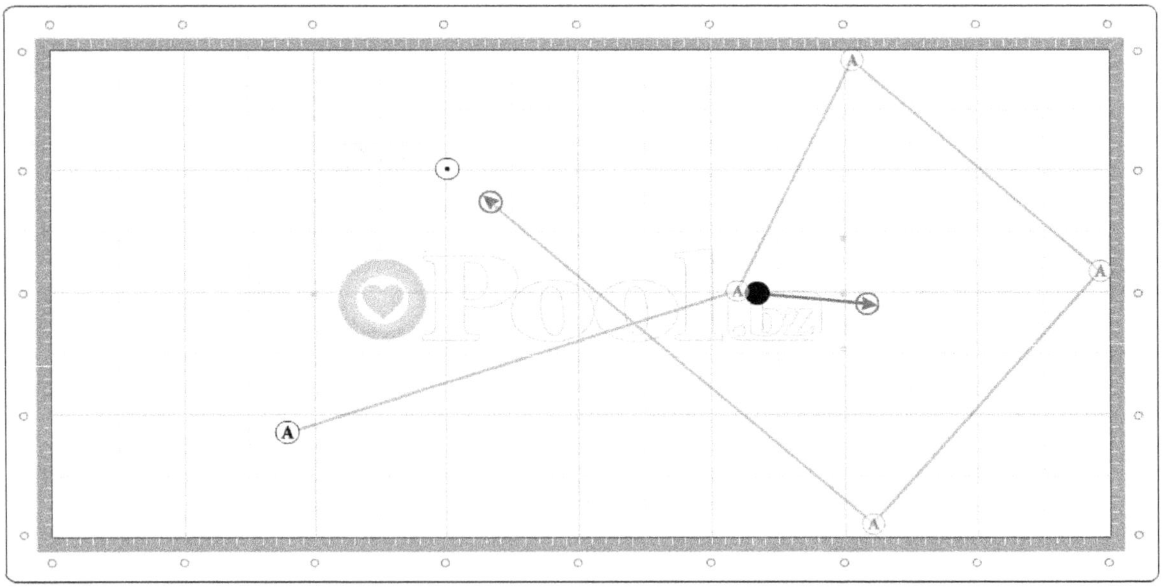

F:1b – Piirustus

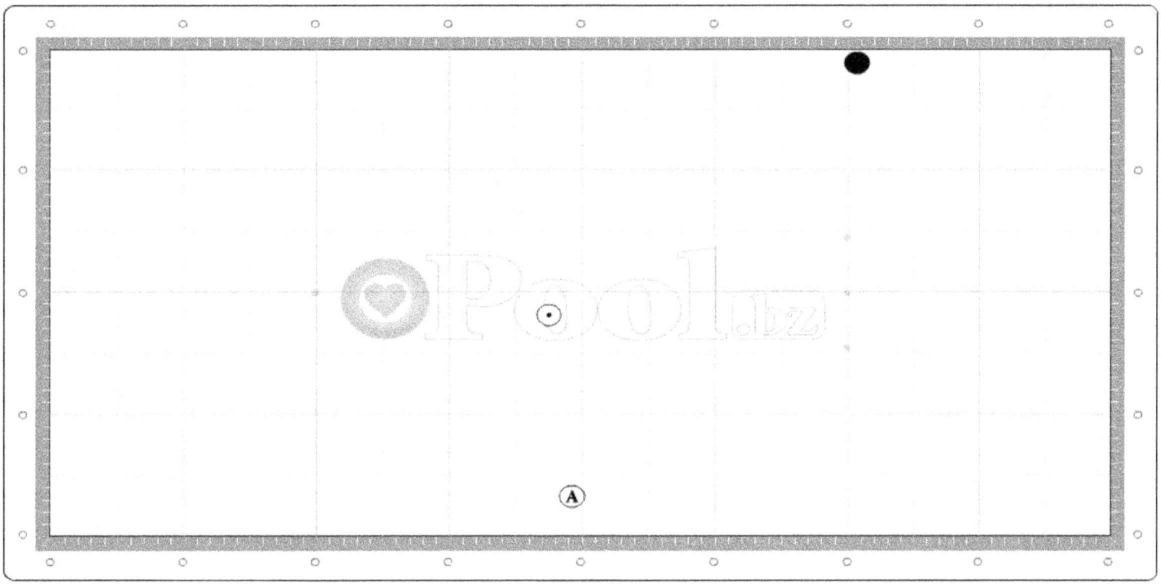

Huomautuksia ja ideoita:

Pallokuviota

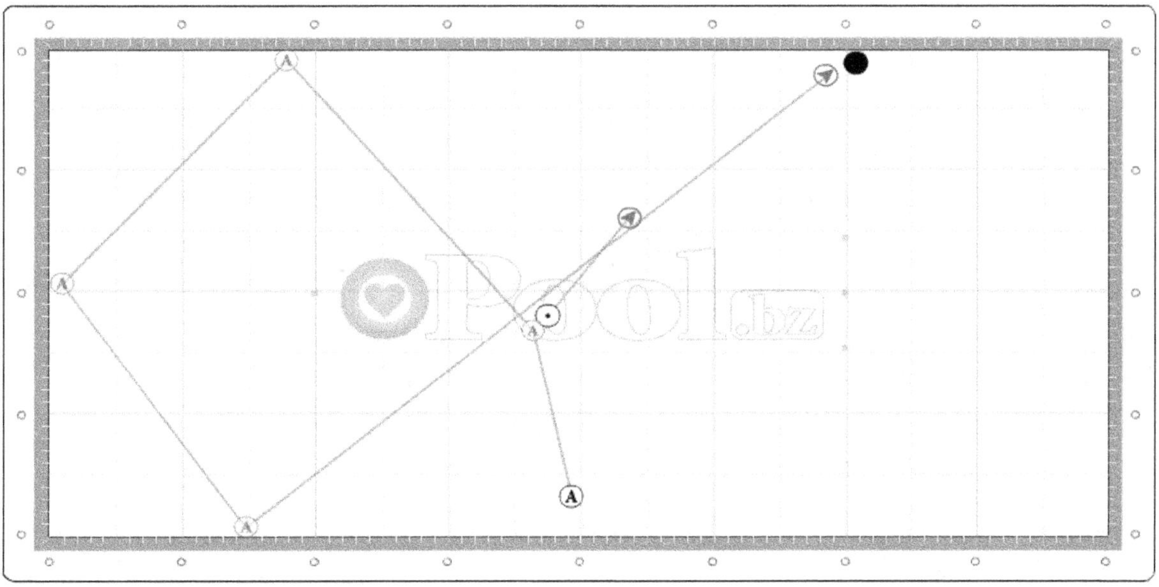

F:1c – Piirustus

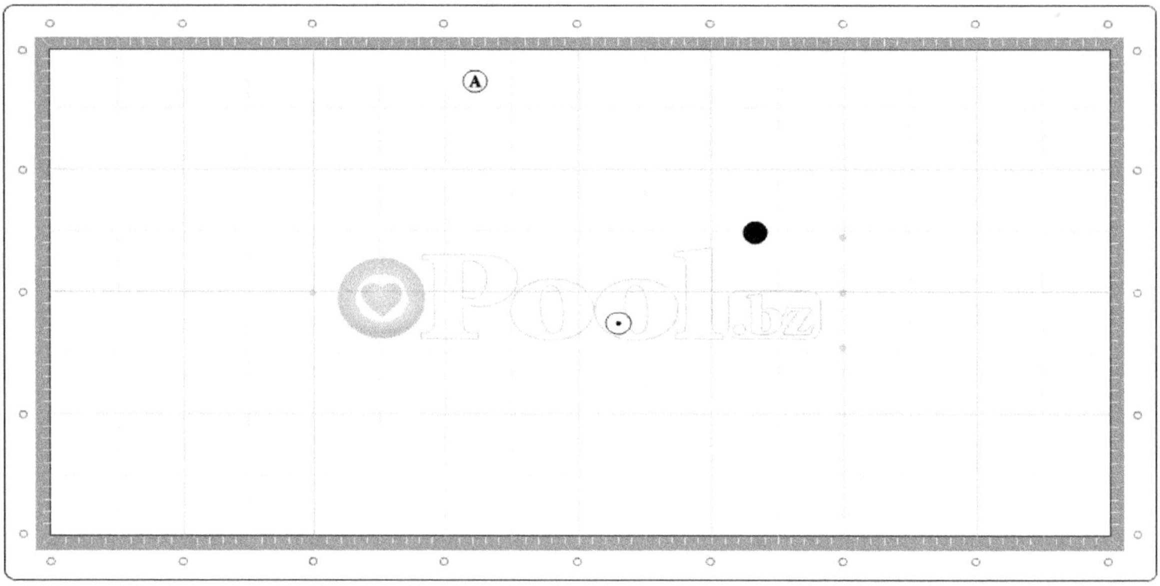

Huomautuksia ja ideoita:

Pallokuviota

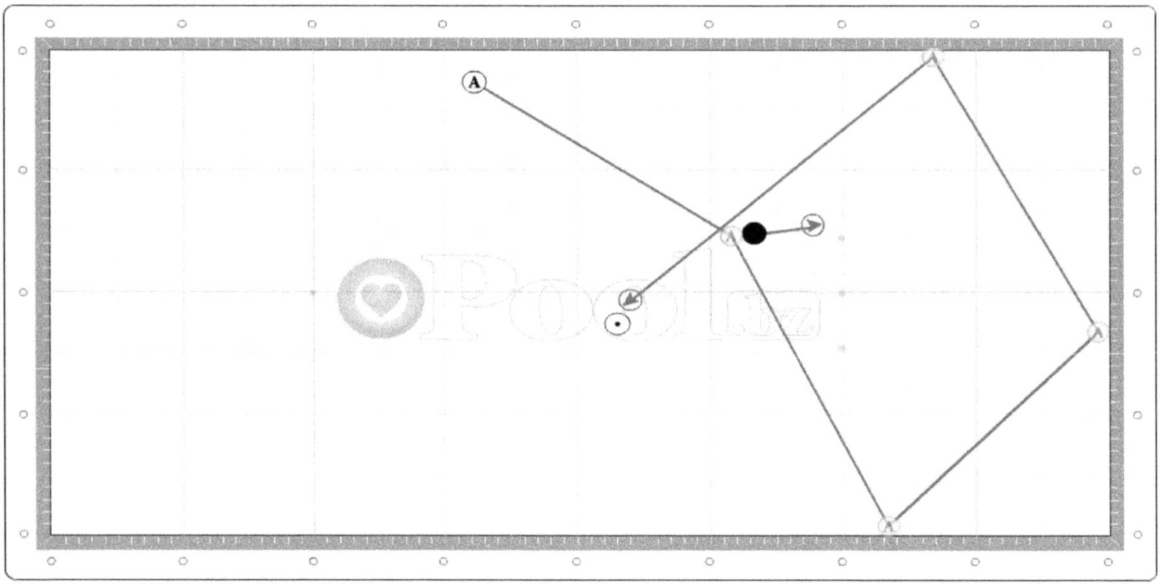

F:1d – Piirustus

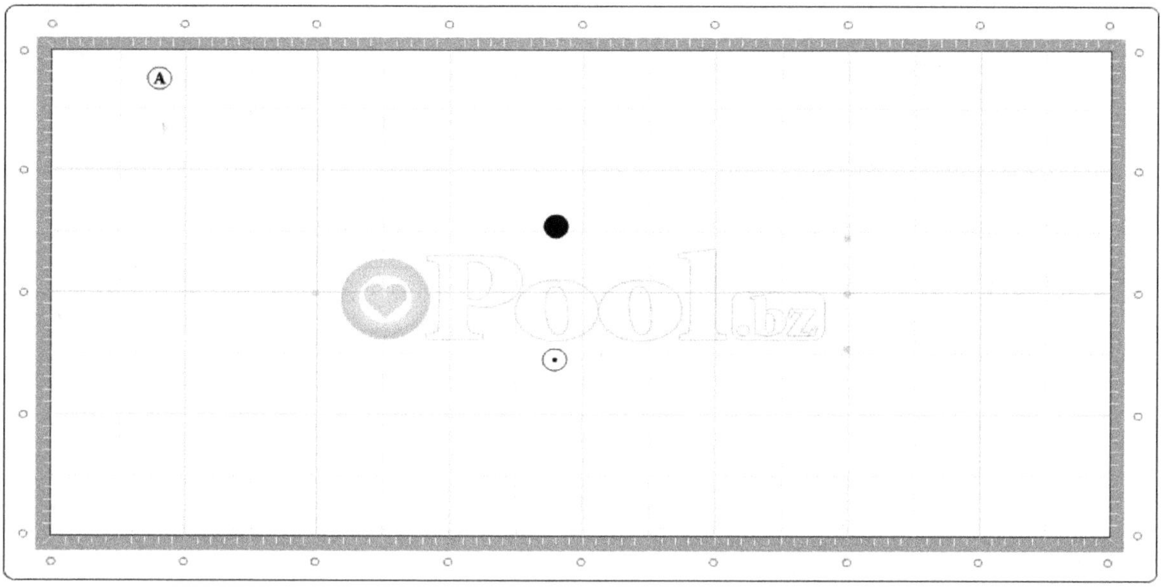

Huomautuksia ja ideoita:

Pallokuviota

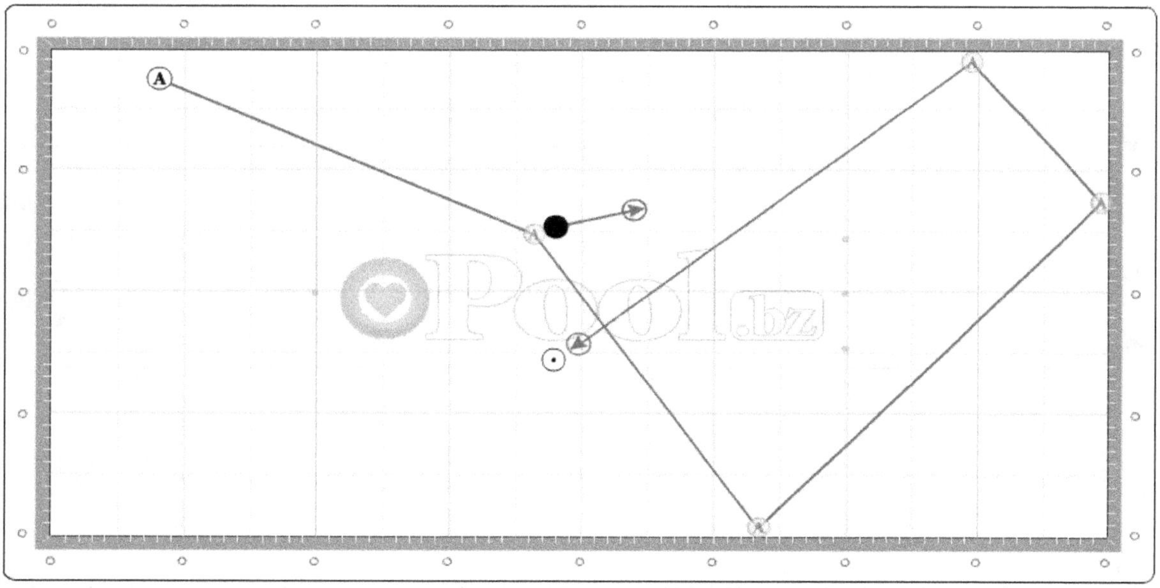

F: Ryhmä 2

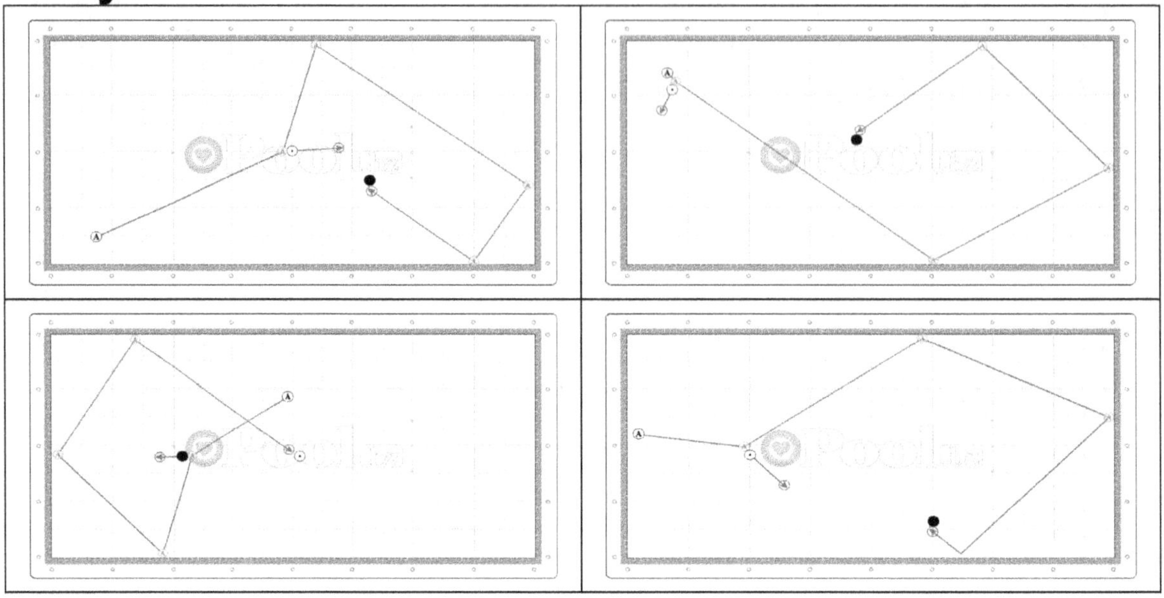

Analyysi:

F:2a. ______________________________

F:2b. ______________________________

F:2c. ______________________________

F:2d. ______________________________

F:2a – Piirustus

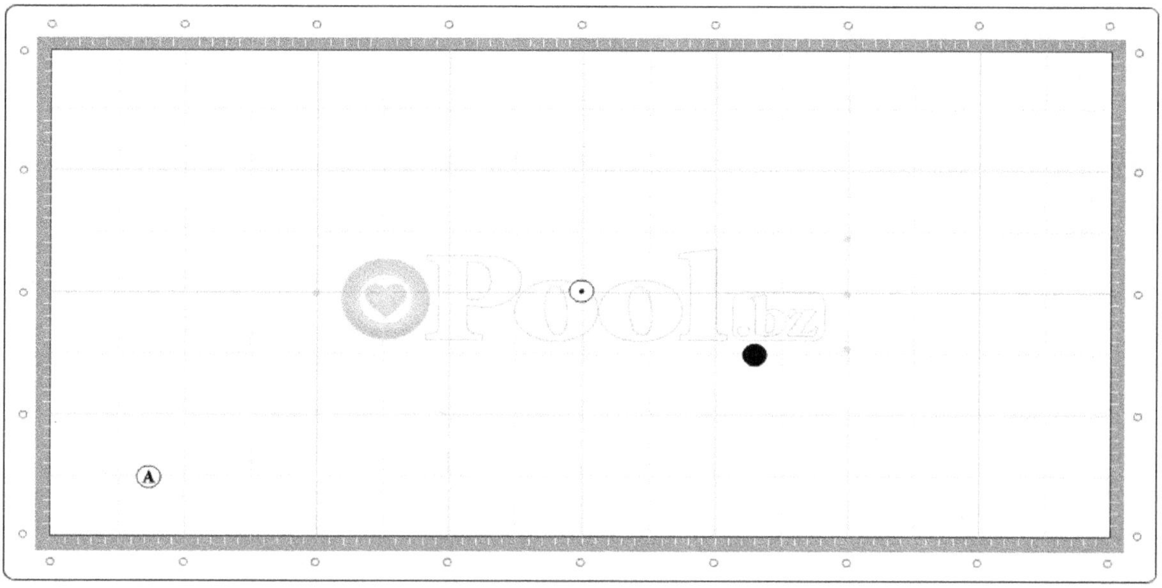

Huomautuksia ja ideoita:

Pallokuviota

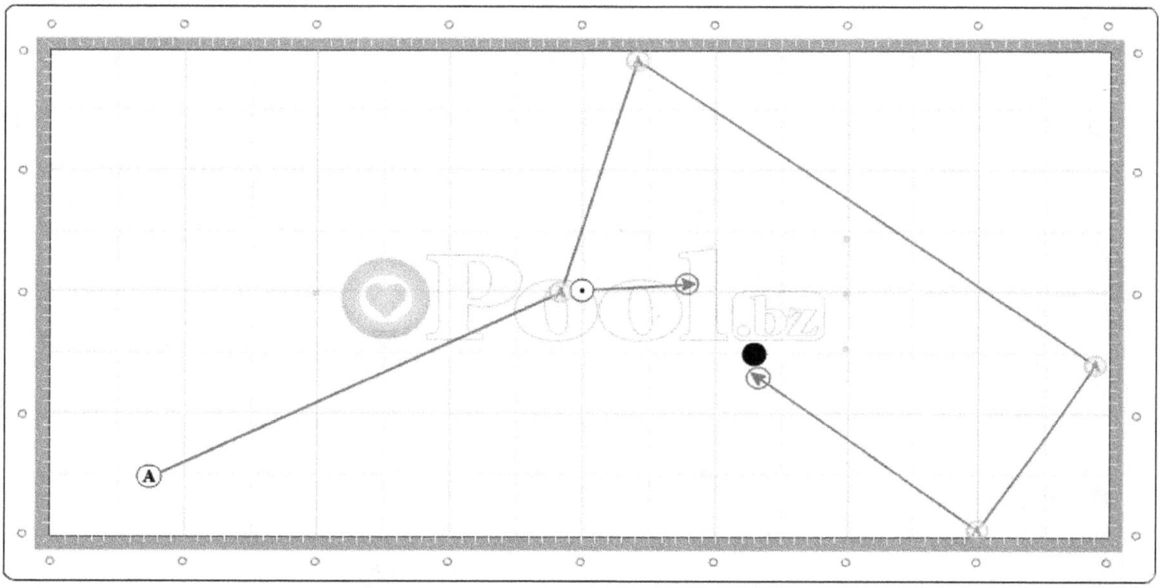

F:2b – Piirustus

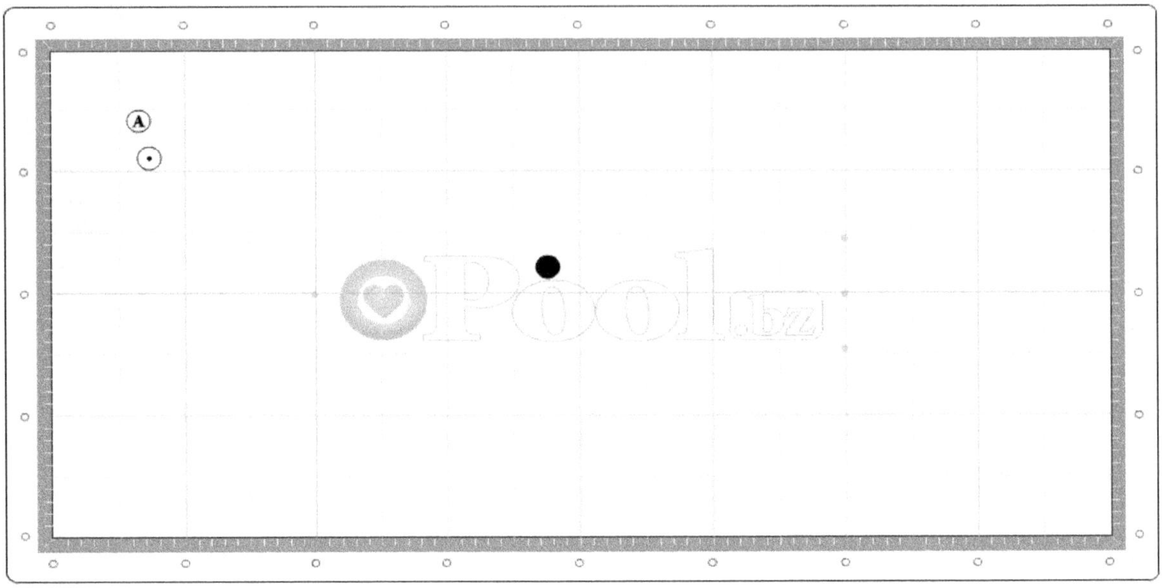

Huomautuksia ja ideoita:

Pallokuviota

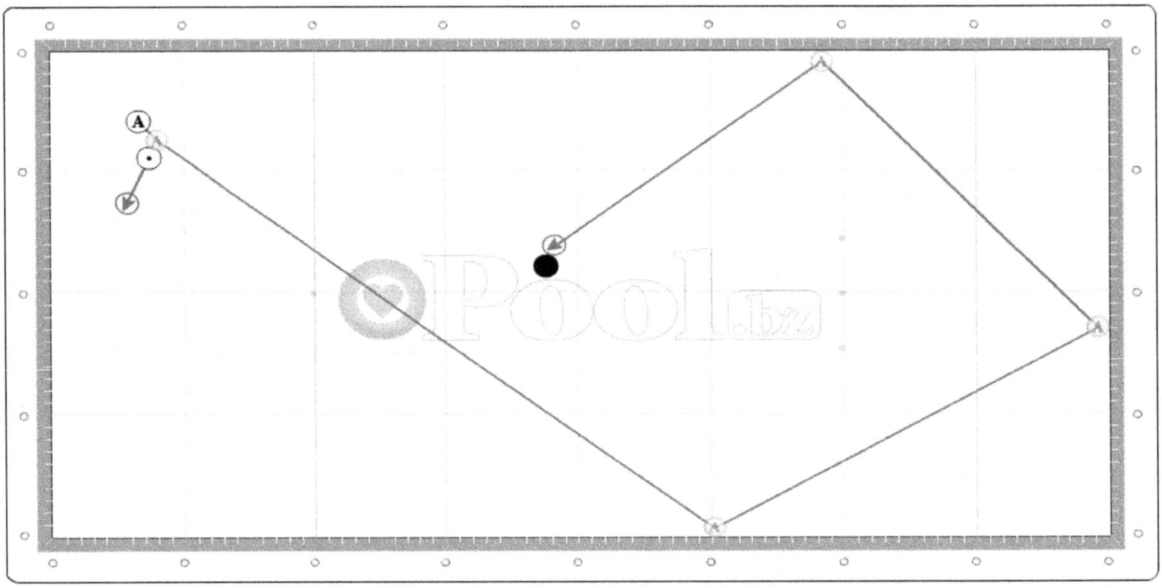

F:2c – Piirustus

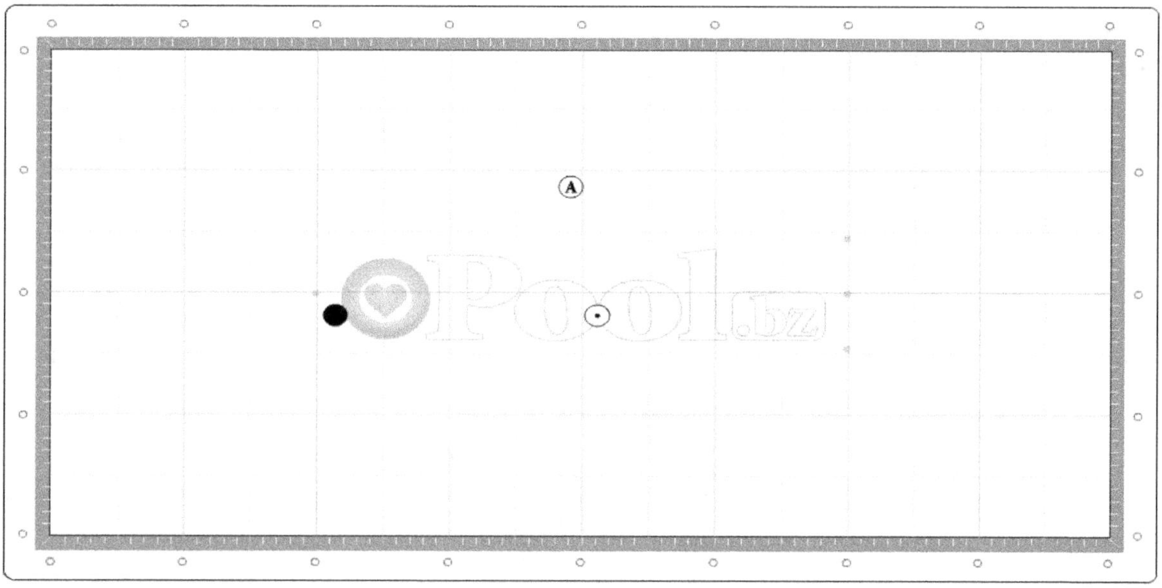

Huomautuksia ja ideoita:

Pallokuviota

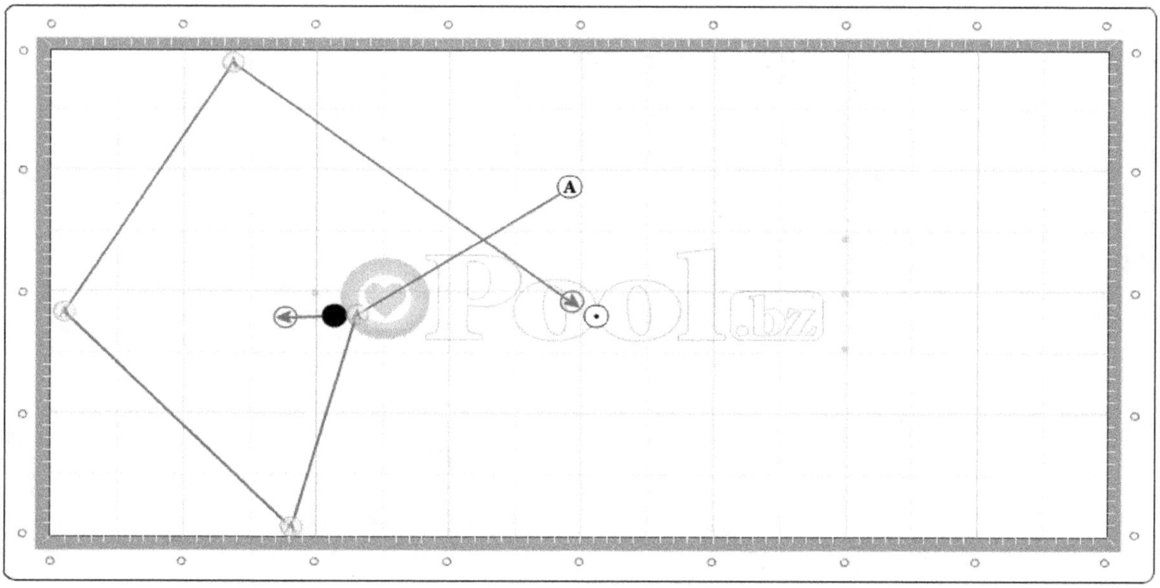

F:2d – Piirustus

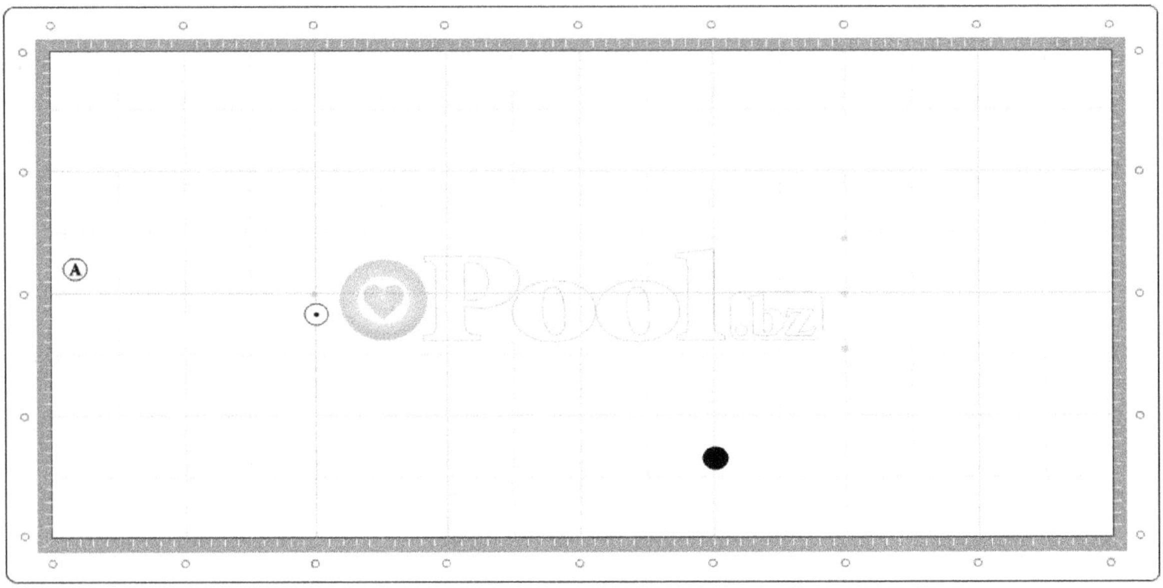

Huomautuksia ja ideoita:

Pallokuviota

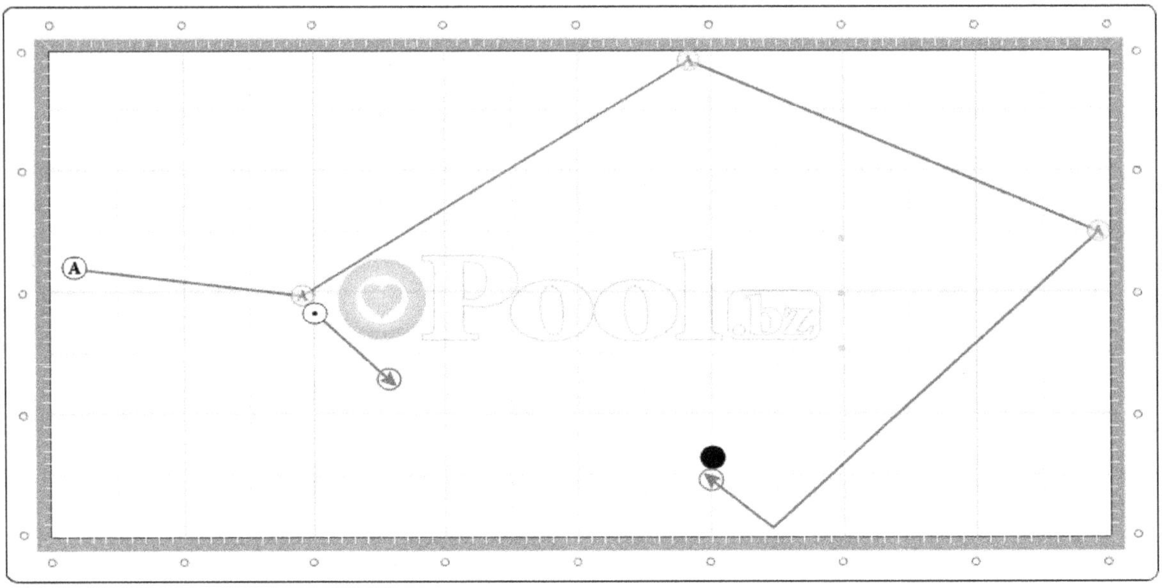

www.ingramcontent.com/pod-product-compliance
Lightning Source LLC
Chambersburg PA
CBHW080922170426
43201CB00016B/2235
9781625052735